明治英語教授理論史研究

――中学校英語教授の制度化――

西原　雅博
NISHIHARA, Masahiro

溪水社

はしがき

本書は、日本の公教育で英語を学ぶ子どもたちが、学習主体として、そして自立的な判断力をもった市民として人生を生きる能力を少しでももてるような英語教育を追究するという立場から、日本の英語教授の近代史を批判的に考察したものである。その目的はあくまでも教育研究であり、歴史の解明はそのための方法である。本研究では、旧制中学校という戦前のいわゆる「正系」のエリート中等教育における英語教授実践を考察の対象として選んだが、それは筆者が日本の中等エリート英語教育史に関心があるからではなく、教育研究の歴史的アプローチのためのひとつの材料として、研究成果の蓄積が最も進んでいる旧制中学校における英語教育実践を選んだのである。

日々の実践的課題の克服に追われる多忙な英語教師の中にあって、歴史を紐とくことでその課題解決の糸口を得ようと考える者は多いとは言えないのではないかと筆者は推測している。けれども、子どもたちのために自らの授業を善くしたいと努力している英語教師が多いことも筆者は知っている。個々人で海外の文献を探索したり、その理論を授業に応用したり、また同僚とともに学会活動や授業研究会で研鑽を重ねている英語教師たちはけっして一部ではない。そうした英語教師の実践的な努力に対して、英語教育実践研究の歴史的アプローチは少なくとも次の三つの貢献をなし得ると筆者は考えている。

第一に、日本英語教育史の方法で授業の改善を図ることは日本人や日本文化と英語圏文化の接触という広い視点から英語教育を考えるきっかけを与えてくれる。なぜならば、日本の公教育における英語教育は十九世紀後半から二十世紀初頭における西洋近代語教授理論の摂取・受容という文化的な経験を通してその近代化を進めてきたからである。この受容・摂取をめぐる日本人の反応の複雑さを知ることで、英語という西洋圏の言語を日本という文化圏の中で主として日本人の子どもたちに与えることが、日本文化の保守や変容という「国体」のあり方の選択に関わる事案であったことを教えてくれる。「英語はスキルである」と無機質な英語教育観をどんなに声高に叫んでも、外国語学習が異文化接触でしかありえない事実を否応なく突きつけられるのである。これまでの先人の模索に向き合うことによって、英語教授法の近代化が日本人という文化との壮絶な格闘を必要とするという事実への気づきが促される。

第二に、英語教育実践研究を近代教育史の視座から改善することは、一つの教授法を選択することが、ある特定の教育価値の選択でもあることを教えてくれる。近代教授学は、絶対主義国家に顕著な国家意思に奉仕する教育、国家権力の維持とその強化のもとに構想された国民教育に対峙して、十七世紀のコメニウス、十九世紀のペスタロッチーによって探求された、全民衆の教育によるヨーロッパの平和のための教育、子どもの自然な発達、文化的経済的自立の実現、近代的な市民の教育、こうした教育価値実現のための「方法」の模索として成立した。教育研究の歴史的アプローチによって、「方法」とはそのような教育価値・目的と不可分なものとして存在していることを知る契機となる。日常感覚では、実用的な英語教育、あるいは、読むための英語教育などといった言語機能の獲得を英語教育の最終目的だと思いがちだが、それは国家指導者や経済界等、為政者の関心事や目標ではありえても、これから伸びてゆく子どもたちと日々直に触れ合う生身の英語教師の身体感覚の次元では、それは必ずしも教育の終点ではない。彼らの多くにとって英語教育の問題とは、子どもの自立であり、学校を去った後も主体的に学んでいくことのできる知性と調和的に社会を構成することができる社会性を含む人間性の教育である。英語教育研究の史的アプローチは、この目的の実現にいかに貢献できるのかという次元で模索する専門職としての英語教師を大きく励ますことであろう。英語教育史研究という教育研究の方法は、このような仕方で現代の子どもたちに対する英語教育とのつらなりを形成している。

第三に、約一五〇年を数える日本の学校英語教育の経験、模索、困難、そして、その成果に心を及ぼすことは、授業を変えていくということの保守性と革新性のバランス感覚、歴史感覚の重要性を教えてくれる。歴史感覚の欠如した人間においては、人間は「ベスト」な授業を設計できるという前提で様々な研鑽をおこなうであろう。例えば、欧米の最新の外国語教授理論や言語理論を学習して自らの授業に応用することで「正しい」授業を実現することができると思うことがある。しかし、先人の深い思索と果敢な挑戦に向き合うことを通じて、学校教育制度という国家意思による限定の中で、自らの英語教育実践を学習主体として子どもを教育する授業へ変革させていくことの意義、難しさ、それ故の必要性を重く受け取るのである。そのような学習を経ることを通じて、先人が築いた経験知、暗黙知を含めたあらゆる学知を受け取り、それとの接点において今日の実践を変革するという感覚を得ることができる。

以上、外国語教育が異文化教育として常に意識され続けてきたこと、外国語教育が言語機能教育ではなく人間の発達に関与する営みであること、そして、教育研究における保守性と革新性の平衡感覚の獲得、これら三つは、筆者自身が個人的回想として最も先に思いあたる歴史的アプローチによる教育研究から得られた英語教師としての学びの履歴である。筆者が日本人の学校英語教育の歴史についての学びを開始したのは約十年前にすぎない。教師生活の最終盤でこのような学びを果たすことができて幸いだった。

明治期中学校英語教授実践の研究における筆者の構想は、大きく三つの課題領域から構成されている。第一は、西洋近代語教授理論の摂取と受容過程の研究、第二は受容された近代語教授理論が日本の中学校英語教授の制度化過程に取り込まれていくプロセスの研究、そして、成立した中学校英語教授制度によって規定を受けた中学校英語教授実践の実態の特質の研究である。このうち、本書は二つ目にあたる中学校英語教授の制度化過程を主題とした部分である。

二〇一九年

西原　雅博

目　次

明治英語教授理論史研究

――中学校英語教授の制度化――

序章

第一節　本研究の背景と目的

本研究は、明治期（一八六八～一九一二年）の中学校英語教授実践の教授理論的特質を考察することを目的としている。対象は、旧制中学校における外国語としての英語教授実践である。

明治期以降、英語は日本の近代化を担う外国語として教授された。鎖国政策を解除して「和魂洋才」策による国家独立の道を選択した明治国家は、西洋の知識技術摂取のためのルートとして英語にその命運を託したと言っても過言ではない。初代文部大臣森有礼は、習得に多くの時間を要する日本語では近代化が間に合わないとして、文法的例外を省いて簡略化した独自の英語を日本の公用語にしたいとまで言った。「英語公用語化」策はこのとき実現にこそ至らなかったが、国家独立を憂慮した森は、それほどまでに英語を日本の近代化の鍵だと確信し、明治公教育の中核的な教科としたのである。

一八八六（明治十九）年、森が敷いた「中学校令」下の中学校では、英語の他にもドイツ語とフランス語が選択科目として高学年に配当されていた。しかし、次の井上毅文政の国語重視の教育政策への転換が森の外国語重視カリキュラムを修正した。その結果、中等教育における外国語は英語のみとなったが、英語は、中学校、実業学校、高等女学校、陸海軍の士官学校、経理学校の他、実業補修学校や高等小学校でも教授されており、これらの中で最も多くの時間を教授したのが中学校であった。

日本の英語教授の近代化は、欧州先進国の近代語教授に関する理論を摂取しながら進行した。この西洋近代語教授理論とは、十九世紀当時の欧州における社会思想、教育思想の発展を背景として、近代教育課程の成立と並行しながら自覚され、一八八二（明治十五）年から一九〇四（明治三十七）年まで二十年余り続いた近代語教授の改革運動、いわゆる'The Reform Movement'の達成によるところが大きかった。日本人は、この近代語教授理論の摂取を三つの方法で遂行している。明治初期を中心とする「お雇い外国人」を通じた直接的摂取、明治中期以降に始まった日本人による外国語教授法に関する著作や翻訳書の出版、及び、明治三十年代以降より開始された英語教授法研究の文部省官費留学生による間接的摂取である。

このうち、文部省官費留学生がもち帰った近代語教授理論に関する知見が、中学校英語教授法の制度化・近代化の鍵として重要視された。この結果策定された中学校英語教授法の国家基準は、文部省教員検定試験や文部省夏期講習会といった教員養成・教員研修制度の他、教育ジャーナリズムを通じて、地方各地の中等学校英語教員へ伝達されるとともに、中学校内部では教授法研究会なるものの組織化が促され、国家基準の趣旨に準じた英語教授実践の実体化が推し進められたのである。

本研究は、明治期英語教授実践の実態にアプローチするために、以下の三つの課題領域を設定した。それらは、（一）英語教授法近代化のモデルとされた西洋近代語教授理論の内容、（二）その摂取を通じて整備された中学校英語教授制度の性格、及び、（三）これに基づく英語教授実践の特質、以上である。このようにして、本研究では英語教授実践の質的検討を、西洋近代語教授理論発展史、並びに、中学校英語教授の制度化をめぐる政治的諸問題の検討とのつらなりにおいて構造的に考察しようとするものである。

これら三つの課題領域のうち本書が取り扱うのは、二つ目の領域、中学校英語教授制度化過程の分析であり、一八九九（明治三十二）年の「中学校令」の改正の前史にあたる森―井上文政期から一九〇二（明治三十五）年の「中学校教授要目」（英語科）の成立、及び、一九一一（明治四十四）年のその改正期までを検討の対象とする。本書における主たる研究課題は次の三点である。以下、それぞれの研究課題に関する背景を整理しておきたい。

1　日本人による西洋近代語教授理論の理解の仕方や摂取のあり方にはどのような特質があったのか。

日本人による西洋近代語教授理論の摂取は、明治初年の「お雇い外国人」を通じたルート、次いで外国文献の翻訳によるルートと続くが、明治政府による政策過程の一環としての摂取は明治三十年代から最も顕在化する。その主たる摂取ルートが先述の文部省官費留学生の派遣であり、このうち「英語教授法」研究のために派遣された高等師範学校や高等学校の教授らが見聞した近代語教授理論が国内の多くの英語教師や専門家の間に広められ、その理解に基づいた摂取の是非が論議されていくこととなる。

西洋近代語教授理論に対する日本人の理解の仕方や摂取の形態に関する論議の内容が最も明瞭に現れたのが、帝国教育会内に設置された英語教授法研究部の活動においてであった。帝国教育会とは当時唯一の全国組織の教師職能集団であり、英語教授法研究部は「中学校教授要目」が公布された年の一九〇二（明治三十五）年十一月に、当代の英語研究者、英文学者、有識者を集めて設けられた外国語教授法研究のための部会である。この部会は、一九〇七（明治四十）年十二月に活動を停止するまでの足掛け六年間に、西洋近代語教授理論――当時「新教授法」と呼ばれた――の研究とその摂取のあり方について合計四十四回の講演会と八回の討議・討論をおこなっている。

本研究課題を明らかにするには、まず英語教授法研究部の母体であった帝国教育会という巨大な教員組織の性格を国家権力との関係から捉えることが必要であろう。その上で、研究部がどういった経緯から設立に至ったのか、そしてその設立を日本の教育社会はどのように迎えたのかといった点から英語教授研究部の政策過程上の意義をおさえたい。以上の基礎作業を受けて、英語教授法研究部での活動内容を考察していく。その際、四十四回の講演のうち、詳細を知ることができた十六回分の内容を詳しく検討することを通じて、「新教授法」に対する日本人の理解の多様性とその摂取に対する是非論の構造を捉える。

2　一九〇二（明治三十五）年「中学校教授要目」（英語科）、及び、一九一一（明治四十四）年の「改正中学校教授要目」（英語科）は、どのような教育政策的意図を担って成立したのか。

一九〇二（明治三十五）年「中学校教授要目」（英語科）は、森有礼文相を後継した井上毅による明治二十年代中期以降の中学校実業化政策の挫折と、この結果あいまいになってしまった中学校の目的の確定作業という課題に取り組んだ、後の文相菊池大麓と普通学務局長澤柳政太郎との間での激しい政策論争の結果成立した中学校教育の国家基準である。具体的には、「高等普通教育」を主張する帝大出身で数学者の菊池文相によるアカデミックな中学校観の追求と、澤柳がこだわった国民中間層の育成を目的とした実用的で実際的な中学校教育観との対立である。中学校の機能をどう定位させるのかによって中学生に与えるべき英語教授の方法、内容、及び、程度がその方向性を獲得するのである。

その約十年後に改正された明治期中学校英語教授国家基準の総決算「中学校教授要目」（英語科）は、日露戦争後の新たな国家秩序の再建という社会文化的課題への対応として成立したものである。戦勝によって国民間に広がった国民道徳観の弛緩、特に青年層に浸透した個人主義、社会主義的思想に対する思想統制と、その青年層を帝国主義的経済膨張政策推進のための人材へと教育し直すという為政者の政治思想がこの時期の教育政策を枠づけしている。国家権力者からの日本国民へのこのようなまなざしがいかなる中学校英語教授を構想したのかを検討しなくてはならない。

3　一九〇二（明治三十五）年「中学校教授要目」（英語科）、及び、一九一一（明治四十四）年の「改正中学校教授要目」（英語科）は、西洋近代語教授理論とどのように関連していたのか。

この問いに答えていくためには、以下の二つの検討をおこなう必要があろう。まず、日本人は西洋近代語教授理論に大きな関心を示し、その内容を理解するために熱心に研究した。その結果、日本人は近代語教授理論から何を選び取って中学校英語教授の国家基準の中に取り入れたのか、そしてその摂取内容は、英語教授法研究部の議論から示唆された複数の近代語教授理論の摂取形態のうち、どの形態を志向していたのかについての検討である。その上で、「中学校教授要目」（英語科）、及び、その改正要目に期待された教育政策上の目的との関連づけをおこなう。このことは、明治国家の外国語教授目的の達成を西洋近代語教授理論の方法で試みるという構図として把握することができよう。

第二節　先行研究の検討

前節で示した三点の研究課題について、先行研究ではどのように把握されているのかについて見ておきたい。

第一の日本人の西洋近代語教授理論の理解と摂取に対する態度については、戦前戦後を通じて、多くの研究者が明治三十年代以降起こった近代語教授理論の移入を日本の英語教授法近代化における画期として、積極的な意義を付与している点を指摘することができる。例えば、「多少欧州外国語教授の趨勢に刺激せられた」時期として「英語新教授法時代」とする澤柳政太郎、[1]科学的に試みられるようになったこの時期の変化を「本邦の外国語科発達史上特別大書すべき出来事」と見る金子健二、[2]「欧米の新しい教授法が次から次と紹介輸入された時代で、大体その終り頃までに、The Phonetic Method を基礎にした教授法が是認され」たと捉える定宗数松、[3]「理論的に裏付けられた改革案」をもつに至った「英語教授界の覚醒期」と見る石橋幸太郎、[4]「……（中略）Natural Method にはこれという学問的な根拠または背景がなかったのに対して、Scientific Method は近代言語学の発達をその背景としている」と把握して、明治後期を「自然主義時代」、次いで「科学的時代」と呼んだ小川芳男等が該当する。[5]これらはいずれも英語教育史を英語教授法思潮の変遷という目線からたどったものであり、西洋近代語教授理論の摂取によって展開された新思潮を「進歩」として意義づけているのである。これに対して、英語教育史は教授法ではなく、文化史の観点で把握されなければならないと主張した出来成訓は、「明治以来わが国英学の伝統」は「文法訳読教授法」であるという立場から、明治後期は西洋教授法からの「英語教育独立時代」という、先述の論者たちとはほぼ正反対の論を展開している点で注目に値する。[6]

というのも、日本人の西洋近代語教授理論に対する理解の実際は、先行研究の把握よりもはるかに多様であったと同時に、しばしば表層的で、ときには不正確でさえあり、しかもその摂取については、むしろ後ろ向きの、反動的意見のほうが優勢であったことが窺われたのである。

第二の中学校英語教授の初の国家基準「中学校教授要目」（英語科）の背景にあった政策的動機については、これを明確に述べた先行研究はほぼ皆無である。例えば、『日本の英学一〇〇年』は「日清戦争の勝利によって日本の国際的地位が高まり、さらに国際的信用の高揚する意味で英語研究が重視された。その後、明治37、8年の日露戦争の勝利に至って、英語教育の隆盛期を迎えた」[7]として、明治後期の英語教授改革の動機が戦争という軍事環境との関連で説明されている。あるいは、『日本英語教育史稿』では：

戦勝後の好景気は、奢侈軽佻の風潮を醸成し、……（中略）為に思想界の不安を将来するに至ったが、明治四十一年（一九〇八）十月十三日戊申証書を下さるゝや、矯激なる個人主義・社会主義に対抗する堅実なる国民道徳論は唱道せられ、質実なる報徳主義は鼓吹せられ、神・仏・耶三教も、国民思想善導の為めに努むる所があった。……（中略）中学校には、その高等普通教育機関たる本来の性質に鑑みて、実業科を加え……（中略）或は時弊を済ひ、或は時代の趨勢に順応する施設が行はれた。英語教育についても、明治四十四年（一九一一）七月中学校及高等女学校の教授要目を改正して、教授の要項及方法に関し指示する所があった。(8)

というように、英語教育の改正が日露戦争後の日本社会一般の思想的変化への対応としての「国民道徳論」と中学校での「実業科」の強調というつながりで取り上げられている。

これらの指摘からは、明治後期の中学校英語教授の制度化が、軍事と国民道徳と実業志向によって動機づけられていたことを知ることは可能である。しかし、これらの志向が中学校英語教授理論をどのように修正させたのかについては、具体的には何も知ることができない。

第三の西洋近代語教授理論と国家基準「中学校教授要目」との関連を分析した先行研究は、管見の限り見当たらない。西洋近代語教授理論の摂取による日本の英語教授の近代化は、むしろ東西の高等師範学校における中等英語教員養成改革との連続性(9)、あるいは、「文部省英語教授法調査会」による「中等学校ニ於ケル英語教授法調査委員報告」策定過程との関連(10)を示す資料は存在する。

その中にあって、伊藤（一九八三）では、「音声重視」の英語教授への機運が「教授要目」に取り入れられ、音声学の成果である発音記号を使ったThe Phonetic Methodが「改正英語科要目」に大きな影響を与えたとして、音声学と国家基準との関連性が示唆されている。[11] しかし、これらの国家基準が近代語教授理論の達成から受けた影響は音声学だけではない。例えば、ドイツにおける改革近代語教授実践の主たる教育内容を構成していた近隣諸国の文化、いわゆる「風物」(*Realien*)、あるいは、日本語を介さずに絵画等を用いて理解に導く「事物教授」(object teaching)による教授も日本の国家基準の中に取り込まれていたのである。「風物」や「事物教授」がいかなる近代教授学的意義を有していたのかについての検討もまた、「中学校教授要目」の性格の分析において不可欠のテーマである。

第三節　研究の方法と本書の構成

以上の先行研究の検討からは、日本人の近代語教授理論の受け止め、中学校英語教授制度の政策的意図、そして、近代語教授理論と国家基準「中学校教授要目」(英語科)との関係の三つ——近代化、制度化、実践化——が、それぞれの分節において自己完結的に対象化され、分析されてきたことを示唆している。歴史研究が教育研究の「方法」ではなく「領域」となっていたのである。そして、このことが歴史研究と今日の教育実践とのつらなりを見えにくくするのであり、現代の英語教師を歴史研究から遠ざける一因となっているように思われる。本研究の方法は、この課題克服への試みでもある。

教育研究の方法として歴史的アプローチを用いる場合、学習者である子どもの人間形成、彼らの人間的な発達への関心を軸として、明治期中学校英語教授の制度化に内在した英語教授理論上の特質を考察することが重要であろう。西洋近代語教授理論——いわゆる「ナチュラル・メソッド」(The Natural Method)——の形成は、産業革命における分業体制の中で壊れ、堕落していく人間性の回復のための教育に立ち上がったペスタロッチー（Johann Heinrich Pestalozzi: 1746-1827）が探求した「合自然の教育学」（Natural Education）の系譜を継承し、その起源は汎知体系の教育によって平等で平和なヨーロッパ社会の建設を期したコメニウス（Johannes Amos Comenius: 1592-1670）に端を発する近代教育思想にまで遡る。そして、直観的方法を教授法の根本原理とする「ナチュラル・メソッド」に内在する教育価値は、「音声第一主義」（speech primacy）、帰納法、「事物教授」といった方法原理と不可分のものとして発達してきた。「方法」は、教育思想史的系譜とのつらなりをもって存在している。

以上の近代教授学の発展史を踏まえて、本研究では本来、近代市民倫理を志向する西洋近代語教授理論の方法原理の中核を構成する「音声第一主義」と「事物教授」を、絶対主義国家の明治国家がどのように実践していくのかに注目する。こうして、人間の発達という視点から明治英語教授実践の質を捉えることを試みる。

本書は、西洋近代語教授理論の摂取を通じた明治期英語教授法国家基準の制度化過程、及び、その国家基準の性格を明らかにすることが目的であるが、そのための方法として以下のような章構成を取った。

第一章では、中学校英語教授の趣旨を初めて明示した一九〇二（明治三十五）年「中学校教授要目」（英語科）の制定過程を考察する。文相森有礼から井上毅期における中学校機能の確定作業と並行して作成された「中学校教授要目」の青写真、「尋常中学校英語科ノ要領」（一八九六年）、及び、「尋常中学校英語科教授細目」（一八九八年）に付された政策的意義を近代語教授理論との関連で検討する。

第二章では、「中学校令」の改正（一八九九年）、「中学校令施行規則」の改正（一九〇一年、一九〇二年）、及び、「中学校教授要目」（英語科）の成立過程でおこなわれた文相菊池大麓と普通学務局長澤柳政太郎による英語教授政策論争の内容を明らかにすることを通して、「中学校教授要目」（英語科）の性格を捉える。

第三章と第四章では、「中学校教授要目」（英語科）公布以降、にわかに活発化する「ナチュラル・メソッド」の摂取をめぐる国内の議論を捉える。まず、第三章は議論の舞台となった帝国教育会英語教授法研究部成立の経緯を、その機関誌『教育公報』によって跡づけ、「ナチュラル・メソッド」の積極的な摂取を志向した研究部の政府翼賛的、地方主導的、教育改革的な性格を明らかにするとともに、研究部の設立に対する英語教育関係者の多様な反応を捉える。

第四章では、英語教授法研究部での具体的な議論の内容を手がかりにして、日本人の「ナチュラル・メソッド」の摂取に対する慎重な態度、及び、その理解の方法における多義性を構造的に捉えることを試みる。

続く第五章から第七章までは、日露戦争後の新たな国際関係の到来を背景に「中学校教授要目」の改正に向けて動き出した明治四十年代における二つの対照的な中学校英語教授改革試案を比較考察する。まず、第五章では文相牧野伸顕主導によって作成された「中等学校ニ於ケル英語教授法調査委員報告」の著しい語学主義・応用主義の英語教授法案を分析する。

第六章は、牧野の外国語教授重視政策を、日露戦争後の帝国主義的経済膨張政策とともに、高等学校の就業年限短縮という学制上の動機との関連で明らかにし、日露戦争以降の明治国家の英語教授政策の背景と意図を描き出す。

他方、第七章では、東京高等師範学校が一九一〇（明治四十三）年に改訂した「東京高等師範学校附属中学校英語科教授細目」を、一九〇七（明治四十）年のものとの差異に注目して検討するとともに、牧野らによる「中等学校ニ於ケル英語教授法調査委員報告」と比較考察して、明治四十年代における中学校英語教授政策の論点を明らかにする。

以上の分析を受けて、第八章では明治期中学校英語教授の総決算「改正中学校教授要目」（英語科）における教育価値・目的、方法、及び、内容的性格を捉える。この時期の中学校教育政策を画策した文相小松原英太郎の国民道徳教育と実業教育の強化、及び、その実現のために援用された西洋近代語教授理論の内容がどのように連関したのかに注目する。

参考文献

(1) 澤柳政太郎『我國の教育』同文館、一九一〇年、二〇七ページ。
(2) 金子健二『言葉の研究と言葉の教育』寶文館、一九二三年、三八七―三八八ページ。
(3) 定宗数松『英語教授法概論』研究社、一九三六年、十八ページ。
(4) 石橋幸太郎「英語教授法大要」研究社新英語教育講座編集部『新英語教育講座』第一巻、研究社、一九四八年、一九六ページ。
(5) 小川芳男「英語教授法概論」福原麟太郎・岩崎民平・中島文雄『現代英語教育講座2　英語教授法』研究社、一九六四年、六―七ページ。
(6) 出来成訓『日本英語教育史考』東京法令、一九九四年、十五、二十三ページ。
(7) 鈴木保昭「英語教授法の歩み」日本の英学一〇〇年編集部『日本の英学一〇〇年明治編』研究社、一九六八年、三五二ページ。
(8) 櫻井役「日露戦役以後」『日本英語教育史稿』敞文館、一九三六年、一九八ページ。
(9) 伊村元道『日本の英語教育200年』大修館、七十一ページ；伊村元道・若林俊輔『英語教育の歩み』中教出版、一九八〇年、一一〇ページ；片山寛『我國に於ける英語教授法の沿革』研究社、一九三五年、三十一―三十二ページ；松村幹男「明治四十年代における英語教授・学習史」『広島大学教育学部紀要』第二部第四十二号、一九九三年、五十五ページを参照。
(10) 伊村元道、上掲書、大修館、七十一ページ；杢田與惣之助『英語教授法集成』開明堂、一九二八年、二三〇―二三二ページ参照。

第一章　一九〇二年「中学校教授要目」（英語科）の制定過程

第一節　はじめに

一九〇二（明治三十五）年二月六日の「中学校教授要目」（文部省訓令第三号）は、中学校の教授内容を規定した最初の文部法規であり、戦前を通じて中学校教育を方向づけた。ここでの目的は、「中学校教授要目」中の「英語科」の分析を通して、明治期中学校英語教授実践の特質に接近しようとするものであるが、まず、その前提作業として「中学校教授要目」の制定過程において作成された二つの中学校英語教授試案に焦点をあてる。それらは、「尋常中学校英語科ノ要領」（一八九六年七月）及び「尋常中学校英語科教授細目」（一八九八年六月）である。

これらの試案作成期は、日本の中学校英語教授の制度化において次の二つの観点から重要な画期をなしている。第一に、この期間は中学校の性格・機能についての政策論争が激しくおこなわれた時期であったという点である。この論議は一八九九（明治三十二）年二月の「改正中学校令」公布をもって一旦は決着を見るが、以降の制度改革論争の発端となっていく。第二に、刷新された中学校観に基づいて新たな中学校英語の志向が模索され始めた点である。西洋近代語教授改革に精通する者たちによる外国語教授理論が著書や雑誌に登場し始めるのがこの明治二十年代後半であった。[1] 本章では、中学校機能についての政策論争、及び、西洋近代語教授改革という国内外の文脈との関連で、これら二つの試案に内包された英語教授の志向を検討する。

第二節　明治期中学校制度改革の展開

1　「アカデミズム」対「実業教育」

明治期の中学校機能に関する政策論争は、中学校制度の創始期にまで遡る。この論争は二つの異なる中学校観の選択の問題として認識されてきた。一つは「アカデミズム」を志向する中学校観であり、他方は「実業教育」を志向する完成教育機関としての中学校観である。中学校に対するこの複合的な役割観は、一八八一（明治十四）年七月の「中学校教則大綱」においてすでにみとめられる。その「第一條　中学校ハ高等ノ普通学科ヲ授クル所ニシテ中人以上ノ業務ニ就クカ為又ハ高等ノ学校ニ入ルカ為メニ必須ノ学科ヲ授クルモノトス」[2] における「中人以上ノ業務ニ就クカ為」と「高等ノ学校ニ入ルカ為メ」という中学校観がそれである。

この二重の役割観は次の森有礼文政においても継承されている。一八八六（明治十九）年四月、初代文部大臣となった森はそれまで教育法令を一括規定していた「教育令」を「小学校令」、「中学校令」、「帝国大学令」、「師範学校令」として個別に規定し直した。このうちの「中学校令」では、「第一條　中学校ハ実業ニ就カント欲シ又ハ高等ノ学校ニ入ラント欲スルモノニ須要ナル教育ヲ為ス所トス」[3] とされ、「実業」と「高等ノ学校」への準備がともに志向されている。森は「尋常中学校ヲ卒業シ尚進ンテ高等中学校若シクハ他ノ専門学校ニ就ク者アル可ケレトモ、尋常中学校ハ要スルニ之ヲ卒業シテ直チニ実業ニ就ク者ヲ養成スルヲ以テ目的トス」[4] と述べたこともあり、中学校を実業教育機関と見ていたと判じることも可能かもしれない。しかしながら、森は尋常中学校の設置を一県一校に限定するとともに、[5]実際には実業的な教育内容を提供していなかった。[6]その結果、学校数が減少して教育水準が向上しエリート養成的性格が強まったのである。[7]一八八九（明治二十二）年の森の死以降、中学校における実業教育的性格の実現という課題が次期文部大臣となる井上毅に引き継がれた。

2 井上毅による実業化策の推進と挫折

井上毅の教育政策の特徴は、各学校段階に実業教育的要素を導入して産業発展の担い手となる人材を効率的に育成しようとした点にある。中学校教育に関しては、彼の「実科」構想が重要である。井上は、森文政下で作成されていた「尋常中学校ノ学科及其程度」を一八九四（明治二十七）年三月に改訂して、「実業ニ就カント欲スルモノニ適切ナル教育ヲ施ス為」に第四学年以上に「実科」と呼ばれる別コースを設置することを可能とした。[8]これを受けて、同年六月「尋常中学校実科規定」を発布して「実科」コースの学科目を決定した。[9]しかも、地方の必要に応じて「第一年級ヨリ専ラ実科ヲ授クル所」、いわゆる、「実科中学校」の設置をもみとめる制度改正をおこなった。[10]ところが、「実科」コースと「実科中学校」は予想に反して設置を希望する中学校を得られず、[11]産業化に対応させようとする井上の一連の中学校実科構想は失敗した。

井上のもう一つの重要な実業化施策は、一八九四（明治二十七）年六月の「高等学校令」（三年制）という構想である。これによって、最高等普通教育機関であった高等中学校（三年制）を、実業的性格を強めた専門教育を本体とする「高等学校」へ再編したのである。[12]この構想もまた、産業発展に有為な人材の早期輩出を意図した施策だった。しかし、「……（中略）但帝国大学ニ入学スル者ノ為予科ヲ設クルコトヲ得」として、従来の進学準備機能を「予科」として残した。[13]この結果、中学校卒業生は本科よりその予科の方に殺到したため、高等学校は再び進学準備機能の継続を余儀なくされ、結局井上の実業重視策は機能しなかった。

だが、「高等学校令」によって尋常中学校が「高等学校」と直接接続することとなったことは、早期実業人育成の観点から大きな成果であった。従来の高等中学校は大学予科として機能しており、その高い教育水準ゆえに尋常中学校卒業生といえども高等中学校に直ちに入学することができず、附設された予科で数年間の準備をしなくてはならなかったのである。「高等学校令」によって実質的には高等学校卒業年齢の低下がもたらされ、早期の実業人養成政策は前進したのである。

さらに、一八九四（明治二十七）年九月に公布された「尋常中学校入学規定」によって、尋常中学校への入学条件が「十二歳以上」から「高等小学校第二学年修了者」へ変更された点も重要である。元来、「十二歳」とは「高等小学校第二学年修了」に相当したが、実際にはその時点までに中学校入学のための学力水準に達しないことが多かったのであり、現実には高等小学校（四年制）卒業程度でなければ中学校に入学できなかった。この変更によって、高等小学校二学年修了者が一律に中学校に志願できるようになった。この新しい入学規定が、尋常中学校生徒の低年齢化とともに、志願者増加の大きな契機となった(14)。

以上のことから、早期実業的人材育成を企図した井上の「高等学校」構想は、尋常中学校との接続の強化と中学校入学規定の事実上の緩和によって、従来よりも増して入学しやすい環境を作り出すことに成功した。

そうした展開のさなか、一八九四（明治二十七）年八月、井上は一連の中学校実業化策の道半ばで病死する。その後に残されたものは、高等中学校を失って進学準備機能を脆弱化させた高等学校と、「実科」構想に失敗して目的があいまいになった尋常中学校であった。こうした中学校機能の一時的な霧散状態とともに、中学校入学志願者の低年齢化と志願者数の増加という新たな局面に直面していた。井上死去以降の中学校政策は、以上の結果として進行する中学校の増設要求と中等教員不足という問題を加速させていく。この時点において、前文相の森有礼の「中学校一府県一校体制」はもはや崩壊していた。こうして、中学校の増設に伴う教育の質低下への対策が、井上文政後の課題として認識されるようになった。

第三節　「尋常中学校ニ於ケル各学科ノ要領」及び「尋常中学校教科細目調査報告」の制度的性格

井上の死後、中学校の教育内容に関する二つの原案が作成されている。一つは「尋常中学校ニ於ケル各学科ノ要領」（以下、「各学科ノ要領」と略す）であり、他方は「尋常中学校教科細目調査報告」（以下、「調査報告」と略す）である。前者は「本年三月一日文部省令第七号ヲ以テ尋常中学校ノ学科及其ノ程度ニ関シ改正セラレタル所アリシガ、其教授ノ細目等ニ至リテハ今日迄其筋ヨリ未ダ世ニ公ニセラレタル所ノ者無キヲ以テ、学校当路者ハ窃ニ隔靴掻痒ノ思アルノ観ヲ免レザリキ」だったため、高等師範学校長嘉納治五郎の他、文部省直轄学校の教員らが中心となって作成した教授細目案である。[15]「本年」とは一八九四（明治二十七）年のことであり、このことから「各学科ノ要領」は井上がその年三月に改訂した「尋常中学校ノ学科及其程度」（三十三ページ、付録1参照）に基づいて試作された教授細目案であると考えられる。この「各学科ノ要領」は『大日本教育会雑誌』上で一八九四（明治二十七）年九月号の「習字」と「数学」を皮切りに一八九六（明治二十九）年七月号の「英語」まで、順次掲載されて公となった。

他方、「調査報告」は一八九七（明治三十）年九月に文部省内に設置された尋常中学校教科細目調査委員会（以下、委員会と略す）が取りまとめ、翌一八九八（明治三十一）年六月に高等学務局から全国の中学校へ配布された教授細目案である。松村（一九八二）では、「各学科ノ要領」中の「尋常中学校英語科ノ要領」を考察した結果、これが一九〇二（明治三十五）年「中学校教授要目」（英語科）の下敷きではなかったかと推察している。[16]また、米田(一九九二)では委員会による「調査報告」が「中学校教授要目」の青写真として作成されていく経緯が詳細に分析されている。[17] 以上の先行研究を総括すれば、井上の「実科」構想は、以下のような展開において継承されていったことになる：

「尋常中学校ノ学科及其程度」(一八九四年三月)
→ **「尋常中学校ニ於ケル各学科ノ要領」**(一八九四年九月〜一八九六年七月)
→ **「尋常中学校教科細目調査報告」**(一八九八年六月)
→ **「中学校教授要目」**(一九〇二年二月)

1　アカデミズム・カリキュラムの復活

さて、「各学科ノ要領」と「調査報告」に基づいて英語教授を含む学科課程の全体的な志向を捉えたい。表1と表2は、これらの学科課程、及び、授業時間の配当を一覧にしたものである。また、章末の付録1には井上が残した「尋常中学校ノ学科及其程度」を示した。以下、「尋常中学校ノ学科及其程度」と「各学科ノ要領」、次に「調査報告」を比較しながら、それぞれの特徴を捉えよう。

三者を較べてみると、「各学科ノ要領」と「調査報告」における学科課程が大きく変わっていることに気づくことができる。まず、「各学科ノ要領」における変更点を見よう(表1)。第一の変更点は、実業科目の削除であ

表1：「各学科ノ要領」の学科課程と授業時間の配当

科目	1年	2年	3年	4年	5年	計
倫理	1	1	1	1	1	5
国語及漢文	7	7	7	7	7	35
英語	7	7	7	7	7	35
地理	2	1	1	1	2	7
歴史	1	2	2	2	2	9
算術・代数学	3	2	2	2	2	11
幾何学	1	2	2	2		7
三角法					2-4	2-4
博物	1	1	2	2		6
化学				2	1	3
物理学					3	3
習字	1	1	1			3
図画	1	1	1	1	1	5
体操	3	3	3	3	3	15
唱歌*	2*	1*	1*	1*	1*	6*
計	29 2*	28 1*	29 1*	30 1*	30-2 1*	146-8 6*

出典：『大日本教育会雑誌』第154－162号、1894－1896年より筆者作成。
備考：数字は週あたりの授業時間。「体操」の時間配当は上記資料に記されていなかった。また、「倫理」と「国語及漢文」については細目案自体が掲載されていなかった。その理由は井上の「尋常中学校ノ学科及其程度」から変更がなかったためではないかと思われる。したがって、本表には「尋常中学校ノ学科及其程度」の授業時数を記した。
*印は「随意科」を意味する。

る。すなわち、井上の学科課程の最大の特徴だった「実科」と「簿記」（選択科目）が削除されている。第二は、自然科学系を中心にした科目の専門分化である。具体的には、「数学」が「算術・代数学」、「幾何学」、「三角法」の三分野へ、「博物・物理及化学」が「博物」、「化学」、及び、「物理学」の三分野へ、さらに社会科学系科目においても、「歴史地理」が「地理」と「歴史」へ、それぞれ細分化・専門分化されており、その結果、科目数が大幅に増えている。第三に、週あたり授業総数

表２：「調査報告」の学科課程と授業時間の配当

科目	1年	2年	3年	4年	5年	計
倫理	1	1	1	1	1	5
国語	4	4	4	4	4	20
漢文	3	3	3	3	3	15
英語	6	7	7	7	7	34
地理	1	1	1	1	2	6
歴史	1	2	2	2	2	9
数学	4	4	4	4	4	20
博物・物理及化学	2	1	2	4	4	13
習字	1	1	1			3
図画	2	1	1	1		5
簿記*					2*	2*
唱歌*	2*	2*				4*
体操	3	3	3	3	3	15
計	28 2*	28 2*	29	30	30 2*	145 6*

出典：文部省高等学務局、1898年、4－5ページより筆者作成。
備考：数字は週あたりの授業時間。*印は「随意科」を意味する。

の増加である。この増加は、第一学年の「英語」で一時間、第五学年の「三角法」で二時間まで増加可となったことによる。

以上、実業科目の全面削除、自然科学系を中心にした科目の専門分化と授業数の増加、及び、「英語」の初期教授への注目といった変更点の意味を総括すれば、井上が目指していた実業社会と中等社会の育成を志向する中学校教育改革は、再びアカデミズムの方へ修正されたと言うことができると思われる。

自然科学の専門性の強調を中心とした「各学科ノ要領」におけるアカデミズム志向は、次に考察する「調査報告」においても継承されている。表2を見よう。「調査報告」における学科課程からは、上で考察した「各学科ノ要領」の「国語及漢文」が「国語」と「漢文」へ専門分化した点以外は、井上の実業カリキュラムの方へ再修正されたような印象を与えている。自然科学系の科目が「数学」と

「博物・物理及化学」へ統合されたこと、及び、「簿記」の復活がその理由である。ただし、「実科」は削除のままである。

ところが、「調査報告」中に掲載されていた「目録」からは、「調査報告」の作成にあたって調査された科目の数が実に十九にも分化されていたことがわかるのであり、そのうち自然科学系の学問領域が七科目にも細分化されていた。[18] 加えて、「簿記」が調査科目となった経緯は、数学教育の実用化を唱えていた理科大教授の藤沢利喜太郎の考え方が反映したものとも言われている。[19] 以上の考察からは、学科課程表からは消え去ったかに見える自然科学系科目を中心としたアカデミズム志向が、実は水面下では継続して追求されていたと考えられる。

櫻井（一九四二）が「細目は専門的に傾き、各科の統一、小学教科との連絡等につき猶遺憾ありとの批評も少なからず、別に私案を作成して教育雑誌に発表するものもあった[20]」と、「調査報告」についての当時の受け止め方を総括しているくだりからは、アカデミズムによる中学校教育の再編に対する世論の否定的な反応を読み取ることができる。以下では、中学校制度がアカデミズムによって実際に再編されていく過程を、帝大の菊池大麓らによる中学校令改定作業を通して明らかにしたい。

2 「山県系官僚体制」による中学校の改造

「各学科ノ要領」作成の中心メンバーだった高等師範学校長の嘉納治五郎は、その学力程度を下げてでも、中学校数を増やして中間層の子弟を積極的に吸収すべきであると考える人物であり、したがって帝国大学からの影響を受けた中学校のアカデミズム化に反対していた井上文政を支えた人物である。[21] しかし、アカデミズム化された「各学科ノ要領」においては、嘉納のそうした意図をみとめることはできない。米田（一九八五）によれば、一八九六（明治二十九）年九月に発足した第二次松方内閣における文部省支配体制、いわゆる、「山県系官僚体制」の体質的特徴を、（一）井上毅の影響力を排除したこと、（二）教育よりも行政の論理を重んじたこと、（三）帝国大学教授菊池大麓（兼専門学務局長）のもとでの中学校令制定作業の体制が整ったこと、と整理している。[22]井上による「実科」構想の排除が前提だったのであり、先に指摘した自然科学系科目の専門分化の浸透は、数学者菊池大麓の意向が強く反映されたものである。

一八九七（明治三十）年四月、文部省内に中学校に関する臨時取調委員会として九名からなる組織が作られている。この委員会は、地方の中学校設立要求の高まりの結果すでに生じていた中学校の濫設、学校規模の巨大化、分校比率の増大という中学校拡大の実態を問題視して、「教員や設備の最低基準を明確化し、教育の質的低下を防ぐことが急務[23]」という危機感のもとに、これからの中学校の設置基準の策定を目的として発足した委員会である。こうして、この委員会は同年八月に一つの答申をまとめた。その内容は、授業料を引き上げることによって中学校志願者を抑制すること、生徒収容定員を削減して学校規模の巨大化を抑制すること、及び、一府県約三校までに設置数を制限して中学校増設を抑制し、教育の質低下を防止することであった。[24]この答申内容が、その後の中学校令改正作業の基本方針となる。

以降の中学校令改正作業は、菊池専門学務局長と「山県系官僚体制」のもとで進められることになるが、実はこの作業は実業学校と高等女学校の設置、及び、それらの教科内容の編成まで踏み込んだ、中等教育全体の改造を見据えた作業であった。この作業のうち、中学校の教科内容の編成を命じられたのが、本節の冒頭で言及した尋常中学校教科細目調査委員会である。その設置は中学校に関する臨時取調委員会が先の答申を出した一ヵ月後の一八九七（明治三十）年九月のことである。東京帝国大学文科大学長であった外山正一を委員長とし、東京帝大から最大の十五名（菊池を含む）、以下高師・女高師から十三名、一高から七名、高商から四名、中学校から一名、文部官僚一名、合計四十一名という布陣であった。各委員には調査担当科目が割り当てられており、この時

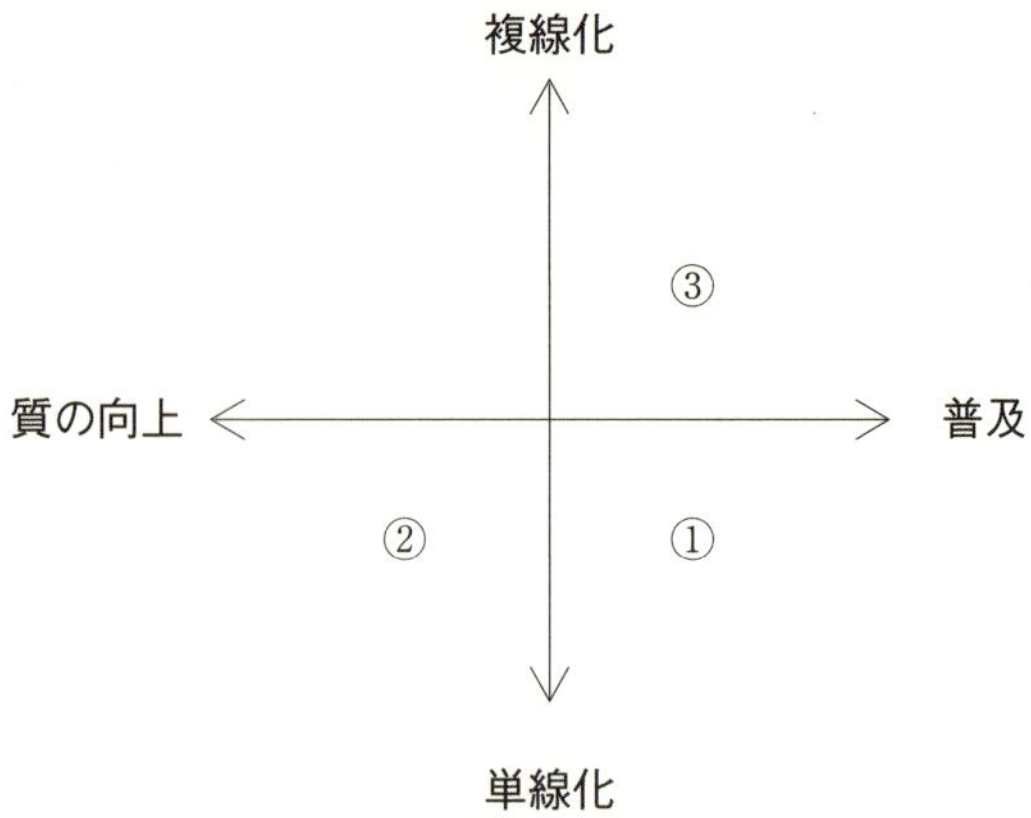

図１：「中学校令」改正過程における中学校制度案

出典：米田、1985年、63－70ページより筆者作成。

点で実業科目の全面排除と自然科学系科目の専門細分化は決定していた[25]。

一八九七（明治三十）年十一月から一八九八（明治三十一）年六月までは、政変のため「山県系官僚体制」が崩壊して菊池が一旦孤立し、作業は停滞することとなるが、一八九八（明治三十一）年六月、憲政党内閣（第一次大隈内閣）が成立すると、同年八月、文部省内に突如学校系統調査会が設置される。会長は高田早苗（高等学務局長）、委員は戸水寛人、上田万年（いずれも帝大文科大教授）、澤柳政太郎（一高校長）、野尻精一（文部視学官）、福原鐐二郎、正木直彦（いずれも文部省）である。この調査会が設置された経緯については、嘉納と同様に中学生の積極的受け入れを支持していた会長の高田早苗が、開催予定の全国尋常中学校長会議（九月）と高等教育会議（十月）に菊池のアカデミズム構想案をそのまま提出したくなかったためだと言われている[26]。すなわち、この調査会では三種類の中学校制度構想案が提出され討議されていた（図1）。

図1は、学力程度の維持よりも中学校の普及の方を重く見るのか、あるいは、学校数を制限してでも高い学力程度の維持と引き上げを目指すのかという目的（横軸）と、その目的を中等教育体系の複線化によって達成させるのか、あるいは、単線化でおこなうのかという方法（縦軸）の交差によって作られる平面で表そうとしたものである。

図1のうち、まず、構想案①は、当時の中学校進学要求の高まりを汲み上げて中学校教育の普及を目指すとともに、中学校から帝大のアカデミズムの影響を排除し単線化によって実用的な教育内容をすべての中学生に等しく与える立場を表現しており、これは嘉納や高田らが支持した案である。これに対して、構想案②は中学校の数を制限して受け入れ定員数を抑えることで学力程度を高めることを目的とした案であり、単線制度による選抜競争を前提として一定の学力や経済力をもつ者だけに高等普通教育を施すという案を表現したものであった。これは、帝大の菊池や外山の他、福原や正木ら帝大出身の文部省官僚によって支持された案である。他方、構想案③は、基本的には構想案①と同じく中等教育への生徒の積極的な受け入れを目指す立場に立ちつつも、その方法を上級学校進学者のための少数の中学校と、実務に就く者のための多数の中学校を設置するという中等教育の複線化を主張した案であり、これは澤柳や学制研究会の伊沢修二の他、戸水や野尻が支持した案である。文相井上の「実科」構想も、この案の一つの具体的な形であったと考えることができる。

結局、教育の質の低下対策を最重要課題と見た中学校令改正作業は、菊池や文部官僚らのアカデミズム中学校構想案を選択した。この政策決定によって、地方中間層による地域農業と地域産業の育成・発展よりも、教養と学歴に依存する都市的中間層に注目したエリート人材の育成を支持する中等社会の構築が選択されたのだと言うことができる。(27)

第四節　中学校英語教授の近代的整備

井上文政期以降の中学校制度構想が、菊池らによって再びアカデミズムによって再編されていく政策過程を概説した。本節では、そこで構想された英語教授の性格を考察する。表3と表4は、「各学科ノ要領」、及び、「調

表 3：「尋常中学校英語科ノ要領」（1896 年 7 月）

学年	教授内容
第 1 学年	読方、訳解、文法、会話、作文、綴字、習字、書取（7）
第 2 学年	読方、訳解、文法、会話、作文、書取（7）
第 3 学年	読方、訳解、文法、会話、作文、書取（7）
第 4 学年	読方、訳解、文法、会話、作文、書取（7）
第 5 学年	読方、訳解、文法、会話、作文、書取（7）

出典：『大日本教育会雑誌』第 179 号、1896 年、56－60 ページより筆者作成。
備考：表中、括弧内の数字は週あたりの授業時間数。

表 4：「尋常中学校英語科教授細目」（1898 年 6 月）

学年	教授内容
第 1 学年	読方、訳解、文法、会話、作文、綴字、習字、書取（6）
第 2 学年	読方、訳解、文法、会話、作文、書取（7）
第 3 学年	読方、訳解、文法、会話、作文、書取（7）
第 4 学年	読方、訳解、文法、会話、作文、書取（7）
第 5 学年	読方、訳解、文法、会話、作文、書取（7）

出典：文部省高等学務局、1898 年、8－10 ページより筆者作成。
備考：表中、括弧内の数字は週あたりの授業時間数。

査報告」の学科課程のうち英語科の教授内容を比較したものである。前者は「尋常中学校英語科ノ要領」（以下、「英語科ノ要領」と略す）、後者は「尋常中学校英語科教授細目」（以下、「英語科細目」と略す）と呼ばれている。前者の作成者は知られていないが、後者は矢田部良吉（高等師範学校）、神田乃武（高等商業学校）、小島憲之（第一高等学校）、長谷川方丈（高等商業学校）によって作成されたことがわかっている。

これら二つの英語教授細目案を比較してわかることは、「英語科細目」で第一学年の授業時数が一時間減った以外は、両者間で教授内容と配当時間に全く変更がなされていないことである。このことから、「英語科ノ要領」は「英語科細目」の土台として使われたということを推測できる。

それでは、両者に共通するこれらの教授

内容は、それに先行する森―井上文政期の英語教授の志向から何が変化したのか。「森・井上文政期の英語分科と配当」（三十三ページ、付録2）と比較すると、次の三つの外形的な変化を指摘することができる。第一に、第一学年において「発音」教授が初めて導入されていることである。表3には「発音」は分科名としては登場していない。しかし、「英語科ノ要領」、及び、「英語科細目」の中にある「教授要旨」には「発音綴字」とあり、そこには「初メアルファベットヲ教フル時ヨリ各種ノシレブルヲ授クル時ニ至ルマテ教師自ラヲ常ニ発音ニ注意シ且生徒ノ発音ノ誤ヲ矯正スルコトヲ力ムヘシ[28]」と注意されている。このことから、第一学年の「綴字」の中で「発音」を教授することになっていたことがわかる。

第二は、「講読」と「翻訳」といった日本の伝統的外国語教授内容を表す分科名が一斉に消滅したことである。第三に、「読方」、「訳解」、「文法」、「会話」、「作文」、「書取」といった広範囲な教授内容が全学年にわたって共通のコアとなったことである。

それでは、これら三つの変更はその後の中学校英語教授の性格に関してどのような質的変化を加えようとしたものだろうか。再び、「英語科ノ要領」と「英語科細目」に付された「教授要旨」の内容を手がかりにしてこの点を考察しよう[29]。

まず、これら二つの英語教授細目案は、教授上の趣旨自体を初めて明確にした点で日本の中学校英語教授史上重要な画期であった。「教授要旨」は次のようにその趣旨を説明する。「尋常中学校英語科教授ノ目的ハ生徒卒業ノ時ニ至リ普通ノ英語ヲ理会シ且之ヲ使用スル力ヲ得シムルニアリ此ノ目的ヲ達センカ為ニ発音、綴字、読方、訳解、習字、書取、会話、作文、文法ヲ授クモノトス[30]」。井上文政期までの「訳解」、「講読」、及び、「翻訳」を本体とし読解力の養成を主眼としてきた英語教授から、音声英語と英作文といった表現力までを含みこんだ英語教授へと内容が拡大・整備されている。そこでは、「普通ノ英語」の「理会」のみならず、「使用」能力の獲得もが目的とされ、この目的達成の方法として、「発音」、「習字」、「読方」、「文法」、「書取」の教授がおこなわれるという構造となっている。

ところで、「普通ノ英語」という用語には、生徒が高尚すぎる英語のテキストを読まされた結果、彼らの英語力が英文内容と英文構造の不正確な理解に留まっていたという明治初年以来の外国語教授の課題の克服という意義が表現されている。他方、「理会」と「使用」という言語の機能を指す用語で教授の目的が初めて記述されている点も新しい。この二つの用語は、のちの「中学校教授要目」（英語科）における「了解」と「運用」という用語へ継承され、くだっては現代における「理解」と「運用」となって生き続けることとなる。[31]

表現力育成を含んだ包括的な教授内容への拡張整備、教授程度への注目、及び、「理会」と「使用」という機能言語による教授目的の認識方法、以上の三つの意味において「英語科ノ要領」と「英語科細目」の成立は西洋文明摂取のための英語教授（英学）からの大きな質的転換を志向している。それでは、それらを実現するための英語教授とはどのような実践なのか。以下では、「教授要旨」に基づいて新しい英語教授細目案が志向する教授の方法を描き出してみよう。

1　統一的教授

「英語科ノ要領」と「英語科細目」の「教授要旨」をさらに検討すると、教授方法に関するいくつかの方法原理を抽出することができる。その第一は、教授内容の統一的教授という志向である。「教授要旨」には、「発音綴字」以下、「読方」、「訳解」、「習字」、「書取」、「会話」、「作文」、「文法」の順に、個別に指導上の留意点が説明されている。しかし、本来は「各々孤立スヘキモノニアラスシテ……（中略）相関連スヘキモノトス」[32]なのであって、その「相関連」とは「訳解ヲ授クルニ方リテモ読方文法等ニ注意シ読方ヲ授クルニ方リテモ会話作文等ニ注意シ作文ヲ授クルニ方リテモ綴字会話等ニ注意スル[33]」、すなわち、「訳解・読方・文法」、「読方・会話・作文」、「作文・綴字・会話」を関連づけて教授するものとされている。

2　音声と文字の統一

第二に、いま見た三組の「相関連」させるべき教授内容は、音声と文字、言い換えれば、話し言葉と書き言葉の組み合わせとなっている点である。「訳解」と「読方」、「会話」と「作文」、「綴字」と「会話」といった具合である。「教授要旨」には、次のような教授上の関連づけのあり方が例示されている。まず、「読方」教授では、文章の意味を音読によって表現するために語中のアクセントや文の抑揚緩急に注意して、教科書を「教師ハ数回誦読シ生徒ヲシテ之レヲ聴カシメ且之ニ倣ヒテ誦読セシムヘシ[34]」という方法で「読方」と「訳解」が関連づけられている。同様に、「書取」教授では、「書取ハ耳ヲ慣ラシ且綴字法ニ熟セシムルヲ以テ主ナル目的トナス[35]」として、音声と綴字との連合において「書取」の教授効果が意義づけられている。「会話」教授は、「英語読本中ノ事項ニ就キ邦語ヲ以テ簡単ナル会話体ニ之レヲ口述シ生徒ヲシテ英文ニ口訳セシメ」、こうして口頭英作文力を得るにしたがい、「平常ノ事項ニ就キテ教師ト生徒ト互ニ英語ヲ以テ問答ヲナスヘシ[36]」と、教科書の内容理解の発展として英会話力の獲得方法が関連づけられている。文字言語である教科書の題材内容を日本語の話し言葉に一旦変換した後、これを英語に「口訳」させる、いわゆる、'oral composition' が指示されており、仕上げとして、教科書の文字言語から離れて教師と生徒の日常的な題材に関する、英語での「会話」能力が期待されている。さらに、「作文」教授では「英語ノ如キ言文一致ノ国語ニ於テハ作文ハ会話ト共ニ進歩スルモノナリ[37]」という「言」と「文」の関係観に基づく「会話」と「作文」の統一的教授が志向されている。特に、「初メハ会話ト作文ハ教授上差別スルヲ要セス[38]」とされ、「会話」と「作文」の教授の統一がその初期に強調されている。

3　帰納的思考の導入

第三の特質は、教授における規則性への注目であり、その教授における帰納的思考の開発という志向である。この志向は、まず「発音」教授においてみとめられる。「英語科細目」に付記された「発音要項」を見ると、(1) Eel; be, thee, three, seat, etc. のような母音・長母音と綴字との対応関係、(2) Ale; name, slate, cake, came, etc. のような母音・長母音と綴字との対応関係[39]、及び、f, v; si, zi; th (thin), th (then); sh, zh のような調音器官を共有する文字間における無気音・有気音の対応関係への注目が指示されている[40]。

規則性への注目は、「文法」教授において一層顕著である。「教授要旨」によれば、教授の初期では「会話作文訳解ヲ教フルニ方リ言辞ノ用法ニ就キテ少許ツツ教フヘキモノ」だが、高学年では「一定ノ教科書ニ拠リ纏メテ之レヲ教フルヲ良トス」とされ[41]、規則性への意識を徐々に強めていくことが指示されている。こうした、低学年における他分科との統一的教授とその後の集約的文法教授という志向からは、事例から原理へ、具体から抽象へという帰納的思考の導入と開発の意欲をみとめることができる。その成果として、「法則ハ単ニ之レヲ記憶セシムルニ止メス種々ノ用例ニ照シテ之レヲ活用セシムルヲ要ス[42]」とされ、帰納的思考による知識の主体化が目指されている。

4　評価法としての「書取」

第四に、到達度と評価法が学年ごとに具体的に例示され、「書取」がその中心的な方法とされている点である。「教授要旨」は「生徒各学年間修業ノ後其学力進歩ノ度ヲ定ムルモノ[43]」と指示して、各学年の「学力程度」の検査方法を「書取」を用いた試験の形式で例示している。例えば、第五学年の「学力程度」では、(一) 書取、(二) 読方、(三) 和訳、(四) 英訳、(五) 言語知識 (文法・イディオム等) の五つの観点において生徒の学力を評価するとされているが（三十四ページ、付録3）、実はこれらの評価の観点は、問いの順序も含めてすべての学年で採用されており、定型化されている。このことから、「学力程度」が統一的教授を前提として、音声言語と文字言語の機能と知識、及び、邦語と英語を含む総合的な英語力を測定しようとするものと見ることができる。その際、「書取」が適切な総合的学力の測定法として採用されていることは、それが音声と文字の連合を志向し、また音声と文法とを統合する志向も有することから、「英語科ノ要領」及び「英語科細目」が目指す英語教授、すなわち、講読中心主義（英学主義）から総合的機能的英語力（語学主義）への転換を象徴するものとみなされたからであろう。

以上、「発音」教授の導入、「講読」と「翻訳」の消滅、及び、それに代わる「読方」、「訳解」、「文法」、「会話」、「作文」、及び、「書取」の全学年共通化による教授内容の整備という三つの変化は、教授内容的には中学校英語教授における伝統的講読重視から音声英語を含む包括的な教授への転換、方法原理的には音声と文字の関連づけを媒介とする英語分科の統一的教授、及び、帰納的な思考法への注目による日本の英語教授法近代化の試みという意義を有していたと言えよう。

第五節　西洋近代語教授理論との関連

最後に、「英語科ノ要領」及び「英語科細目」に内包された教授内容的、方法原理的諸特質と西洋近代語教授理論との関連を見ておきたい。結論的に言うならば、「英語科細目」の作成委員の一人であった神田乃武の「ナチュラル・メソッド」理解の大きな影響をみとめることができる。神田の英語教授理論は、言語機能の調和的相互依存的発達観に基づく模倣による習慣形成論であり、音声から文字へ、理解から表現へ、国語を媒介しない自然で非分析的な教授過程としての方法原理を特徴としていた。[44] この方法原理においては、教師の役割とは何よりもまず音声言語の提供者でなければならず、そのためには「読方」と「書取」が重要な言語活動だとみなされる。上で検討したように、「英語科ノ要領」及び「英語科細目」における「読方」の全学年への導入と「書取」の中心的な位置づけ方には、神田のこうした考え方との関連を強くみとめることができる。他方で、「英語科ノ要領」及び「英語科細目」の特質の中に神田の英語教授理論と合致しない点も指摘できる。それは、「文法」の意識的な教授の導入であり、この強調は特に高学年において顕著であった。

神田の「ナチュラル・メソッド」理解は、彼の青年期におけるアメリカ留学中に「個人的改革者」(individual reformers) と呼ばれた胎動期の西洋近代語教授法改革論者のうち、ペスタロッチーの弟子の一人だったドイツ人語学教師 G. Heness から「ナチュラル・メソッド」を継承していた L. Sauveur に学んで摂取されたものである。「個人的改革者」たちによる西洋近代語教授法改革は一八八二 (明治十五) 年以降、音声学の発達とともに「改革運動」(The Reform Movement) となって欧米諸国で拡大し二十年間展開するが、日本の英語教授指導者たちが文部省官費留学生として、特にドイツにおける改革運動を強く意識するのは一九〇二 (明治三十五) 年以降のことである。したがって、「英語科ノ要領」及び「英語科細目」において、西洋近代語教授法改革運動との明確な関連がみとめられないのは、以上の事情によるのである。

第六節　結論

本章では、「尋常中学校英語科ノ要領」及び「尋常中学校英語科教授細目」が志向する英語教授の近代的性格として、音声教授の初の導入、その音声と文字の関連づけを媒介とした英語の統一的教授、帰納的思考法による

付録 1：「尋常中学校ノ学科及其程度」（1894 年 3 月）

科目	1 年	2 年	3 年	4 年	5 年	計
倫理	1	1	1	1	1	5
国語及漢文	7	7	7	7	7	35
外国語	6	7	7	7	7	34
歴史地理	3	3	3	3	4	16
数学	4	4	4	4	4	20
博物・物理及化学	1	1	2	4	4	12
習字	1	1	1			3
図画	2	1	1	1		5
体操	3	3	3	3	3	15
簿記*						
唱歌*						
（実科）						
計	28	28	29	30	30	145

出典：教育史編纂会、1938b 年、200－205 ページより筆者作成。
備考：数字は週あたりの授業時間。「外国語」は英語、ドイツ語、フランス語のいずれかとされたが多くは英語が設置された。*印は「随意科目」。

付録 2：森・井上文政期の英語教授内容と配当

学年	英語教授内容と学年配当
1 年	読方及訳解、書取、会話及綴文（7）
2 年	読方及訳解、書取、会話及作文（7）
3 年	講読、会話、作文、文法（7）
4 年	講読、翻訳、会話、作文（7）
5 年	講読、翻訳、会話、作文（7）

出典：松村、1982 年、99 ページ。

規則性の発見、総合的教授内容の整備、以上を指摘した。このことの、日本の近代語教授理論発展史における意義とは、西洋文明という「内容」の摂取を目的とした森―井上文政期までの英語教授から、「理会」と「使用」という言語機能の習得を目指した英語教授への転換という意義であり、その際、帰納的思考法という抽象が初めて教授の目的として同時に自覚されるに至ったことである。

二つの試案が発表されてまもなく、一八九九（明治三十二）年二月七日、「中学校令」が改正・公布された。しかし、中学校機能に関する論争はその後

付録3：「英語科細目」の「学力程度」の例（第5学年）

一．教師ハ先ツ左ノ如キ文章ヲ二三回通誦シ生徒ヲシテ之ヲ書取ラシムヘシ
He then asked his mother if he might eat one of them. But she shook her head, looked wise and said: “No, my dear, I think you had better not”, for the doctor had forbidden her to give him anything solid as yet. The boy felt he should do as he was told; and the consequence was, he soon got so well that he could eat whatever he liked.
二．教師ハ生徒ヲシテ右ノ文章ヲ朗読セシムヘシ而シテ同文中ニ在ル one of, think, consequence 其他ノ語、句ノ読方、発音、緩急、抑揚ヲ問フヘシ
三．教師ハ生徒ヲシテ右ノ文章ヲ邦語ニ翻訳セシムヘシ
四．教師ハ右ト同様ノ邦文ヲ作リ生徒ヲシテ之ヲ英文ニ翻訳セシムヘシ
五．教師ハ働詞ノ infinitives, participles, might, could, would, should ノ用法、差別及 direct narration ヲ indirect narration ニ変シ又之ヲ反対ニスルコト及 had better not ノ如キ idiom ヲ問フヘシ

出典：文部省高等学務局、1898年、18－19ページ。

もくすぶり続けながら、一九〇二（明治三十五）年二月六日に中学校英語教授の国家基準を初めて示した「中学校教授要目」（英語科）が公布されることとなる。次章では、「中学校令」改正以降の論争の過程を明らかにした上で、「中学校教授要目」（英語科）における中学校英語教授の性格を捉える。

参考文献

（1）日本人による外国語教授理論に関する著書や翻訳書等が書かれるようになるのは、一八八七（明治二十）年になってからであった。そのうち最も早いものは、西洋近代語教授法改革運動の萌芽期に出たマーセル（Claude Marcel）による *The Study of Languages brought back to its true principles, or the art of thinking in a foreign language*（1869）を訳した吉田直太郎の『外国語研究法』（一八八七年）である。その後は、日本人による外国語教授の改良意見を内容とする著書が続いた。明治三十年代初頭までに登場したものを掲げると、和田垣謙三と井上哲次郎の講演記録による磯辺弥一郎編『外国語研究要論』（一八九一年）、崎山元吉『外国語教授法改良説』（一八九三年）、岡倉由三郎『外国語教授新論』（一八九四年）、神田乃武「英語学ノ研究」『東洋学芸雑誌』（一八九四年）、重野健造『英語教授法改良案』（一八九六年）、松島剛『英語教授法管見』（一八九六年）、神田乃武「English in

Middle Schools」『太陽』（一八九六年）、外山正一『英語教授法』（一八九七年）、内村鑑三『外国語の研究』（一八九九年）があった。この後も、スウィート（Henry Sweet）の *The Practical Study of Languages* を訳した八杉貞利の『外国語教授法』（一九〇一年）、佐藤顕理『英語研究法』（一九〇二年）、高橋五郎『最新英語教習法』（一九〇三年）、ブレブナー（Mary Brebner）の *The Method of Teaching Modern Languages in Germany* (1904) を訳した岡倉由三郎の『外国語最新教授法』（一九〇六年）と続き、岡倉由三郎の『英語教育』（一九一一年）が明治近代語教授理論の到達点とされるに至る。以上の状況からは、明治二十年代における日本の近代語教授改革の主体的な展開は、およそ一八九七（明治三十）年以降の中学校英語教授制度化の開始までであったと言うことができる。

(2) 教育史編纂会『明治以降教育制度発達史』第二巻、龍吟社、一九三八年、二八二ページ。

(3) 教育史編纂会『明治以降教育制度発達史』第三巻、龍吟社、一九三八年、一五〇ページ。

(4) 森有礼「六月二十二日文部大臣福島県ニ於テ県官郡区長及ビ教員等へ説示ノ要旨」大日本教育会『大日本教育会雑誌』第六十二号、一八八七年、六十二ページ。

(5) 「中学校令」第六条及び第九条。教育史編纂会、上掲書、第三巻、一九三八年、一五一ページ。

(6) 「尋常中学校ノ学科及其程度」（明治十九年六月二十二日文部省令第十四号）。唯一、「農業」が提供されていたが、これは「第二外国語」のどちらか一方の設置も可能とした措置だったためである。教育史編纂会、同掲書、第三巻、一九三八年、一五五—一五七ページ。

(7) 米田俊彦『近代日本中学校制度の確立』東京大学出版会、一九九二年、二十三ページ。

(8) 「尋常中学校ノ学科及其程度」（明治二十七年三月一日文部省令第七号）第四条。教育史編纂会、同掲書、第三巻、一九三八年、二〇〇—二〇一ページ。

(9) 「尋常中学校実科規定」（明治二十七年六月十五日文部省令第十三号）第一条によれば、「実科」コースの科目は「倫理、国語及漢文、歴史、地理、数学、博物、物理及化学、実業要項、体操」であり、その他「随意科目」として「簿記、習字、図画、測量、外国語ノ一科又ハ数科」とされた。教育史編纂会、同掲書、第三巻、一九三八年、二〇五—二〇六ページ。

(10) 「尋常中学校実科規定」第二条。教育史編纂会、同掲書、第三巻、一九三八年、二〇六ページ。

(11) 教育史編纂会、同掲書、第三巻、一九三八年、二〇七ページ。結局、「実科中学校」は諏訪実科中学校（長野県）、

東松浦実科中学校（佐賀県）のわずか二校、「実科」コースは福島県第一尋常中学校（福島県）、群馬県尋常中学校（群馬県）、諏訪郡立諏訪中学校（同上）に設置されただけだった。米田、上掲書、一九九二年、三十ページ。

(12) しかし、森の「中学校令」においても当時の「高等中学校」に法科や医科等の専門学科は設置可能だったのであり、また実際においても設置されていた。また、「高等中学校」が最高等普通教育機関だったとはいえ、その実態は専門教育機関というよりもむしろ帝国大学への進学準備機関であった。こうした事実を考慮するならば、今回の井上の「高等学校令」構想自体は新しいものではなかったと言うべきであろう。教育史編纂会、同掲書、第三巻、一九三八年、二一〇—二一一ページ。

(13) 「高等学校令」（明治二十七年六月二十五日勅令第七十五号）第二条。教育史編纂会、同掲書、第三巻、一九三八年、二〇七ページ。

(14) 米田、同掲書、一九九二年、二十七ページ。

(15) 大日本教育会「尋常中学校ニ於ケル各学科ノ要領」『大日本教育会雑誌』第一五四号、一八九四年、三十五ページ。

(16) 松村幹男「明治三十五年制定の「中学校教授要目」外国語とその成立をめぐって」『中国地区英語教育学会研究紀要』第十二号、一九八二年、一〇一—一〇四ページ。

(17) 米田、同掲書、一九九二年、三十二—四十九ページ。

(18) 調査の対象とされた科目とは、「倫理」「国語」「漢文」「地理」「歴史」「数学」「図画」「習字」「体操」「簿記」「唱歌」の他、自然科学系は「理科示教」「物理」「化学」「博物示教」「鉱物地質」「生理及動物」「植物」の七科目あった。文部省高等学務局『尋常中学校教科細目調査報告』一八九八年、五—六ページ。

(19) 米田俊彦「「中等社会」育成をめぐる相剋——一八九九年（明治三十二）改正中学校令の制定過程とその意味——」『日本の教育史学』第二十八集、一九八五年、七十三ページ。

(20) 櫻井役「教科細目調査」『中学教育史稿』受験研究社増進堂、一九四二年、三四七—三四八ページ。

(21) 米田、上掲論文、一九八五年、五十四ページ。

(22) 米田、同掲論文、一九八五年、五十五—五十六ページ。

(23) 米田、同掲論文、一九八五年、五十八—五十九ページ。

(24) 米田、同掲論文、一九八五年、五十九—六十ページ。

(25) このことは、注(18)であげた調査対象科目における自然科学重視傾向から明らかである。
(26) 米田、同掲論文、一九八五年、六十五ページ。
(27) 米田、同掲論文、一九八五年、七十一ページ。
(28) 文部省高等学務局、上掲書、一八九八年、一ページ。
(29) 「教授要旨」中の全般的な注意に関する内容は両者全く同じものであるが、「英語科細目」ではさらに「第三、学力程度」「第四、発音要項」が追加され、到達度の測定と発音教授の具体的な指示が補強されている。
(30) 大日本教育会「尋常中学校英語科の要領」『大日本教育会雑誌』第一七九号、一八九六年、五十六ページ、及び、文部省高等学務局、同掲書、一八九八年、一ページ。
(31) 松村、上掲論文、一九八二年、一〇一ページ。
(32) 文部省高等学務局、同掲書、一八九八年、八ページ。
(33) 文部省高等学務局、同掲書、一八九八年、八ページ。
(34) 文部省高等学務局、同掲書、一八九八年、二ページ。
(35) 文部省高等学務局、同掲書、一八九八年、四ページ。
(36) 文部省高等学務局、同掲書、一八九八年、五ページ。
(37) 文部省高等学務局、同掲書、一八九八年、六ページ。
(38) 文部省高等学務局、同掲書、一八九八年、六ページ。
(39) 文部省高等学務局、同掲書、一八九八年、二十一二十三ページ。
(40) 文部省高等学務局、同掲書、一八九八年、二十四ページ。
(41) 文部省高等学務局、同掲書、一八九八年、七ページ。
(42) 文部省高等学務局、同掲書、一八九八年、七ページ。
(43) 文部省高等学務局、同掲書、一八九八年、十ページ。
(44) 神田乃武における西洋理論の摂取過程、及び、その結果神田が構築した英語教授思想をまとめた研究としては、西原雅博「明治期英語教授指導者の教育思想――岡倉由三郎と神田乃武――」『富山高等専門学校紀要』第二号、二〇一五年、一――一〇ページを参照されたい。

第二章　一九〇二年「中学校教授要目」（英語科）の性格

第一節　はじめに

本章の目的は、一八九九（明治三十二）年二月七日に改正・公布された「中学校令」（以下、「改正中学校令」と呼ぶ）下で作成された「中学校令施行規則」（一九〇一年三月五日公布、一九〇二年二月六日一部改正）と「中学校教授要目」（英語科）（一九〇二年二月六日）の分析を通して、明治期中学校英語教授の国家的志向を検討することである。

「改正中学校令」以降の中学校英語教授の制度化をめぐる議論は、二つの次元で活発化する。一つは、井上毅文政期以来の中学校機能をめぐる制度改革の次元である。中学校数と生徒定員数を抑制して高い教育程度を維持する方針を選択した「改正中学校令」ではあったが、以降も中学校機能を地方社会の現実的ニーズに対応させようとする反アカデミズム派の人々によって挑戦を受け続ける。もう一つの次元は、「改正中学校令」下の新たな英語教授のあり方を模索するために、一九〇二（明治三十五）年前後から動き出す文部省官費留学生派遣を通じた西洋近代語教授理論の摂取活動である。「中学校教授要目」（英語科）に込められた政策的性格の分析は、一方では中学校機能の制度化の動き、他方では西洋近代語教授改革の達成からの摂取、以上二つの条件と関連づけながらおこなう必要がある。

第二節　「改正中学校令」の性格

明治二十年代後半から地方各地で高まる中学校設立要求を背景とした中学校の増設と規模の巨大化、これに伴って進行した中学校教育の質の低下という課題に対して、地方の農業や産業の育成発展よりも教養と学歴に依存する都市的中間層の要求に対応した「改正中学校令」は、次のような制度的性格をもつに至っている。第一に、アカデミックな普通教育への強い志向である。中学校は「第一條　中学校ハ男子ニ須要ナル高等普通教育ヲ為スヲ以テ目的トス」[1]とされ、森有礼文政期以来の「実業」と「進学準備」の二重の教育機能を含む内部複線型はついに解体されて、代わって「高等普通教育」を男子のみに施す機関へと単線化された。

第二に、中学校の特権的性格である。井上文相時代、東京高等師範学校長嘉納治五郎や群馬県尋常中学校長等を歴任していた澤柳政太郎らが要求していた地方産業の育成のための実業教育・完成教育機関としての機能は、「改正中学校令」と同時に設置された「実業学校」が担うこととなり、さらには女子の高等普通教育機関として「高等女学校」も設置された。この結果、日本の中等教育は三種類の中等学校へと複線化され、このうち「男子高等普通教育」を標榜する中学校が「正系」として位置づけられた。

第三に、中学校制度の硬直した運営体質である。「改正中学校令」においては、まず、文部大臣の権限が拡大され、学科課程とその程度や教科書の検定権といった従来からあった文相の権限に加えて、中学校の設置及び廃止（第七条）、中学校教員免許状（第十三条）、学級定員や学校定員等を含む中学校の編成と設備に関する規定（第十五条）といった決定権が追加された[2]。二つ目には、府県への中学校設置義務の強化である。一八八六（明治十九）年に森有礼文相が指示した「中学校一府県一校体制」は、一八九一（明治二十四）年の改正で最低一校の設置を原則としつつ、土地の情況によっては文部大臣の許可を得て数校の設置が可能であり、また設置しないことも許されていた。しかし、「改正中学校令」においては、最低一校を原則として、数校の設置を命じることができるようになり、同時に設置しないことはできなくなった(3)。こうした結果、特権的な地位を付与されたアカデミック志向の中学校が多様な教育要求をもつ地域性に対して画一的にこれを実施するという性格を強めた(4)。

第三節 「中学校令施行規則」の改正

本節では、「改正中学校令」のもとで一九〇一（明治三十四）年三月五日に公布された「中学校令施行規則」が翌年の一九〇二（明治三十五）年二月六日に一部改正されるまでの中学校制度の政策論争を理解しておきたい。一九〇〇（明治三十三）年三月の官制改正により、中学校の管轄が専門学務局から普通学務局へ変更され、「中学校令施行規則」の作成は普通学務局長の澤柳政太郎のもとでおこなわれることになった。第一章で述べた通り、澤柳局長は「改正中学校令」を主導した菊池大麓文相（当時文部次官）とは異なる中学校制度構想をもつ人物である。学制改革論議は、まもなくこの澤柳と菊池によるカリキュラム改革論争という構図で高揚した。

1 澤柳政太郎普通学務局長のカリキュラム編成案

澤柳は、帝大の要求に対応した中学校のアカデミズム・カリキュラムに反対であった。彼においては、中学校教育は現実社会の方にこそ密接な関係をもつべきなのであり、こうすることによって、これからの日本社会には健全な中産階級社会を建設しなければならないと考えていた。

澤柳のこうした中学校教育観は、有力教育専門誌『教育時論』に発表した論文「国民的勢力の中堅として中流社会の養成」において見ることができる。澤柳は、当時の国家的欠陥を道徳的に健全で社会的に安定した中堅社会の不在に見出した上で、こう述べる。曰く、「政治上にも道徳上にも、国民の指導者を以って任じ、国民的勢力の中堅として、上流如何に腐敗するも、下流如何に堕落するも、必之に感染することなくして、常に健全なる存在を保ち、以って全体の支柱たるに至らんことを切望する」[5]。政治上、道徳上の国家改良は「中流社会」の建設によってこそなされるべきなのであり、これが中等教育の役割でなければならないと澤柳は考えた。だからこそ、専門分化された学問的知識の伝授ではなく、現実社会とリンクした実業教育と国民の品性を高める普通教育の方が適切だとするのである。帝大への進学準備機能よりも完成教育的性格を強めようとしたのは、澤柳のこうした考えがあったからであった。

さて、澤柳はまず菊池主導の尋常中学校教科細目調査委員会による「調査報告」（一八九八年六月）における学科目の変更に着手する。前章で見た通り、この「調査報告」とは「中学校教授要目」の青写真とされたものである。一九〇〇（明治三十三）年十一月、全国中学校長相談会の席で、「改正中学校令」下での教科細目編成方針を問われた澤柳は、府県私立の校長たち三十一名に対して次のように答弁した。「普通教育に於ては専門教育の如く分科ならざず可成学科を合一するを可とす」[6]。中学校の学科目は専門分化の方向ではなく総合化する方が望ましいというのである。澤柳は、この答弁に続けて具体的に三つの統合案を提示している。それらは、「物理」、「化学」、「博物」の「理科」への統合、「国語」、「漢文」、「作文」、「習字」の「国語科」への統合、及び、「法制及経済」の新設である[7]。これは、前章で見た「調査報告」で専門分化されていた自然科学系科目を再び統合し直すという案であり、加えて「法制及経済」の新設もまた、現実の法制と経済のあり方の教授を通じて中学校教育を現実社会の理解の方へ向けようと意図した科目として、澤柳の主張が込められた新設科目であった。

表1：「改正施行規則」（1901年3月5日）の学科課程と授業時間の配当

科目	1年	2年	3年	4年	5年	計
修身	1	1	1	1	1	5
国語及漢文	7	7	7	6	6	33
外国語	7	7	7	7	6	34
歴史地理	3	3	3	3	3	15
数学	3	3	5	5	4	20
博物	2	2	2			6
物理及化学				4	4	8
法制及経済					3	3
図画	1	1	1	1		4
唱歌	1	1	1			3
体操	3	3	3	3	3	15
計	28	28	30	30	30	146

出典：教育史編纂会、1938年、181－182ページより筆者作成。
備考：数字は週あたりの授業時間。

これを受けて、翌月の十二月五日に開かれた第五回高等教育会議で、澤柳ら文部省側は「中学校令案」として先の三つの統合案を含む全部で八つの諮問案を提出した。ところが、審議の結果は、「国語科」への統合は可決されたが、「理科」への総合化と「法制及経済」の新設は否決されている。(8) こうした審議を経て、澤柳は一九〇一（明治三十四）年三月五日、「中学校令施行規則」を改正・公布した（以下、「改正施行規則」と呼ぶ）。その学科目、及び、時間配当は次のようなものだった（表1参照）。

表1の「改正施行規則」における学科目と時間配当を、その青写真だった「調査報告」のそれ（第一章表2参照）と比較すると、次のような変更点を指摘することができる。第一に、「倫理」の「修身」への変更、第二に「博物・物理及化学」の「博物」と「物理及化学」への細分化とその授業時数の十三時間から十四時間への増加、第三に「習字」の「国語及漢文」への統合、第四に「簿記」の廃止、第五に「唱歌」の必修化、以上五点である。他方、上述の高等教育会議で否決されたはずの

「法制及経済」が復活し、必修科目として五年次に三時間配当されている点も注意したい。

「改正施行規則」の「第一章」に明記された学科目の要旨規定（第二～十三条）には、これらの変更に込めた澤柳の「中流社会建設」の鍵としての中学校観が垣間見える。まず、「修身」の目的について、澤柳は「修身ハ教育ニ関スル勅語ノ旨趣ニ基キ道徳上ノ思想及情操ヲ養成シ中等以上ノ社会ニ於ケル男子ニ必要ナル品格ヲ具ヘシメンコトヲ期シ実践躬行ヲ勧奨スルヲ以テ要旨トス[9]」として、「修身」は客観的な学問的知識としての「倫理学」ではなく、教育勅語に基づいた健全な「中等以上ノ社会」を構成する層に不可欠な「実践躬行」のための「品格」だとした[10]。「国語及漢文」では、「習字」を従前の「国語及漢文」に統合するとともに、「近古ノ国文」よりも「現時ノ国文ヲ主トシテ講読」するとして、「国語」の内容として現代文を重視した。そこでは、「普通ノ言語文章」の「了解ト運用」の育成が期待され、「実用簡易ナル文ヲ作ラシ」むることが目標とされている[11]。「外国語」では、「簡易ナル文章」という表現が初めて使用され、そこから最終目標の「普通ノ文章」に向けて徐々に学習を進めていくこととされている。加えて、音声と文字の基礎である「発音」と「綴字」の教授が学習の初期に明確に位置づけられた[12]。「数学」では、算術、代数、幾何、三角法からなる従来の専門分化された内容を、「算術、代数初歩及平面幾何ヲ授クヘシ[13]」と変更することで、代数を初歩に限定し立体幾何と三角法を削除してこの傾向を弱めた。さらに、「法制及経済」の新設は現実社会とのつながりを強めようとする澤柳が最もこだわった処置であり、「現行」の法制と経済に関する「国民ノ生活ニ必要ナル知識」、「現行法規ノ大要及理財、財政ノ一班」の教授が目的とされた[14]。

2　菊池大麓文相の再修正

澤柳普通学務局長の手による「改正施行規則」に対して、当時帝大教授だった菊池大麓はアカデミズムによる中学校へと引き戻しにかかる。菊池のアカデミズム中学校観とは、人格形成としての彼の学問観に根付いていた。菊池によれば、世界は立体的であり平面を学んだだけではこれを具体的に認識できない、学問は一定の深さまで到達しなければ学んだことにならないのであった[15]。進学や就職といった社会的機能から外在的に目的を設定するのではない、非実利非実用的な純粋の普通教育、これが、菊池が「高等普通教育」にもとめた成果であった。菊池は進学予備教育も実科教育も中学校教育の目的とみなすことができなかったのである。

一九〇一(明治三十四)年六月、菊池は文相に就任すると、翌一九〇二(明治三十五)年二月六日、澤柳が作った施行規則を早々に修正して公布した。菊池の修正点は次の三つである。一つ目は、「数学」の内容を算術、代数、幾何、三角法に細分化し直してその内容と程度を引き上げたこと、二つ目は「法制及経済」の時間数を澤柳が求めた三時間から二時間に減じたこと、そして三つ目は「英語」の時間数を七・七・七・七・六から六・六・七・七・七へと高学年に集中させて上級学校との接続を強めたこと、以上である[16]。

修正した施行規則の公布と同じ日に、菊池は「中学校教授要目」も公にした。その「本要目実施上ノ注意」の第二項には、菊池の「高等普通教育」観が次のように宣言された。「教授ハ各学科目固有ノ目的ヲ失ハサランコトニ留意シ相互ノ連絡ヲ保チテ全体ノ統一ヲ図ルヘシ[17]」。「各学科目固有ノ目的」、すなわち、専門性を維持して、その上で学科目間の統一を考慮せよという指示であった。

第四節　対立する英語教授観

文部省訓令として公布された「中学校教授要目」は、「地方長官ハ宜ク各中学校長ヲシテ之ヲ斟酌シ適当ナル教授細目ヲ定メ以テ各学科教授ノ効果ヲ完カラシメンコトヲ力ムヘシ[18]」と、要目に準じた教授細目の作成を、県知事を通じて各中学校長に指示した。その要目のうち、英語科を作成したのは「調査報告」の中心的作成委員だった神田乃武（東京高等商業学校教授）を筆頭に、新渡戸稲造（第一高等学校長）、浅田栄次（東京外国語学校教授）、岡倉由三郎（東京高等師範学校教授・英語科主任）、篠田錦策（東京高等師範学校英語科教諭）であった。そして、彼らを組織したのが局長の澤柳である。[19]

1　澤柳の英語教授観

この集団はいかなる英語教授を志向したのか。局長澤柳が討議の方向性を示したものと思われるので、ここでは澤柳の中学校英語教授観を見てみよう。本章の第三節第1項でふれた一九〇〇（明治三十三）年十一月の全国中学校長相談会の席で、澤柳は中学校には「中等教育としての教育と高等学校に入るの予備としての教育と二個の目的を有す」と思うが、「方法性質の異るべきものではない」[20]と述べて、「中等教育としての教育」と「高等学校に入るの予備としての教育」という異なる二つの目的達成において、その方法は依然一つであるとする方法観を示している。その上で、「予備的の教育に付て注意し置きたき」こととして、中学校英語教授の方針を校長たちに次のように語っている。すなわち、「中学校卒業生が高等学校に入るに及んで英語の力が足らぬといふ非難がある然し六ヶ敷難文を教ふるに及ばぬ普通の熟語や綴り方に間違のなき様にすれば可なり」[21]。高等学校への準備であっても、「六ヶ敷難文」ではなく「普通の熟語や綴り方」を正確に習得すれば十分であるという中学校英語観である。

澤柳のこのような英語教育の実用簡易化とも言える主張は、例えば高等学校新入生に対する「漢文字の知識がないといふ批判」に対しても、「六ヶ敷事を教へんとしては却てわるい普通の事を唯平易に懇示すれば間違ひない」[22]と一貫していた。文相菊池が標榜するアカデミズム「改正中学校令」の枠組みの中で、現実社会とのつながりを模索する澤柳は、以上のような実用簡易路線の中学校英語教授を五人の委員たちに提案したものと思われる。

2　菊池の英語教授観

他方、文相菊池の中学校英語教授観はどうか。学問を通じた人格形成を主張する菊池は、中学校が知識の詰め込み式教授に終始して、生徒の自主的な学習習慣が育まれていないという、いわば形式陶冶達成の観点から現今の中学校英語教授のありようを批判している。菊池のこの指摘は、不相応に高尚な英文の教授による不成績を批判していた澤柳と通じるところがある。例えば、一九〇一（明治三十四）年十二月の帝国教育会総集会でおこなった演説「教育上の一弊に就て」の中で、菊池は中学校教育の「普く在る所の弊」を「詰込的教育」だと指摘し、「詰込」が起こるしくみを緻密に分析している。曰く、第一に中学生には不相応に困難な教材の使用、第二に大量の教授内容、第三に「書取的講義」、以上の条件にその原因があるという。総ずれば、「実質」、「内容」、及び、「方法」における欠陥が絡み合った結果であると。こうして、「兎に角今日の教へ方は極く浅い教へ方である」と断じる。(23)

実際、文相時代の菊池は中学校の詰め込み批判を各所で繰り返した。「中学校教授要目」の実施が始まった直後の一九〇二（明治三十五）年四月の全国中学校長会議でも、「唯自分の知識を生徒に教ゆるばかりでなく生徒の智力を啓発し其の品行規律上のことを常に注意せねばならぬといふ考か欠乏して居る」と教師に苦言を呈した。一方的な知識の伝達としての授業と学習論不在への批判であった。

菊池の英語教授観が澤柳のそれと分岐するのはここからである。すなわち、澤柳が高尚すぎる困難な英文教授批判から基本的な英語の正確な定着に向かったのに対して、菊池は「生徒の智力を啓発」することの方を重視したのである。生徒の智力の啓発――自己教育力――が菊池の「高等普通教育」の目的であった。先の中学校長会議で、菊池はこのことを「心力の鍛錬」、「良習慣の養成」、「独立に考へる力」、「常識を養ふこと」等と多様に形容しながら、自己教育力の重要性を校長たちに力説した[24]。

したがって、菊池における中学校英語教授の目的もまた、最終的には自己教育力の養成にあった。このことを菊池は次のように明快に説明している。「英語を教へる際にも常に物を考へるといふことの習慣を養成しなければならぬ唯た習った丈のことで少しも夫れについて自分が考へる――独立の考を働かせると云ふ習慣がないこの物を考へるといふことは或学科の鑑識を与へるより教育上最も必要なことであらふと思ふ[25]」と。「常に物を考へるといふことの習慣」の形成が、英語知識の獲得の先にある「教育上最も必要なこと」という目的観である。

さらに、断片的知識の詰め込みに対する彼の一貫した批判は英語の統一的教授という方法観の自覚に至っている。曰く、「夫から学科目の連絡が欠けて居る英語を教へるにも文法は文法会話は会話といふ様な按配で其の間に少しも連絡がない[26]」。知識の転移による構造的な理解を追求する菊池の目的観がここにもみとめられる。「本要目実施上ノ注意」中、「三　教授ハ漫ニ繁多ノ事項ニ渉リ又ハ形式ニ流ル、コトナク生徒ヲシテ正確ニ理解シ応用自在ナラシメンコトヲ期スヘシ[27]」の一項はそうした菊池の学問観追求の宣言であった。

第五節　「中学校教授要目」（英語科）の性格

前節では、澤柳と菊池の英語教授観の間に互いに異質な志向があった点を確認した。両者におけるこうした対立は、どのような国家公認の英語教授を導くのであろうか。前章において、「調査報告」中の英語科に関する要旨「尋常中学校英語科教授細目」（以下、「英語科細目」と呼ぶ）の方法原理上の特徴的性格を考察し、分科の統一的教授の自覚、音声と文字の関連づけ、帰納的思考の導入、評価方法としての「書取」の導入の四点を抽出し、

表2：「中学校教授要目」（英語科）の方法的構造

	1年 (6)	2年 (7)	3年 (7)	4年 (7)	5年 (7)
初期	発音・綴字				
了解	読方・訳解 会話・書取 習字 (1) 「平易」	読方・訳解 会話・作文 書取 「平易」	読方・訳解 会話・作文 書取 「平易」	読方・訳解 書取 「普通」	読方・訳解 書取 「普通」
運用				会話・作文 (2) 「平易」	会話・作文(2) 「平易」
文法			(1)	(1)	

出典：教育史編纂会、1938年、207－211ページより筆者作成。
備考：(　) の数字は週あたりの授業時間数。ただし、「習字」と「文法」は週1時間まで、「会話・作文」においては週2時間まで単独で教授してもよいという意味。

これらの諸特徴は「模倣による習慣形成論」を教授理論にもつ神田乃武の考え方が最も反映されたものだと結論づけた。「中学校教授要目」（英語科）（以下、「英語科要目」と略す）を検討すると、そうした教授理論が一層明瞭に構造化されている。

1　教授内容と学年配当の分析

表2は、「英語科要目」の教育内容とその学年配当に基づいて、教授方法の構造を捉えようとしたものである。以下、四つの特質を指摘したい。

「了解」と「運用」への統一と分化

第一の特質は、教授における分科の統一の型がみとめられる点であり、さらにその型が学年進行とともに一定の分化を伴っている点である（表中の点線）。まず、第一学年では「発音」と「綴字」の統一的教授が指示されている。この基礎教授への意識の萌芽は「英語科細目」においてすでにみとめられていたが、「英語科要目」では「発音」が自立した分科名として初めて登場したことによって「基礎」の概念が一層明瞭となった。第二に、第一学年から第三学年における「読方」、「訳解」、「会話」、「作文」、及び、「書取」（第一学年では「習字」を含む）までの統一的教授の志向である。第三に、第四、五学年で「会話」と「作文」が「読方」、「訳解」、「書取」の系から分離されて一つの統一を形成する点である。以上を整理すると、学年進行とともに、（一）「発音」・「綴字」の統一、（二）「読方」・「訳解」・「書取」の統一、及び、（三）「会話」・「作文」の統一、以上三つの系の漸進的な統一と分化の形成を捉えることができる。言い換えれば、高学年に向かって、英語の「了解」と「運用」の系へと統一されると同時に細分化されるという方法的構造の形成である。

「音声第一主義」（speech primacy）による方法の構造化

同時に、これら三つの系における「音声第一主義」を方法原理とする音声と文字の統一という志向を確認しておこう。このことは、まず初期教授の「発音」（音声）と「綴字」（文字）の統一的教授においてすでに明らかであろう。次いで、「了解」の系である「読方」・「訳解」・「書取」では、「読方」は「訳解」を終えた英文を表現的に音読するものであり、テキストの音声化（文字→音声）である点では、音声英語を媒介にして内容を理解する本来の「音声第一主義」の原理が適用されているとは厳密には言えない。しかしながら、「読方」と「訳解」が連関をもつという広義の意味では、音声と文字の統一は実現されている。「書取」もまた、それ自体において文字の音声化であり、同様の意義を有している。第三に、「運用」の系である「会話」・「作文」は、「英語科細目」における「英語ノ如キ言文一致ノ国語ニ於テハ作文ハ会話ト共ニ進歩スルモノナリ」[28]とする「音声第一主義」の方法原理を継承したものに他ならない。「会話」という音声表現を「作文」という文字表現へ連続させる方法である。

「文法」教授の後退

第三の特質は、「文法」教授の後退である。「英語科細目」において「文法」教授は中学校五年間を通じて教授するとされていたのに対して、「英語科要目」では第三、四学年のみへと大幅に減じられた[29]。その際週一時間までは単独で教授可と一定の強調はなされてはいるが、あくまで他分科との統一的教授が原則であった。「英語科要目」における「文法」教授の相対的弱化は、詰め込みではなく基礎的な英語の確実な習得を主張した澤柳の意向や非分析的な文法教授論を主張する神田の考え方につながるものである。

「平易ナル文章」と「普通ノ文章」

最後に、教授すべき英語の程度の設定であり、「平易ナル文章」と「普通ノ文章」という用語がそれである。表2によれば、「平易ナル文章」は、第一学年から第三学年の「了解」の系と全学年の「運用」の系で扱うとされ、「普通ノ文章」は第四、五学年の「了解」の系で扱うとされている[30]。内容、程度、及び、進度に関するこの規定は、次項で検討するように、知識の確実な定着に向けた「習熟」の達成をにらんだものである。

2　「教授上ノ注意」の分析

前項では、教授内容の学年配当の検討を通して、「英語科要目」における教授の方法が学年進行とともに「了解」と「運用」の系へ統一・分化する点、その「了解」と「運用」の内部は「音声第一主義」を方法原理として統一されている点、文法教授の比重が後退している点、及び、教授の程度と進度が限定されている点、以上を指摘した。本項では、「英語科要目」に付されている「教授上ノ注意」の検討を通じて、さらに具体的な教授理論上の特質を明らかにしたい。

「教授上ノ注意」は、各分科の教授方法に関する全十項目の「注意」からなり（五十八ページ、付録1参照）、その内容は、全般的な注意事項（項目一と二）と個々の分科に関する教授上の注意（項目三～十）から構成されている。項目一は教授全般において「習熟」の徹底を指示し、項目二ではそのうちの「発音」と「習字」の「習熟」を強調している。個々に関しては、項目三は「発音」、項目四と五は「訳解」の教授方法に関する注意であり、その方法として「解釈」と「実物、絵画」の使用の二つを取り上げている。項目六は「読方」、項目七は「書取」、項目八は「会話」、項目九は「文法」、項目十は「辞書ノ用法」の教授方法についてである。「作文」教授についての注意はない。以上の構成と前項の方法論の考察を合わせると、「発音」・「綴字」→「訳解」→「読方」→「書取」→「会話」→「作文」＋「文法」といった教授の順次性が想定されていることを窺うことができる。

「習熟」

第一に注目すべき点は、教授全般における「習熟」の徹底した強調である。このことは、項目一と二の他にも、項目三「発音」、項目六「読方」において見られるし、項目七「書取」の「生徒ノ容易ニ了解シ得ヘキ文章ニ就キテ之ヲ授ケ」る、さらには、項目九「文法」の「生徒ヲシテ煩雑ナル規則ノ記憶ニ陥ラシムルコトナク」というように、ほぼすべての分科の教授で一貫して強調されている。「習熟」の徹底は、「六ヶ敷難文」教授を批判した澤柳と、「詰込的教育」批判の菊池の両者が求めた主張が盛り込まれたものと言えるであろう。

「事物教授」(object teaching) による英文理解

二つ目は、「実物」や「絵画」を通じた「訳解」の方法、いわゆる、「事物教授」（object teaching）の導入である。それは、「英語ノ意義ヲ了解セシムルニハ……（中略）実物、絵画等ニ依リ之ヲ直指スヘシ」（項目四）とする方法であり、邦語を使って翻訳する代わりに「実物、絵画等」を用いて、これらが生起させる感覚を起点として、概念と英語の語彙とを直接に連合させる方法である。「事物教授」は、「稍々進ミタル生徒ニ対シテハ英語ヲ用ヒテ説明スルコトアルヘシ」（項目四）とも指示され、邦語を媒介せずに音声を直に概念につなげるための階梯とみなされてもいた。前項において、「音声第一主義」による統一的教授の志向を指摘したが、「事物教授」はその具体的な方法の一つとして位置づけられていたと見ることができる。

「正シキ国語」による「風物」(*Realien*) 教授

他方では、邦語を媒介して内容理解を試みる伝統的「解釈」が、「訳解」のもう一つの方法としてみとめられている点も注意しておこう。その際には、「解釈ハ正シキ国語ヲ以テシ成ルヘク精密ニ原文ノ意義ニ適応セシムヘシ」（項目五）とされ、原文の意味を正確に捉える「正シキ国語」の使用が求められている。

さらに、「解釈ヲ授クル際東西ノ人情、風俗、制度等ノ異同ヲ知ラシム」（項目五）として、邦語による「解釈」との関連において、いわゆる「風物」(*Realien*) の教授をおこなうことが指示されている。先に取り上げた「事物教授」において、その「事物」の内容としての「風物」の教授が日本の英語教授に関する文部法規の中に導入されたのは「英語科要目」が初めてであった。

第六節　西洋近代語教授理論の摂取

一八九八（明治三十一）年の「英語科細目」から一九〇二（明治三十五）年の「英語科要目」までの四年間において、中学校英語教授法の国家基準の志向は大きな展開を見せた。「音声第一主義」を方法原理とする統一的教授への志向はすでに「英語科細目」において自覚されていたが、「英語科要目」ではこれを継承した上で、「事物教授」と「風物」という日本の伝統的外国語教授法には存在しなかった要素が新たに採用された。この二つは、欧米の近代語教授法改革運動のうち、主にドイツの実科中等学校において実践された改革教授法の諸要素であった。以下、これらの系譜を概説しておこう。

1 「事物教授」

「事物教授」は、西洋近代語教授法改革運動の拠点であった十九世紀のドイツにおいて発展した実科中等学校の、主に低学年で実践されていたと言われている。[31]「事物教授」は、汎知主義者コメニウス（Johannes Amos Comenius: 1592-1670）における世界平和の実現のための方法原理として成立し、認識主体の形成を教育価値として自覚したペスタロッチー（Johann Heinrich Pestalozzi: 1746-1827）の開発主義教授学、いわゆる、「合自然の教育学」（Natural Education）の方法原理へと継承されたものである。

コメニウスは祖国ボヘミアのドイツによる圧制という辛い経験の中から、学校教育を祖国の解放、ひいては世界平和の実現の基礎工作と考えるようになった。「……（中略）普遍的な思想（パンソピア）を普遍的な言語（国際語）により、普遍的な教育をつうじて全民衆に教える教育こそ、理想世界をもたらす道である……[32]（後略）」。以降、コメニウスはそのような教育のための方法の構築に邁進する。彼は当時発達しつつあった経験科学に刺激され、具体的なものの経験と観察から出発し、体系的科学ではなく実際的知識を重視し、法則よりも実例を先に、を教授の原則とした。「すべての民衆の子弟が知的素質のいかんにかかわらず、あいともに、そこに集まって平和への道をまなぶ学校……（中略）での方法は平易で直観的でなければならない[33]」のであった。

このように、「事物教授」とはすべての民衆を対象とした彼の直観教授論の具体的な方法であった。言語ではなく実物や絵画等の具体的な経験や事物を通じ、「直観」を認識の出発点として概念の形成を目指すのであり、これによって、知識の主体化を子どもに期待し、認識主体としての子どもを形成するのである。

スイスのペスタロッチーが生きた時代とは、産業革命の嚆矢の時代、マニュファクチャー工業が農村生活に侵入して、庶民を無道徳と貧窮に堕落させていた時代だった。「……（中略）単調で、心身をむしばむ長時間労働……（中略）の農村への侵入は人間の知恵と道徳の教育のための自然の場である農耕的生産を主とする家庭生活を、親にも子供にも失わせてしまった」[34]。彼の、いわば生活教育論は、マニュファクチャー工業の分業体制と大量生産経営によって崩れ去った、変化に富み、創意を働かせて互いを励まし合いながら営まれる合自然な農耕生活を、学校教育を通じて人為的に再生させなければならないとする意味で、コメニウスと同じく、民衆のための社会改造の教育思想に基づく教育論であった。

「合自然の教育学」における言語教育では、直観とは言語（文字）に先行して「音声」だとみなされる。「ナチュラル・メソッド」（The Natural Method）における「音声第一主義」に内包された社会思想、教育思想とは、民衆、市民の主体形成と解放、自立した個の教育という近代的市民倫理を実現するための方法原理として自覚されたものである。

十九世紀の実学的物質的世界観の到来によって、直観教授理論に内包されていたそのような教育思想の継承は、欧州各地や北米への拡散過程において様々な変容、屈折、退化を伴いながら、「ナチュラル・メソッド」の多様な異種となって結果した。このうち、ドイツにおけるコメニウス、ペスタロッチー主義教授学は、ナポレオン戦争敗戦後のドイツ民族の再生を標榜する民族共同体倫理の構築のための教授学として、フィヒテ（Johann Gottlieb Fichte）やヘルバルト（Johann Friedrich Herbart）、特にヘルバルトの後継者であったツィラー（Tuiskon Ziller）とライン（Wilhelm Rein）によって修正されるという展開をたどった。

2 「風物」

一方、外国語教授における異文化の人情、風俗、制度等の「風物」の教授もまた、十九世紀後半のドイツ近代語教授実践の中核的な教育内容となっていた。「事物教授」が主に初期教授で多用されていたのに対し、「風物」は高学年で徹底して教えられていた。(35)

十九世紀のドイツ近代語教授実践における文化教授という地平は、形式陶冶を教育の最重要課題と見た伝統的人文主義派と、当時勃興しつつあった近代実用主義派との妥協点――'the common ground'――の模索として成立している。伝統的人文主義派は「過去の完成された文化」を、近代実用主義派は「現在発展中の文化」を主張し合うが、結局教授すべき文化の内容は問わないこととした。この結果、実科系の新しい中等学校では近隣国の現在の「風物」を扱うようになった。(36) しかし、二十世紀初頭のドイツにおける周辺諸国との新たな政治的経済的対外関係の展開、及び、国内におけるナショナリズムの台頭を背景にして、ドイツ民族意識の高揚という教育価値が「風物」教授に付与されていくのである。(37)「英語科要目」は、こうした西洋近代語教授改革運動の達成のうち、特にドイツ実践の諸要素を摂取した。

最後に、これら西洋近代語教授理論の摂取ルートに言及しておきたい。「英語科要目」の作成に関わった五名の委員のうち、神田乃武は「英語科要目」が成立した一九〇二（明治三十五）年二月の時点で、すでに文部省留学生としてドイツ、イギリスの西洋実践を直に観察している。別の作成委員岡倉由三郎は公布直後の四月から官費留学出発をひかえていた頃であり、ドイツ実践の直接体験をまだ有していない。ただ、このころの岡倉については「御留学以前から、彼の地（ドイツ―筆者注）に於けるその方面の潮流は大体ご承知であった」と言われている。(38) ドイツ実践からの西洋理論摂取は、これら二人の指導者の主張によるものと考えることができる。(39) なお、その他の作成委員の新渡戸稲造、浅田栄次、及び、篠田錦策はいずれも一九〇二（明治三十五）年当時において欧州留学の経験はない。新渡戸と浅田については、一八八七（明治二十）年前後にアメリカへ私費留学しているが、その頃の彼らの専攻はそれぞれ政治学、神学であった。

第七節　結論――「中学校教授要目」（英語科）における英語教授実践――

本章では、「改正中学校令」下の中学校教育の要旨を初めて定めた「中学校教授要目」中の英語科の教授要目を主な検討対象として、日本の中学校英語教授理論の性格を考察した。

「改正中学校令」下の中等教育は、実業学校、高等女学校、及び、「正糸」としての中学校からなる複線型の中等教育制度に整備された。その結果、中学校は進学と就職という二重機能を担った内部複線型から、アカデミックな「高等普通教育」のみを提供する中学校へ内部単線化された。

以上を受けた中学校教育内容政策は、帝大出身の幾何学者菊池大麓文相のアカデミズム路線と普通学務局長澤柳政太郎の実用簡易路線という明確な対立軸において展開した。その結果、「数学」をはじめとする自然科学系科目においては菊池の学問観が一貫して追求される一方で、「国語及漢文」、「法制及経済」、そして、「外国語」といった人文社会系科目においては澤柳の学問観の浸透がみとめられた。

その結果、本研究の主題である「英語」については、高学年への授業時間の集中を通して上級学校との接続が依然維持されたものの、総合的には従来よりも実用簡易を志向する英語教授への修正が試みられた。具体的には、次のような特質を有する明治期中学校英語教授の国家基準が構想されるに至った。すなわち、（一）「音声第一主義」による分科の統一的教授、（二）文法教授の相対的後退、（三）「平易ナル文章」と「普通ノ文章」とい

図1：「英語科要目」における方法の統一と分化

う程度の設定、（四）「習熟」の徹底、（五）「事物教授」という方法と「風物」という内容の初めての登場、以上である。伝統的素読訳読教授法からの大胆な脱皮であり、西洋近代語教授改革運動の達成を摂取し、音声から表現までの広範囲な英語力の養成を射程においた近代的な英語教授の国家基準であった。

さて、「英語科要目」が志向する英語教授の実践形態はどのようなものとして理解することができるであろうか。

図1は、「英語科要目」を実践した場合、実際には教授の内容が学年進行とともに統一と専門分化の過程を経ながら教授実践が展開することを示そうとしている。図1に即して整理してみよう。まず、低学年では「訳解」から「作文」までのほぼすべての分科を関連づけて統一的に教授することが追求され（上段のボックス）、他方、第四、五学年に向けては「訳解」→「読方」→「書取」からなる「了解」の系と、「会話」→「作文」からなる「運用」の系とに分化する志向を示している（中段のボックス）。この細分化過程において、「文法」は低学年では他の分科の教授を通じて帰納的に扱われるが（右の縦のボックス）、第三、四年では時間を分けて単独で

付録1：「英語科要目」における「教授上ノ注意」

一　英語ヲ授クルニハ習熟ヲ主トスヘシ生徒ノ学力ヲ顧ミスシテ徒ニ課程ヲ進ムルコトアルヘカラス
二　第二学年以後ニ於テハ発音、習字ノ目ヲ挙ケスト雖モ読方、会話、作文及書取ニ附帯シテ便宜之ヲ練習セシムヘシ
三　発音ハ特ニ英語教授ノ初期ニ於テ厳ニ之ヲ正シ又国語ニ存セサル発音ニ注意シテ之ニ習熟セシムヘシ
四　英語ノ意義ヲ了解セシムルニハ之ヲ解釈シ又ハ実物、絵画等ニ依リ之ヲ直指スヘシ稍々進ミタル生徒ニ対シテハ英語ヲ用ヒテ説明スルコトアルヘシ
五　解釈ハ正シキ国語ヲ以テシ成ルヘク精密ニ原文ノ意義ニ適応セシムヘシ解釈ヲ授クル際東西ノ人情、風俗、制度等ノ異同ヲ知ラシムヘシ
六　読方ハ既ニ意義ヲ了解セル文章ニ就キテ反復練習セシメ又時々暗誦ヲ課シ発音、抑揚、緩急及止声ニ留意シ生徒ヲシテ誦読ニ依リテ文章ノ真意ヲ自ラ見ハルル様之ニ習熟セシムヘシ
七　書取ハ読本中ノ文章又ハ生徒ノ容易ニ了解シ得ヘキ文章ニ就キテ之ヲ授ケ生徒ノ耳ヲ慣ラシ且綴字、運筆二習熟セシムヘシ
八　会話ハ読本中ノ文章又ハ事項ニ因ミテ之ヲ授ケ進ミテハ日常ノ事項ニ就キテ対話ヲナサシメ生徒ヲシテ文字ヲ離レテ英語ヲ了解シ又自己ノ思想ヲ表ハスコトヲ習ハシムヘシ
九　文法ヲ授クルニハ生徒ヲシテ煩雑ナル規則ノ記憶ニ陥ラシムルコトナク応用自在ナラシメンコトヲ期スヘシ
十　適当ノ機会ニ於テ辞書ノ用法ヲ授ケ漸次対訳ニアラサル辞書ノ使用ニ慣レシムヘシ

出典：教育史編纂会、1938年、210－211ページ。

教授されることを示している（下段のボックス）。すなわち、実際の英語教授実践においては、読解、作文、文法を中心的な内容とする三種類の「科目」へと専門分化することを示唆している。

次章では、「英語科要目」の発表を待っていよいよ本格化した日本人の英語教授論議の経緯を捉える。その舞台は、日本で唯一の全国規模の教員組織、帝国教育会に一九〇二（明治三十五）年十一月に設置された英語教授法研究部である。そこでは、「ナチュラル・メソッド」を源流とする西洋近代語教授改革運動から学んだ様々な西洋近代語教授理論、いわゆる「新教授法」の国内摂取の可否や摂取の方法が議論されている。どのような摂取形態が模索されたのかを知ることは、明治期中学校英語教授実践の方法論を構造的に理解することに寄与するであろう。帝国教育会という中央組織の性格を含めて、考察を進めていこう。

参考文献

(1) 教育史編纂会『明治以降教育制度発達史』第四巻、龍吟社、一九三八年。
(2) 教育史編纂会、上掲書、一九三八年、一五五―一六〇ページ。
(3) 教育史編纂会、同掲書、一九三八年、一五七ページ。
(4) 実際、中学校に対する多様で漠然とした地方中間層の期待はエリート人材を選別する中学校の特権的な性格によって裏切られ、農村部の中学校では多くの中途退学者を出す、または定員を満たせない状態が存在したと言われる。その結果、実業学校に改組されてしまう中学校も多かった。米田俊彦「明治後期地方中間層の中学校像とその変質――中学校設立運動を中心として――」『東京大学教育学部紀要』第二十四号、一九八四年、二三一―二三二ページを参照。
(5) 澤柳政太郎「国民的勢力の中堅として中流社会の養成」開発社『教育時論』第五六八号、一九〇一年、三―五ページ。
(6) 澤柳政太郎「全国中学校長相談会」帝国教育会『教育公報』第二四二号、一九〇〇年、五十六―五十七ページ。
(7) 澤柳政太郎、上掲雑誌、一九〇〇年、五十七ページ。
(8) 開発社「第五回高等教育会議」『教育時論』第五六五号、一九〇〇年、三十一―三十四ページ。
(9) 教育史編纂会、同掲書、一九三八年、一七九ページ。
(10) 米田俊彦『近代日本中学校制度の確立』東京大学出版会、一九九二年、九十ページ。
(11) 教育史編纂会、同掲書、一九三八年、一七九ページ。
(12) 教育史編纂会、同掲書、一九三八年、一七九ページ。

(13)教育史編纂会、同掲書、一九三八年、一八〇ページ。
(14)教育史編纂会、同掲書、一九三八年、一八〇ページ。
(15)米田俊彦、上掲書、一九九二年、九十五ページ。
(16)教育史編纂会、同掲書、一九三八年、一九一―一九二ページ。
(17)教育史編纂会、同掲書、一九三八年、一九四ページ。
(18)教育史編纂会、同掲書、一九三八年、一九二ページ。
(19)語学教育研究所『英語教授法事典』開拓社、一九六二年、二〇〇ページ。
(20)澤柳政太郎、同掲雑誌、一九〇〇年、五十七ページ。
(21)澤柳政太郎、同掲雑誌、一九〇〇年、五十七ページ。
(22)澤柳政太郎、同掲雑誌、一九〇〇年、五十七ページ。
(23)菊池大麓「教育上の一弊」帝国教育会『教育公報』二五五号、一九〇二年、十四―十八ページ。
(24)菊池大麓、上掲雑誌、一九〇二年、四十四ページ。
(25)菊池大麓、同掲雑誌、一九〇二年、四十四ページ。
(26)菊池大麓、同掲雑誌、一九〇二年、四十四ページ。
(27)教育史編纂会、同掲書、一九三八年、一九四ページ。
(28)文部省高等学務局『尋常中学校教科細目調査報告』一八九八年、五ページ。
(29)「英語科要目」には「文法」の教授内容が具体的に指示されている。第三学年では「名詞ノ変化」、「代名詞ノ種類及其ノ変化」、「動詞ノ種類及其変化」、「形容詞及副詞ノ変化」、「冠詞ノ種類」、「文章ノ解剖」、第四学年では「代名詞ノ用法」、「時及法ニ関スル動詞ノ用法」、「前置詞ノ用法」、「冠詞ノ用法」、「文章論」という内容に限定されていた。教育史編纂会、同掲書、一九三八年、二〇九ページ。
(30)教授する英語の程度（難易）の区別に対応して、使用する読本の類、及び、各学年で扱う英語の程度が指示されている。使用読本としては、「文部省会話読本」、「なしょなる読本」、「ろんぐまんす読本」、「すうぃんとん読本」であり、各学年で扱う程度は、例えば一年生では「第一巻又ハ第二巻ノ初ノ程度」等とされている。教育史編纂会、同掲書、一九三八年、二〇八―二一〇ページ。

（31）M. Brebner, *The Method of Teaching Modern Languages in Germany*, Cambridge University Press, 1904, p. 3.

（32）梅根悟『世界教育史』新評論、一九六七年、二三二ページ。

（33）梅根悟、上掲書、新評論、一九六七年、二三四―二三五ページ。

（34）梅根悟、同掲書、新評論、一九六七年、二七八―二七九ページ。

（35）M. Brebner, op. cit, p.3.

（36）W. Hüllen, "Foreign language teaching: a modern building on historical foundations", *International Journal of Applied Linguistics*, 16（1）, 2006, pp. 2-15.

（37）A.E. Sokol, "Trends in foreign language teaching in national-socialistic Germany", *Monatshefte für deutschen Unterricht*, 26（2）, 1934, pp. 38-42.

（38）村岡博「岡倉由三郎先生略伝」市河三喜『岡倉先生記念論文集』岡倉先生還暦祝賀会、一九二八年、四〇二ページ。また、神田乃武と岡倉由三郎の留学中の視察内容については、神田乃武 "A Trip around the World", *Memorials of Naibu Kanda*, 神田記念事業委員会編、刀江書院、一九二七年、三五一―五一六ページ、及び、岡倉由三郎「岡倉由三郎氏来翰」言語学会『言語学雑誌』第三巻第二号、一九〇二年、一一九―一二〇ページを参照。

（39）西原雅博「明治期英語教授指導者の教育思想――岡倉由三郎と神田乃武――」『富山高等専門学校紀要』第二号、二〇一五、一―十ページ。

第三章　帝国教育会英語教授法研究部の成立

第一節　はじめに

前章において、中学校教育の要旨を初めてまとめた「中学校教授要目」（英語科）を検討して、西洋近代語教授理論――「新教授法」（The New Method）と呼ばれた――を摂取した英語科要目の近代的な性格を描き出した。この教授要目の発表によって、中学校英語教授実践のあるべき姿の模索はいよいよ本格化するのである。その模索は、様々な容態で表面化する。外に向かっては、英語教授法の研究を目的とする文部省官費留学生の欧州派遣という外部情報の収集である。そして、国内においては本章で取り上げる帝国教育会内に設置された英語教授法研究部での英語教授法論議の始まりである。英語教授法研究部では、日本人が著書等を通じてすでに入手していた西洋近代語教授法改革運動に関する知見をもとに、欧州留学を終えて帰国した文部省留学生たちの直接の知見を新たに加えて、研究部内部で学び合い、望ましい摂取のあり方を喧々諤々と議論している。

本章、及び、次章の目的は、この帝国教育会英語教授法研究部においておこなわれた、日本の伝統的外国語教授法への「新教授法」の摂取をめぐる英語教授法論議を詳細に分析し、日本人の「新教授法」摂取の特徴を抽出するとともに、この知見に基づいて、明治期中学校英語教授実践の実態解明の手がかりを得ることである。そこで、まず本章では、英語教授法研究部の明治英語教授理論成立上の意義を明らかにするために、英語教授法研究部の母体である帝国教育会そのものの強大な影響力とその性格を押さえた上で、次に英語教授法研究部がいったいどのような経緯で設置されることになったのかを描き、最後に設置の決定に対する当時の英語教授の専門家たちの複雑な心境を紹介するところまでをたどることにする。そして、次章において具体的に論議の内容を分析することを通じて、「新教授法」摂取に対する日本人の態度を明らかにすることとする。

英語教授法研究部（以下、研究部と略す）は、「中学校教授要目」公布の年、一九〇二（明治三十五）年十一月九日に「英語」の「教授法」の改良という明確な目的をもって成立した。一方、その母体の帝国教育会は、一八九六（明治二十九）年に、当時日本で唯一の全国組織を有した教師職能集団として発足しており、中央の知識集団として地方教育会に対して影響力を行使していた。その内部にあった研究部が地方へ向けて発信する英語教授法改革論議もまた、中学校英語教授法のあり方を方向づける規定力でありえたと考えることができるだろう。

ところで、研究部に関する先行研究は、管見の限りでは、竹中（二〇〇七）があるのみである。そこでは、『中外英字新聞』を主な資料として研究部成立の経緯の解明が試みられているが、活動内容等の具体にまで踏み込んだものではない[1]。本研究では、帝国教育会の機関誌『教育公報』を使用して『中外英字新聞』の情報量をさらに補強する。『中外英字新聞』以外にも、『英語青年』等、研究部内の議論を伝える資料は複数存在するが、それらは活動の一部の抜粋や要約、あるいは編集者の主観的な批評である場合が多い。一方、『教育公報』の特徴は筆記記録という客観的な表記形式にある。本研究は、この『教育公報』を新資料として追加し、研究部における未だ明らかになされていない教授法論議を分析して、日本人の「新教授法」摂取の形態の検討をおこなう。

英語教授実践への影響力、規定力という観点から研究部の役割を理解するためには、帝国教育会とその機関誌『教育公報』の成立の経緯、及び、その過程でそれらに付与された性格について把握する必要があるだろう。

第二節　帝国教育会と機関誌『教育公報』

帝国教育会は、一八九六（明治二十九）年十二月に設立され、その後二度の会名変更を経て、一九四八（昭和二十三）年まで継続した小学校から大学までの教員を束ねた職能集団であった。その起源は一八七二（明治五）年の学制発布のころまで遡ると言われる。当時東京府下の教員たちは「学制」が要求する教育実践の模索を開始しつつあった。『帝国教育会五十年史』によると、その頃までに東京には二つの教員組織があり、すでに新しい近代教育の実現に向けた努力がおこなわれていた。組織の一つは、一八七八（明治十一）年十二月東京府関係の学校教員を会員として発足した「東京教育会」であり、他方は一八七九（明治十二）年に学習院の教員等を会員とする「東京教育協会」であった。[2] しかし、いずれも微々として活動が振るわずにいたこれらの教員組織は、一八八二（明治十五）年五月に合併して「東京教育学会」となった。[3] この東京教育学会が帝国教育会の母体である。

さて、活動範囲が東京に限定されて思うような発展ができないと感じた東京教育学会の会員たちは、その影響力を東京府から全国に及ぼすことを思い立ち、アメリカの National Educational Association のあり方等を参考にしながら、全国規模の教員集団への再組織化を決めた。[4] その結果、一八八三（明治十六）年、東京教育学会は「大日本教育会」に再編されて全国から会員を募った。こうして、同年九月九日創立発会式を挙行するに至る。[5] この大日本教育会が日本初の全国規模の教員組織である。

大日本教育会は、十三年間継続した後、一八九六（明治二十九）年十二月二十日の臨時総集会において会名を「帝国教育会」へと改めた。改名の趣旨は「蓋し、時の勢ひにつれて本会が真に我が国教育社会の中央機関としてその使命を果たさんが為には、更に大いに広く天下に同志を糾合するの必要を感じ、敢へて従来の伝統的な会名を捨て、以て新しき同志を広く招き容るべく寛弘の意志を表明したものである」[6]と説明されており、ここからは帝国教育会が「中央機関」としての自覚に立ち、活動の拡大を決意していたことを知ることができる。その五日後には、一八九〇（明治二十三）年に成立していた伊沢修二を会長とする別の全国教員組織「国家教育社」を併合し[7]、ここにおいて帝国教育会は日本で唯一の全国教員組織となる。この結果、研究部が活動した明治三十年代後半には千五百人以上の会員を擁するに至るのである[8]。

一方、機関誌『教育公報』の誕生の理由についてもふれておきたい。『教育公報』は、帝国教育会が成立する一ヵ月前の一八九六（明治二十九）年十一月に、『大日本教育会雑誌』の後継誌として刊行が始まった。木戸（一九九〇）によると、『大日本教育会雑誌』はその分量と執筆人から推して、当時数多くあった教育雑誌の中でもすでに「形式内容ともに第一流」[9]であった。にもかかわらず、『教育公報』へと刷新された理由には、明治中期以降における日本と国際社会との関係、及び、国内諸環境の変化があったと言われている。

『教育公報』創刊号の第一ページにある「会告」欄は、発刊の趣旨が「……（中略）大ニ其誌面ヲ更メテ従前ノ二倍以上ノ記事ヲ掲載シ得ルコトトナシ其記事ハ務メテ教育上須要ノ事項ヲ採録シ且汎ク海外教育ノ実況ヲ網羅シ以テ大ニ会員諸君ノ参考ニ供セントス……（後略）」[10]。すなわち、帝国教育会の新たな使命は教育情報を広く海外に求めることだと宣言されている。そして、その理由は「日清戦役を経て国民的自覚に一段の深化を見、国家主義的思想は従来の精神的抽象的なる愛国主義に一歩を進めて実際的傾向を加へ、今や国を挙げて、現実に世界的国際生活の舞台上に国威を維持伸張するには如何にせばよろしきやの問題に到着した」[11]ためであった。日清戦争（一八九四〜一八九五年）を機として、今後は世界に向けた「国威の維持伸張」が国是であるとされ、海外教育情報の摂取はそのための手段と位置づけられている。

『教育公報』を解説した中野（一九八四）でも会の成立背景として、「たしかに、日清戦争後の日本教育は好むと好まざるとにかかわらず国際的動向の中でそのあり方を問いつづけながら進動していかざるをえない状況におかれていた。……（中略）客観的にはさらに視野をひろげつつ脱皮する必要に迫られていたことは想像に難くない」[12]と日清戦争以降の日本の国家主義的国際化をあげて、次いで一八九六（明治二十九）年から一八九七（明治三十）年までの一年間で『教育公報』に掲載された海外の教育情報に関する記事の数が一〇四編にまで増え、これらはドイツ、アメリカ、イギリス、フランスを中心に十七ヵ国をも網羅していたことを報告している。[13]以上が帝国教育会と『教育公報』誕生の背景である。帝国教育会は規模拡大を強く意識した中央機関であり、そのネットワークを通じて愛国主義に基づく国家主義的国際化達成のために内外の最新教育情報を全国の会員へと伝達したのである。

第三節　帝国教育会の性格

組織規模の拡大と国家主義的国際化という帝国教育会設立の理念からは、この会がどのような性格を有したのかを導くのはさほど困難な課題ではない。一つ目は政府の翼賛的性格、二つ目は地方教育会に対する主導的性格、そして三つ目は教育改革的性格である。以下では、当時の為政者の発言等を参照しながらこれら三つの性格について確認しておきたい。

1　明治政府の翼賛的性格

第一は、帝国教育会が文部省の策定する教育政策を推進する役割を担った点である。このことは、一八八三（明治十六）年九月九日におこなわれた大日本教育会第一回発会式における文部大書記官（当時）辻新次の祝辞にまで遡って確認することができる。すなわち、「……（中略）大日本教育会ト改称シテ我政府ノ学政ヲ翼賛シテ全国教育ノ普及改良及ヒ上進ヲ図リ以テ同志諸君ト共ニ各応分ノ義務ヲ為サントセシ[14]」。全国教育の改良は政府の学政を翼賛して達成するものであるとの宣言である。

同年十二月におこなわれた祝宴会の席上においても、大日本教育会名誉会員だった文部卿福岡孝弟は祝辞の中で、「夫本会は官民の間に立ち上み政府教育の意を体し、下も公衆の為に学事改良方法を講じ以て両ながら其宜しきを得て相貫通和調する所あらしめ大に将来善美の好果を図らんとする者なるべし[15]」と述べて、会が「政府教育の意を体」することを通じて、臣民一般の教育改良につなげる、その仲介者という把握を政府の側からも示している。これに対して帝国教育会副会長の辻は、「然れども自ら集結の力を牢固にするも之を保護庇蔭するもの無き時は或は転倒蹉躓の憂ひ免れず是れ亦我が文部省に対して懇願するに非ざれば将た誰に就きてか之を求めんや[16]」と答辞を返し、文部省からの保護を願い出ているのである。こうして、帝国教育会の前身である大日本教育会を文部省の教育政策の翼賛機関と見る元文部官僚辻や福岡文部卿の意向は、「第一條　本会ノ目的ハ同志結合シテ我邦教育ノ普及改良及ビ上進ヲ図リ併セテ教育上ノ施政ヲ翼賛スルニアリ[17]」という「大日本教育会規則」の「第一條」にそのまま盛り込まれた。

このような帝国教育会の政府に対する翼賛的な性格は、一八七一（明治四）年の文部省設置時の出任以来十一名の長官に仕え、「文部省の辻か、辻の文部省か」とまで言われた帝国教育会々長辻新次の文部官僚としての長い経歴によって実現していた。「文部省によく顔のきく官歴の高い人を帝国教育会の会長に掲げることは、政府との関係を円滑に保つ上でもっとも重要な役割を果たしたといえよう[18]」と回顧されるように、明治政府と帝国教育会との持続的な主従関係は、会長辻の文部省における経歴によって維持されたのであり、結局辻は十七年間、会を率いた。

2 地方教育会に対する主導的性格

帝国教育会の性格の第二は、地方の教員組織に対する主導的性格である。一八九六(明治二十九)年十二月に成立した「帝国教育会会則」の第一条は「第一條　本会ハ我国教育社会ノ中央機関トナリ教育ノ普及改良及ヒ上進ヲ図ルコトヲ目的トス[19]」となった。先に引用した、前身の「大日本教育会規則」第一条中の「同志結合シテ」という平行な関係が、ここでは「我国教育社会ノ中央機関トナリ」と、自らを他より上位に置くことを宣言している。次いで、会則第三条では、「第三條　本会ハ地方ニ支会ヲ置クコトアルベシ但支会ニ関スル規定ハ会長之ヲ定ム[20]」として、「中央機関」に対する地方「支会」の設置が可能とされた。

帝国教育会(中央)と地方支会とのヒエラルキー的関係構築の模索は、例えば会則成立の翌年、一八九七(明治三十)年四月十五日、帝国教育会初代会長に就いた近衛篤麿が横浜市教育会総集会の演説において、自らを「中央機関」と呼ぶ会則の改正理由の説明をおこなうくだりの中で、中央と地方の間に上意下達の関係構築を遠まわしに承認させようとしていることからもわかる。すなわち、帝国教育会と伊沢修二が率いた国家教育社がようやく合併したところまではよかったが:

そこで中央機関と云ふ様な姿の者は一つになったけれども、地方に於ける各府県教育会と云ふ者は、少しも関係が無いと云ふ様な姿であっては、是亦矢張り両会を合併した所の本旨に違う訳である。それで其改正の規則には自ら中央機関を以て任すると云ふことを書いたのであります。……（中略）即ち帝国教育会と云ふ者は……（中略）各府県にある所の教育会と出来る丈けの連絡を附けて、……（中略）其紹介者となって中央の機関となって、教育上に有益なることを考へ出した時には、之を又各府県の教育会にも通ずると云ふ様なことにしたならば、余程教育の上に裨益を与へるであらうと云ふ考へでありまして、[21]……（後略）

会則において中央機関宣言をしたものの、地方教育会がこれを承諾するとは限らない。そこで、近衛は横浜という地方にやってきて各府県教育会と連絡体制を作りたいこと、帝国教育会が「教育上に有益なること」を案出した場合はこれを「各府県の教育会にも通ずると云ふ様なことにしたならば」どうだろうかと探りを入れているのである。

会長近衛が地方教育会に対してこうした関係を求めた理由には、組織の拡大と国家主義的国際化という会の理念の実践という課題があった。具体的には、一八九九（明治三十二）年に迫った条約改正による日本内外の国際化の加速、その結果想定される教育改革の断行という中央政府の意志があった：

それでさう云ふ場合の準備に付きましても、能く当局者の趣旨を一般に普及せしむる様、条約改正の実施になった暁にも決して差支なく教育上の発達と云ふことが行はれ得らるゝ様にと云ふことは、是は即ち各地に成立って居る所の其教育会と云ふ者の責任であるだらうと考へるのであります、それが前に申した通り個々別々に分れて居ると云ふ様なことであっては、十分に関係の附け方が六ヶしいと思ひますから、それで帝国教育会と云ふ者は是れから益々さう云ふ方に力を入れて、……（中略）兎に角各地の教育会と連絡を附けて置くと云ふことが必要であると云ふので、さう云ふ改正をしたのであります。[22]

条約改正という事態が到来した暁に、帝国教育会を中心に各地が結束して迅速に動けるように地方教育会と連絡をつけておきたかったからだと近衛は会則の改正理由の説明を続けて、教育界の中央集権化を進めようと試みたのである。

ところが、一八九八（明治三十一）年十一月、「帝国教育会会則」に重大な改正が加えられた。すなわち、その第一条において「帝国教育会ハ帝国教育社会ノ共同機関トナリ教育ノ普及改良ヲ図ルヲ以テ目的トス（傍線は筆者）」と修正され、これとともに「支会」設置に関する会則第三条も削除されたのである。このことは、先に見たような会長近衛の働きかけにもかかわらず、地方の教育会が帝国教育会との上意下達の関係とそれによる中央集権的教育界の出現を拒んだことを示唆している。その後の帝国教育会の地方教育会との関係は、上意下達に代わって地方教育会との「同盟」[23]による「教育会議」の構想が打ち出された。この「同盟」とは「形式的には対等であるものの、実際の運営においてはそれぞれが固有の役割を果たすことを意味した」[24]というあり方へ展開である。上意下達志向からより対等な地方教育会との関係へ、その固有の役割を承認するものへと変更されたのである。

結局、帝国教育会は「共同機関」となった。しかし、多様な教育研究活動を遂行し、『教育公報』の刊行を通して国内外の幅広い教育情報を提供し続けた。今日でも「……（中略）戦前・戦中の「帝国教育会」は……（中略）最大の教師の職能団体として、その影響力は絶大なものがあり、またその存在は、教育史像を描く際、無視しえない位置をもってい[25]」ると評されるのであり、当時において全国規模の会員を有した中心的教育団体として、日本教育に関心を寄せる教育家たちにとって依然として影響力のある存在であったことには変わりはなかった。

3　教育改革的性格

最後に、帝国教育会の第三の性格として重要なことは、それが一八九六（明治二十九）年の発会以降、「教育改革を志向する研究団体的性格を次第に強めていく」[26]ことである。帝国教育会の教育情報発信地としての業務は、『教育公報』の出版活動の他、種々の調査部会における研究・調査活動、小中学校教員を対象にした夏冬の講習会の開催、国内外の学者を招いての学術講談会の開催、附設した中等教員講習所での各教科二ヵ年の中等教員養成講習、さらには、書籍館の運営もおこなっている。

菅原亮芳は『教育公報』の内容構成の変遷に基づいて帝国教育会の性格を考察した結果、その変化を三期に分けて捉えている。

第一期は、発会時の一八九六（明治二十九）年十一月から一八九九（明治三十二）年三月までであり、この間には西園寺公望の世界主義の主張、中川小十郎の社会主義と教育に関する論文、近衛篤麿や成瀬仁蔵の「女子教育」振興策、伊沢修二や町田則文の台湾植民地教育への関心、樋口勘次郎の「新教育」の主張、さらには、学生の風紀、すなわち、「高等遊民」の問題が研究論文として取り上げられている。[27]この時期は、国内外教育、啓蒙的主張を含む幅広い学術的論稿が重んじられた時期という特徴を捉えることができるとしている。

第二期は、帝国教育会が「中央機関」から「共同機関」へと性格を変えた後の一八九九（明治三十二）年四月から一九〇四（明治三十七）年五月までとされている。この時期は、それまでの学術上の内容重視に加えて、帝国教育会内の活動状況を詳細に伝えるという性格を強めた。教育問題の研究・調査のために会内に各種の調査部会が次々と設置され、[28]それらの活動実績の紹介が始まったのである。英語教授法研究部もまた、そうした調査部会の一つとして位置づけられるものである。これらの調査部会の活動実績の記録は、『教育公報』の「会報」欄を通して詳しく読者へと提供された。このように、第二期の帝国教育会は教育の諸課題に対して独自の改革意見を形成する性格を強くもち始めている。

さらに、『教育公報』は帝国教育会内の活動報告の充実に加えて、各地方教育会の活動をも掲載するようになった。これ以前には地方の活動を発信することはめったになかった。この変化は、会の性格が「共同機関」へと変ったためであり、これ以降の帝国教育会は各地方教育会の情報センター的役割を明確にしていった[29]。

そして、第三期は一九〇四（明治三十七）年六月から一九〇七（明治四〇）年七月の『教育公報』の廃刊時までであるが、この終盤においてはそれまでの学術の追究や会と地方教育会の活動状況の伝達といった独創的で教育改革的な印象はやや影を潜めて、「帝国教育会と「官」・「民」双方の「広報」誌的役割を強めた[30]」と言われる。

以上、研究部の母体、帝国教育会の性格を検討した。帝国教育会は、設立の理念として国の日清戦争後の国家主義的国際化政策を翼賛的に推進することを標榜し、その手段の柱として海外教育情報を積極的に紹介することに努めた。そのためにおこなった活動は三つの方針に準じていた。第一は、政府の教育政策翼賛機関であったこと、第二は地方教育会に対して上位に君臨して統率すべきとしたこと、そして、第三は様々な教育課題に対して独自に回答を表明することで教育改革的であろうとしたこと、以上である。

次節では、研究部設立の経緯を追いかける。研究部は一九〇二（明治三十五）年十一月に設けられた。この時期は会の活動が最も充実していた第二期のさなかにあたり、次々と調査研究部が立ち上がっていた頃である。

第四節　英語教授法研究部の成立

1　中等教員養成制度の整備と英語教授法改革問題

明治二十年代後半の中学校の増設、規模の巨大化による生徒数の激増は、中等教員の欠乏という逼迫した問題を顕在化させている。教員養成の不備による教育の質の低下を食い止めることが、一九〇二（明治三十五）年に発表された「中学校教授要目」の使命と言ってもよかったであろう。後述するように、帝国教育会においてやがて中等教員講習を開始することになるのにもそうした背景があった。そして、教員養成機能を有する機関の増設が要請したものは、いかなる英語教授法が日本の英語教師と中学生にとって最もふさわしいものなのかについての方向性を見出すことであった。

一九〇二（明治三十五）年以降の中等教員の不足とその養成・供給という国家的課題への対応には、以下のようなものがあげられる。同年七〜八月、「ナチュラル・メソッド」（The Natural Method）の先駆的唱道者の一人、グアン（Francis Gouin）の後継者であったスワン（Howard Swan）が、神田乃武の招聘によってその年の文部省夏期講習会の講師を務めている。文部省夏期講習会とは、中学校師範学校高等女学校の教員に対して現職再教育の機会を与えることを目的として、一八八九（明治二十二）年に手工科の教員を皮切りに始まった制度である。英語科講習の初回は一八九六（明治二十九）年であるが、「ナチュラル・メソッド」の系譜にあるスワンの「心理学的方法」（The Psychological Method）は当時の教授法改革の方向性を象徴するものとして夏期英語講習会史上重要な意味をもっていたと言えよう。この文部省夏期講習会における英語科講習は、明治四十年代にむけて充実していくのである。一方、スワンを招聘した神田乃武自身も同年十月から、教授を務める学習院の英語科において「ナチュラル・メソッド」に基づく授業実践の開発を開始している。

新任中等教員養成の整備も進んでいる。一九〇二（明治三十五）年十月には、広島高等師範学校が東京高等師範学校に続く第二の高等師範学校として中等教員養成のために開学した。東京帝国大学や他の官立高等学校内には、二ヵ年の速成教員養成機関である「臨時教員養成所」が設置され、両高等師範学校の新任教員養成の機能を補完した。文部省中等教員検定試験（いわゆる、「文検」）という新任教員の資格を与える検定試験制度もまた、重要な中等教員輩出機能を果たした。予備試験と本試験からなるこの「文検」は、合格率十パーセント前後という狭き門ではあったが、神田をはじめとする当代一流の英語教師による面接試験等を通じて実力のある中等英語教員を輩出している。研究部は、以上のような中等英語教員養成環境の整備の中核とも言うべき教授法の改革という角度から、この問題の前進に貢献することを期待された。

2 英語教授法研究部成立の経緯

一九〇二（明治三十五）年七月五日、帝国教育会の講堂で二人の教師による英語教授法についての講話がおこなわれた。この講演会が、結果的に研究部設立の契機となるのである。この講演会は大盛況であり、機関誌『教育公報』は「当日招待に応じて来会せる内外の紳士淑女参聴者を併せて無慮六百有余名満場立錐の地なき程なりき」[31]とその盛況ぶりをすぐに伝えたが、この記事は『中外英字新聞』にも「来会者は内外人にて凡そ一千名満場立錐の地なき程にて近来の盛会なりし。知るべし如何に世人が英語教授法の問題に注意するの深きかを」[32]と掲載して英語教授法への世論の注目を歓迎していたし、有力雑誌『英語青年』もまた'It was a highly successful affair, and the hall of the association was literally crammed by an eager audience among whom a fair sprinkling of foreigners of both sexes was seen, as also a member of Japanese ladies.[33]と英文で取りあげていた。この講話が英語教授に関わる教師たちにいかに熱烈に歓迎され、注目されたかを大々的に伝える記事である。

帝国教育会での英語教授法についての演説会は、大日本教育会時代の一八八七（明治二十）年四月九〜十日に開催された第四回総集会で、鶴橋国太郎による「英語ノ要用及教授法改良ニ関スル演説」[34]が、また同年七月にドイツの大学教師エミール・ハウスクネヒト（Emil Hausknecht）が東京府下の諸学校視察後、英語授業に関する改良案を提示したという経緯があったが[35]、上述した講話は「特に英語の教授法に関し斯の如き盛大なる公開演説のありしは今回を以て嚆矢とす」るほどのものであった[36]。

さて、講話者の一人、学習院教授神田乃武とは、一九〇〇（明治三十三）年五月から一九〇一（明治三十四）年十二月まで英語教授法専攻では初めての文部省留学生として欧州へ派遣された英語教師である。神田の講演はその帰国後まもなくおこなわれたものであり、留学中に訪れたアメリカ合衆国、ロシア、インドを含む十九のヨーロッパ諸国等で観察した近代語教授法改革運動と実践の報告であり、特にそのうちのドイツ実科学校（Realschule）における英語の授業参観について詳しく報告している[37]。

実は、研究部設立の契機を作ったのは、もう一人の演説者であったイギリスの著名な教育者ヒューズ（E. P. Hughes）女史だった[38]。ヒューズは日本での教育視察旅行を終え、帰国前に帝国教育会での講演を依頼されていた[39]。ヒューズの講演内容は「新教授法」による日本の英語教授法改革への提案であるが、その内容は大きく二つの主張から構成されていた。「教授の方法に付て七個條の要用の点」、及び、「特別の改良法」である[40]。

この「特別の改良法」というのは、前者の「七個條の要用の点」をどう実行していくのかにふれた部分であり、それこそが、英語教員が定期的に集まって会合を開くという方法だったのである。ヒューズは提案する、「それではどうしたらよいか、英語の教授法を改良すると云ふやうな目的の会を起すことは如何であらうかと云ふのであります……（中略）且つ此会が日本に於ける英語教員の中央団体――中心と云ふやうな者になれば結構であると思ひます[41]」。

ヒューズがこの提案を通して想い描いていたものは、第一に「先づ日本の各地に散乱して居ります熱心な考へ深い教師を一の団体に結び付ける事」だった[42]。ひとり一人の努力が合体することで教師の成長において相乗効果が期待できるのであり、そのためには教師たちの創意工夫による効果的な教授法や最新の書物や優れた教育実践を交換する、英語教授の現場の問題を議論する、海外から専門家を招聘するなどが必要だと提案した。

第二に、「相互ひに助け合ふ互ひから学ぶと云ふことが非常に大いなる助けとなると云ふこと」であった。教師の交流を通じて、その孤立を克服し共感と励ましの関係を作ること自体が重要だとした。ヒューズは、日本の公立学校、私立学校、キリスト教学校、さらに、女学校がそれぞれに孤立している状況を克服したかったのだった。(43)

さらに、ヒューズの提案では、この英語教師団体が当局者へ意見する団体になることも望んでいた。(44) 例えば、文部省当局者の訓令に対して教師が納得し難い場合は、中央の英語教育組織として文部省へ対案を提出するようなことも展望していた。ヒューズが構想した英語教師の団体とは、母国イギリスの政教分離の文化に見られるような、文部省とは一線を画す自立した教師集団であった。(45)

ヒューズのこれらの提案は、帝国教育会々長の辻新次を含む多くの聴衆会員の心を捉えた。彼女の講話が終わると、辻は中等教員養成が立ち遅れている現状、その対応策として帝国教育会ではこの年（一九〇二年）九月から「中等教員講習所」を開設しそこで英語教員講習もおこなう予定であること等をその場で公表し、したがって「英語教授法研究の事は本会に於ては出来るだけ研究を致して見たいと云ふ考でございます」とヒューズの提案を支持した。(46) 辻のアピールは、聴衆から多くの賛同を引き出すことに成功する。辻の挨拶の後、講演者であった神田乃武は「……（中略）英語教授法研究の会を設けると云ふことは、私は固より賛成であるのです、其の必要は今日感じたことではない、昔から感じて居るのである」(47) と言い、国民英学会を主宰する磯辺弥一郎も「……（中略）英語教員のために何か会を設けると云ふミス、ヒュースの説は、甚だ今日日本に於て適切のこと丶思ひます、……（中略）ご承知の通り日本に於ては英語は盛んでありますが如何にも群雄割拠の有様で各先生方が各々門戸を張って交通する機関がありませぬのは、甚だ英語教師に付て慨嘆すべきこと丶思って居ります」(48) とあいついで会設立への賛同を表明した。さらに続いて、東京高等師範学校教師レナード（M. C. Leonard）、東京高等商業学校教師スワン、学習院教授石川角次郎も設立賛成の演説をおこなった。東京高等師範学校教授の熊本謙二郎は、辻会長、神田、磯辺、女子英学塾の津田梅子に組織作りを早速要請した[49]。

その後は、研究部の設立までに多くの時間を要しなかった。ヒューズの提案から八日後の一九〇二（明治三十五）年七月十三日、会長の辻、神田、磯辺、熊本、津田の五名で協議をおこない、「本会内に英語教授法研究部を置くことを決定し且つ其の規程案等を定め評議委員会の評決を経ることに決議[50]」している。同月二十一日には評議委員会が開かれ、「一．外国語教授法研究部設置の件を決し先づ英語教授法の研究に着手することとし、其の規程立案及役員の選定等は会長に一任せり[51]」ということとした。これを受けて、同年十月二日、五名は規程案を協議しまとめた[52]。そして、十一月九日、英語教授法研究部設置に関する有志の会合が八十六名の出席のもとで開かれ、上の規程案が修正なく承認された[53]。こうして、ヒューズの提案からわずか四ヵ月余り後の一九〇二（明治三十五）年十一月九日、「帝国教育会外国語教授法研究部[54]」は発足するのである。

「帝国教育会外国語教授法研究部規程」は全六条よりなるが、「第一條　本会の外国語教授法研究部は外国語教授法の改良進歩を計るを以て目的とす」として、研究部が「教授法」の改革に主力を注ぐこと、及び、「第二條　本会は前條の目的を達する為め先づ英語教授法研究部を設置す」と、まずは「英語」に焦点をあてて研究をおこなうことが確認されている[55]。一九〇二（明治三十五）年十一月十九日、会長辻は、先述の四名の他、東京外国語学校教授浅田栄次、同教授村井知至、立教中学校校長元田作之進の三名を幹事に任命し、辻のもと、七名の幹事と三十四名（幹事を含む）の常議員からなる英語教授法研究部の体制を整えた[56]。

3　英語教授法研究部設立をめぐる反応

前項において、帝国教育会英語教授法研究部の成立の経緯を資料に即して跡づけた。研究部の設立は、著名なイギリス人教師ヒューズ女史が帝国教育会主催の集会で発議したことを発端として、会長の辻以下、会の主要メンバーがわずか四ヵ月の期間を経て設置にこぎつけたものであった。英語教授法改革が課題として世論に共有されていたのであり、研究部設置はあたかも当然のものとして受け止められたかのようであった。ところが、である。研究部の設置がジャーナリズムによって発表される否や、研究部の前途を憂う悲観的な記事が掲載されてくるのである。それは、その設立を快く受け入れない人々の一派があったのであり、「新教授法」による英語教授法改革に対する伝統主義、復古派の人々がいたことを意味していた。

まず、研究部設置直後、『中外英字新聞』十一月十五日号は、設立当時の不安を次のように伝えていた。曰く、「兎に角此英語教員協会は成立したり。顧ふに前途に横はる障碍は多々あらむ。……（中略）勿論此研究部の部員たるは官立学校の教員あり私立学校の教員あり学者だけに皆夫々自家の見識あり自ら標示するところ高き人々なれば一堂の下に相会して交譲和衷することは随分困難なるべし[57]」。同誌によれば、不安の種というのは、「自家の見識あり自ら標示するところ高き人々」が会合したところで「交譲和衷」は難しかろうというものだった。なんらかの統一教授法を探ることはできないのではないかという不安である。

さらに、翌一九〇三（明治三十六）年、『中外英字新聞』一月十五日号は次のような「国粋保存者」の心情を取り上げて、これをありえぬ話だと憤慨している。曰く、「世人は或ひは此運動が一外国婦人の勧告に出でしやうに思惟し不快の念を抱く国粋保存者流あるやう聞けども。是れ思はざるの甚だしきなり[58]」。「国粋保存者」が、ヒューズが取り組もうとした「新教授法」による日本の英語教授法改革に対して違和感、もしくは、不快感をもったことは容易に想像がつく。

同記事は、こうした反革新・復古派に対してさらに反論する。「……（中略）事の起るは起るの日に在らずして遠く其以前に在り。ミスヒュースの演説如何に有力なりとも各々其位置境遇を異にし意見感情を異にする多数の英語教員を斯く容易に鳩合せしめんことは困難なりしならむ」(59)。研究部設立への期待はヒューズ以前に日本人の中にすでに存在していた、ヒューズの演説がその理由ではないという。そして：

蓋し我国の英学は正さに反省の時期に入りたるなり。総合の時期に進みたるなり。従来多くの年月を費やし幾多の苦心工夫を費やしたるにも係らず実際に顕はれたる結果は如何にと言ふに少しも満足すべき成績を得ず。是に於てか当局者は惑はざるを得ず反省せざるを得ず。惑ふて而して反省したる結果群雄割拠否な孤立の益なくして共同の必要なる所以を覚とり来りたる間際に。恰かもミスヒューズの勧告が投合せしなり。此故に英語教授法研究部の起れるは寧ろ他働的にあらずして自働的なり。外発にあらずして内発の運動なり。(60)

これまでの試行錯誤の結果、日本の英語教授界は今や「反省の時期」、「総合の時期」なのであり、教授法の改革は拒否しようがないのである、だから研究部の設立は日本人が自ら選び取った「内発の運動」の成果である、と。

第五節　結論

本章では、帝国教育会英語教授法研究部における英語教授法論議の分析を通じて、中学校英語教授法改革の過程を考察することを目的として、まずは、母体である帝国教育会の性格、及び、英語教授法研究部の設立の経緯とその設立に対する英語教育関係者の反応を捉えるところまでを論述してきた。

当時唯一の全国教員組織であった帝国教育会は、日清戦争後の教育の国家主義的国際化の必要を背景として、内外における愛国的心情に基づく国威伸張の重要な推進力として、一八九六（明治二十九）年十二月に成立した。その活動は、機関誌『教育公報』の刊行を通じた海外教育情報の発信、教育に関する種々の調査、講演会、著述の出版、図書館の運営等、多岐に及んだ。この活動規模の広がりは、帝国教育会の文部省当局に対する翼賛的性格、地方教育会に対する主導的性格、そして、明治三十年代以降強まった教育改革的性格によって実現されていた。

したがって、英語教授法研究部は日本の最も影響力のある研究団体へと育つことを期待されて出発した。設立の発端は、イギリス人教育者ヒューズが帝国教育会でおこなった新しい英語教授法のあり方に関する講話だった。明治三十年代における英語教授問題は、中学校教員の不足と教育の質の崩壊をどうにかして食い止めることであったから、ヒューズによる英語教員の研究団体の設置という提案が、英語教授問題を共有する者によって大きな歓迎を受けたのはごく自然なことであった。

ところが、当事者の反応は単純ではなかった。研究部の将来の運営を不安視する論調や、日本の伝統的英語教授法を「新教授法」によって改変することに抵抗する反動・復古派の存在が表面化する事態となったのである。

次章では、本章で明らかにした「新教授法」による改革推進論と伝統回帰論という論争軸を念頭に置きながら、英語教授法研究部における教授法改革論議の内容を詳細に分析し、「新教授法」と伝統的教授法の接着という問題、すなわち、日本人の「新教授法」摂取の形態を抽出し、明治期中学校英語教授実践の特質を捉えるための手がかりを見つけたい。

参考文献

（1）竹中龍範「帝國教育会外国語教授法研究部のこと」『第二十三回日本英語教育史学会全国大会発表資料』京都大会、

二〇〇七年五月二十日。
(2) 帝国教育会『帝國教育会五十年史』共同印刷、一九三三年、十二ページ。
(3) 帝国教育会、上掲書、一九三三年、十二ページ。
(4) 帝国教育会、同掲書、一九三三年、十四ページ。
(5) 帝国教育会、同掲書、一九三三年、十二ページ。
(6) 帝国教育会、同掲書、一九三三年、六十七ページ。
(7) 帝国教育会、同掲書、一九三三年、一四五ページ。
(8) 菅原亮芳「Ⅱ、「教育公報」の内容に関して」中野光『帝國教育会機関誌『教育公報』解説編』大空社、一九八四年、一六九ページによると、明治三十年代の帝国教育会の通常会員数は次の通りであった：四四五五人（一九〇〇年）、四六九四人（一九〇一年）、四八〇七人（一九〇二年）、一六七四人（一九〇三年）、一六九七人（一九〇四年）、不明（一九〇五年）、一六五〇人（一九〇六年）、不明（一九〇七年）。
(9) 木戸若雄「全国的規模の『大日本教育会雑誌』」『明治の教育ジャーナリズム』大空社、一九九〇年、二〇―二二ページ。
(10) 帝国教育会「会告」『教育公報』第一八三号、一八九六年、一ページ。
(11) 帝国教育会、同掲書、一九三三年、六十一ページ。
(12) 菅原亮芳、上掲書、一九八四年、一六七ページ。
(13) 菅原亮芳、同掲書、一九八四年、一六六―一六七ページ。
(14) 帝国教育会、同掲書、一九三三年、十三ページ。
(15) 帝国教育会、同掲書、一九三三年、十五―十六ページ。
(16) 帝国教育会、同掲書、一九三三年、十六ページ。
(17) 帝国教育会、同掲書、一九三三年、十八ページ。
(18) 中野光「Ⅰ、「教育公報」と帝国教育会」中野光『帝國教育会機関誌『教育公報』解説編』大空社、一九八四年、一五五ページ。
(19) 中野光、上掲書、一九八四年、一四八ページ。

(20)帝国教育会、同掲書、一九三三年、六八ページ。
(21)近衛篤麿「帝國教育会と地方教育会の関係」帝国教育会『教育公報』第一九九号、一八九七年、十三—十四ページ。
(22)近衛篤麿、上掲雑誌、一八九七年、十四ページ。
(23)帝国教育会の「中央機関」化が否決されて「同盟」関係に至るまでの背景を補足しておく。中野(一九八四)によれば、「これは、山崎裕二の研究・調査(未刊)によれば、すでに大日本教育会時代にあった二つの構想の対立が帝国教育会のあり方を規定していたことを意味したという。すなわち、一八九〇年五月に開催された「全国教育者大集会」において「全国ノ教育会ヲ一統シテ之ヲ大日本教育会ニ合併スル事」「現時各地方ニ在ル教育会ハ総テ大日本教育会ノ支部トシ其会員ハ皆大日本教育会員タル事」という建議(北海道松前教育会代表より)がなされていた、というし、翌一八九一(明治二四)年四月の「第一回全国教育連合会」においても大日本教育会の権限の優位を認める規則を定めたという。しかし、帝国教育会の時代に入った一八九七(明治三〇)年に開催された「第一回全国連合教育会」では、その「規則」において「全国連合教育会ハ帝国教育会及道庁府県台湾教育会ノ同盟ニ成ルモノトス」としたのであった。ここで言う「同盟」とは形式的には対等の関係であるものの、実際の運営においてはそれぞれが固有の役割を果たすことを意味したのであった。以後、帝国教育会については、後に述べるように法人登録にあたっては「中央機関」と称したが、規定面では「共同機関」という性格を一九二八(昭和三)年の改定までは変更することなく、したがって「教育公報」の時代の帝国教育会は、あくまで「帝国教育社会の共同機関」なのであった。」中野光、同掲書、一九八四年、一四九ページ。
(24)中野光、同掲書、一九八四年、一四九ページ。
(25)中野光、同掲書、一九八四年、刊行にあたって。
(26)中野光「Ⅲ、明治後期における教育改革と帝国教育会」中野光『帝國教育会機関誌『教育公報』解説編』大空社、一九八四年、一七八ページ。
(27)菅原亮芳、同掲書、一九八四年、一七〇—一七一ページ。
(28)設置された調査部会は、本章で取り上げた「英語教授法研究部」(一九〇二年設置)の他、次の八つがある:「国字改良部」(一八九九年)、「学制調査部」(一九〇〇年)、「美術部」(一九〇二年)、「漢文教授法研究部」(一九〇二年)、「中学校教育調査部」(一九〇六年)、「訓盲調査部及聾唖調査部」(一九〇七年)、「通俗教育部」(一九一三

年)、「初等教育調査部」(一九一三年)。帝国教育会、同掲書、一九三三年、一一八―一二五ページ。
(29) 菅原亮芳、同掲書、一九八四年、一七四ページ。
(30) 菅原亮芳、同掲書、一九八四年、一七七ページ。
(31) 帝国教育会「英語教授法講演会」『教育公報』第二六一号、一九〇二年、四十八ページ。
(32) 磯辺弥一郎「帝国教育会の英語講演会」『中外英字新聞』第九巻第十三号、一九〇二年、一七九ページ。
(33) 英語青年社「Important Lectures on the Teaching of English」『英語青年』第七巻第十六号、一九〇二年、十六ページ。
(34) 鶴橋国太郎「報告　第四回総集会」大日本教育会『大日本教育会雑誌』第五十三号、一八八七年、一〇九ページ。鶴橋の演説内容は掲載されておらず詳細を知ることはできない。
(35) E・ハウスクネヒト「教育学教師ハウスクネヒト氏此比東京府下ノ諸学校ヲ巡視セシ後左ノ意見ヲ口述セリト」大日本教育会『大日本教育会雑誌』第五十九号、一八八七年、四〇一ページ。ハウスクネヒトの指摘は、最初から「正音」を使った授業、いわゆる音声から入っていく「正則教授」と会話、読解、文法を有機的につなげて統一的に教授せよといった内容であった。
(36) 磯辺弥一郎、上掲雑誌、一九〇二年、一八〇ページ。
(37) 神田乃武「英語教授法」帝国教育会『教育公報』第二六三号、一九〇二年、十四―二十ページ。神田は講話の冒頭で、「……(中略)熟々吾邦の内で英語教授の模様を見るに其成績が、どうも面白くない、そこで外国へ行って見たならば、採って以て我が短所を補ふに足るべきものが、何か何所かに有りますまいかと考えて世界巡遊の途に上がりました」(十四ページ)と留学の趣旨を説明している。そして、ドイツの教場で実際見聞した事柄を話すつもりだが、「其方法の可否如何と云ふ事や吾邦現在の有様ではどの位まで之を採用することが出来るかは抔云ふ事は一に諸君の御判断に任せやうと存じます」(十五ページ)と述べ、参会者に対して英語教授法改革への自立的な態度を期待している。この西洋知識移入に対する日本人の態度について、神田は「英語の教員は一人として昔し流の教へ方を主張するものはありませぬ若し之を唱えようならば忽ち其位地を失ふと云ふ勢であります正則教師、正則教師と云ふ呼声計りで変則という言葉は取りも直ほさず旧弊退歩拙劣と云ふ意味の言葉となりました」と日本の教授法改革の趨勢を総括し、明治政府も訓令を通してこの傾向を推進する立場をとっているが実態が伴っていない、一方、ドイツ政府の姿勢はむしろ日本政府よりも保守的であり、依然新旧教授法の議論が活発である、この点は対照的であるという見解を披露している。

（38）ヒューズ（E. P. Hughes）の経歴については、『英学新報』が 'Miss Hughes . . . is in Japan for only a short time making a special study of educational conditions here, to be embodied later in a "blue book" for the British government. She has taken two degrees at Cambridge University, and is the founder and was for some years principal of the Training College for Teachers at Cambridge. として、ヒューズの来日が視察旅行であったこと、英国ではケンブリッジ高等師範学校の設立者で校長を努めた著名な人物であったことを伝えている。新渡戸稲造「Contributions」英学新報社『英学新報』第一巻第一号、一九〇一年、三ページ。『中外英字新聞』によると、ヒューズとは「同婦人（＝ブレブナー（Mary Brebner）のこと―筆者注）は Miss Hughes の教頭たりし Cambridge Training College に於ても学びたることあり」という記事を紹介している。ブレブナーとは、一九〇六（明治三十九）年に岡倉由三郎が翻訳してドイツ改革実践を初めて日本に紹介した *The Method of Teaching Modern Languages in Germany*（1904）の著者であるが、彼女がヒューズと師弟関係にあったことがわかる。『中外英字新聞』は「道理で Miss Hughes が先日帝国教育会に於て為したる英語教授法と Brebner の上記著述中に書いてある大概同一のやうだ」とコメントし、講演会で披露したヒューズの近代語教授観が後のブレブナーに影響を与えていることを示唆している。磯辺弥一郎「走馬燈」国民英学会『中外英字新聞』第九巻第十三号、一九〇二年、一八一ページ。

（39）ヒューズは日本滞在期間中に東京高等師範学校の嘱託に応じて十数回の講演をおこなっている。そして、その際の講演記録は『ヒューズ嬢教授法講義』として刊行されている。

（40）ヒューズの講話内容はプログラムとして以下の通り紹介された：

On the Teaching of English: the topics treated being;

Ⅰ Sound versus sight in language learning

Ⅱ The place of translation

Ⅲ The function of the foreign teacher

Ⅳ The value of English literature

(41) ヒューズはこの構成の中で「教授の方法に付て七個條の要用の点」と「特別の改良法」を扱った。前者の「七個條の要用の点」とは、実際には（一）英語教授の二種の目的、（二）最終目的としてのThinking in English、（三）クラス・サイズ、（四）教授時間、（五）外国教師の効用、（六）教科書の意義、（七）原書の重要性、以上であり、後者の「特別の改良法」は、これらを実施する方法として英語教師の研究団体の設立に言及した。筆記記録の全文は、E・P・ヒューズ「英語教授に就て」帝国教育会『教育公報』第二六三号、一九〇二年、二十一―二十六ページ。

(41) E・P・ヒューズ、上掲雑誌、一九〇二年、二十四ページ。

(42) E・P・ヒューズ、同掲雑誌、一九〇二年、二十四ページ。

(43) E・P・ヒューズ、同掲雑誌、一九〇二年、二十五ページ。

(44) E・P・ヒューズ、同掲雑誌、一九〇二年、二十五ページ。

(45) ヒューズは「特別の改良方法」として、本文で述べたことの他に、この会を通して会員に半年から二、三年間の英国留学の機会を提供すること、「中央図書館」を設置して情報源とすることにもふれていた。E・P・ヒューズ、同掲雑誌、一九〇二年、二十五ページ。

(46) 帝国教育会「英語教授法研究に関する協議」『教育公報』第二六三号、一九〇二年、五十一ページ。

(47) 帝国教育会、上掲雑誌、一九〇二年、五十二ページ。

(48) 帝国教育会、同掲雑誌、一九〇二年、五十二ページ。

(49) 帝国教育会、同掲雑誌、一九〇二年、五十二―五十三ページ。

(50) 帝国教育会「英語教授法研究に関する協議」『教育公報』第二六二号、一九〇二年、三十三ページ。

(51) 帝国教育会「評議員会」『教育公報』第二六二号、一九〇二年、三十三ページ。

(52) 帝国教育会「外国語教授法研究部設置に関する委員会」『教育公報』第二六四号、一九〇二年、三十三―三十四ページ。

(53) 帝国教育会「英語教授法研究部」『教育公報』第二六五号、一九〇二年、三十八―三十九ページ。

(54) 正式名称は「帝国教育会外国語教授法研究部」であるが、実際には英語教授法に限定した研究部となったため、当時の諸資料には「英語教授法研究部」と通称されている。本書でもこれに倣うことにする。

(55) 帝国教育会、上掲雑誌、一九〇二年、三十八―三十九ページ。

(56) 帝国教育会「役員嘱託」『教育公報』第二六六号、一九〇二年、三十三ページ。
(57) 磯辺弥一郎「英語教授法設立を祝す」国民英学会『中外英字新聞』第九巻第十九号、一九〇二年、二六四ページ。
(58) 磯辺弥一郎「明治三十五年の英語界」国民英学会『中外英字新聞』第十巻第一号、一九〇三年、十ページ。
(59) 磯辺弥一郎、上掲雑誌、一九〇三年、十ページ。
(60) 磯辺弥一郎、同掲雑誌、一九〇三年、十ページ。

第四章　「新教授法」の摂取と変容

第一節　はじめに

一九〇二（明治三十五）年二月、中学校英語教授の国家基準を初めて規定した「中学校教授要目」が公布された。しかし、このことは明治期の英語教授法改革の終焉を意味するものではなく、むしろその出発点でさえあった。近代語教授改革に関する西洋理論、いわゆる、「新教授法」（The New Method）の摂取はこの時期から本格化する。文部省留学生の派遣による間接的摂取の始まりである。この摂取活動は日露戦争後の日本帝国主義への国策再編期を通じて継続した。

帝国教育会英語教授法研究部（以下、研究部と略す）の活動期間はこの再編期と正確に重なる。研究部では、主にドイツとイギリスにおける「新教授法」事情が留学帰国者や日本在住の外国人によって伝達され、その摂取の可否、あるいは、摂取の形態について議論されている。研究部からの最新の「新教授法」情報は機関誌『教育公報』を通じて全国の会員や教育関係者へ伝達された。

研究部における英語教授法改革論議を検討すると、日本人の「新教授法」理解が一様ではなかったことがわかる。元来、「新教授法」と呼ばれた一群の近代語教授法は、「合自然の教育学」（Natural Education）を源流にもつペスタロッチー主義の「音声第一主義」（speech primacy）に込められた近代的認識主体の形成を教育価値とする、いわゆる「ナチュラル・メソッド」（The Natural Method）が西洋諸国において拡散・変容した異種の総称である。[1] したがって、日本人の「新教授法」摂取とその変容過程を捉えるという本章の課題は、「ナチュラル・メソッド」が東洋的伝統教授法との接着を経て、日本的異種へと変容していく局面を捉えることに他ならない。日本人の「新教授法」理解の考察は、日本的「ナチュラル・メソッド」実践の構造を示唆するであろう。さらに、この課題は主体の形成という近代的教育価値が明治公教育においていかに実現されるのかという日本文化の近代化の課題に向き合うことも意味しよう。どのような伝統的外国教授法の近代化が結果するのか。本章では、研究部の議論を手がかりにその分析をおこなう。

第二節　英語教授法研究部の活動

研究部は、英語教授法の改良という明確な目的をもって、一九〇二（明治三十五）年十一月九日に設置されたことは前章で確認した通りである。そして、さらに論議の内容を検討すると、改革は中学校をはじめとする中等教育のそれに焦点化されていたことがわかる。研究部の活動状況は『教育公報』、その他の有力な教育ジャーナリズムを通じて、五年後の一九〇七（明治四十）年十二月の第十三回部会まで紹介され続けた。[2]

「帝国教育会外国語教授法研究部規程」によると、部会は年五回の開催（一月、三月、五月、九月、十一月）を原則としていた。[3] 設置当初は、部員登録には帝国教育会の会員であることが条件とされたが、浅田栄次らの強い反対に遭いこの条件は廃止となっている。[4] この結果、研究部は比較的広い層から聴講者を獲得することとなった。具体的には、部会の聴講は全国の正規部員二〇〇～三〇〇人以外の一般の人々にも許され、さらには中等英語教員を目指

表1：英語教授法研究部における活動の概要

年	総会・部会	講演（日本人／外国人）	討議・討論	計
1902年	1	1（1／0）	1	2
1903年	5	8（5／3）	5	13
1904年	4	11（4／7）	0	11
1905年	3	7（3／4）	1	8
1906年	3	11（4／7）	1	12
1907年	2	6（3／3）	0	6
計	18	44（20／24）	8	52

出典：『教育公報』、『中外英字新聞』、『英語青年』（1902～1907年）

す学生にも開かれており、「高等師範学校外国語学校国民英学会其他諸学校生徒も多数傍聴し中々盛会なりし(5)」といった状況も伝えられている。こうした結果、部会には正規部員と一般聴衆を合せて毎回一〇〇～二〇〇人が集まった(6)。

さて、研究部における活動内容の検討にすすもう。研究部の活動内容の概要をまとめた表1によると、主な活動方法が「講演」と「討議・討論」の二つであったことがわかる。「講演」では一人の講演時間は平均約一時間、岡倉由三郎のような著名な講演者となると二時間に及んだ(7)。五年の活動期間で四十四回の講演がおこなわれ、うち外国人による講演が二十四回と半数以上を占めている。「新教授法」への日本人の高い関心を窺うことができる。「講演」に較べると、「討議・討論」の回数は合計八回でその五分の一にも及ばないことから、部会は「講演」による情報共有を主な研究方法としていたと言えよう。

次に、「講演」と「討議・討論」の内容を見てみよう（表2、及び、表3）。開催回数が比較的少なかった「討議・討論」においても、「外国教師」の活用法、小学校英語、「作文」、「正則英語教授」、「英習字」の推奨等の議題から、「新教授法」の摂取に前向きな様子を汲み取ることができる。けれども、「新教授法」に関する教育情報の伝達は「講演」を中心に扱われていたことが明らかである。そこでは、外国人を含む多くの講演者

表 2：英語教授法研究部における活動の詳細（講演）

総会・部会	開催日	講演者	演題
講演会	1902 年 7 月 5 日	**E. P. ヒューズ** **神田乃武**	**英語教授法** **英語教授に就て**
第 1 回部会	1902 年 12 月 20 日	**磯辺弥一郎**	**新式教授法一班**
第 1 回総会	1903 年 1 月 24 日	ハワード・スワン 磯辺弥一郎	日本に於ける英語教授法に就いて 英国近世語学協会の総会に付て
第 2 回部会	1903 年 4 月 11 日	**熊本謙二郎**	**日本人の英語発音に日本臭き処あるは何によるか**
第 3 回部会	1903 年 5 月 30 日	**M. C. レナード**	**余が日本に於ける英語教授の経験**
第 4 回部会	1903 年 9 月 26 日	松田一橘	語学研究における蓄音器の効用
第 5 回部会	1903 年 12 月 5 日	永井尚行 熊本謙二郎 ヴィカー	チッケルの新英文法に就て 英語初学教授工夫教則 日本に於ける英語教授
第 2 回総会	1904 年 1 月 23 日	ルーズ コックス ケーデー **菊池大麓**	英語教授に関する経験及び管見 英語教授の困難 英語教授に於けるシステム **英語教授に就て**
第 6 回部会	1904 年 4 月 9 日	**G. N. ボッダー** ハーツホーン	**印度に於ける英語教授法に就いて** ベルリッツ語学教授法に就いて
第 7 回部会	1904 年 6 月 4 日	**箕作佳吉** **山口小太郎** アーサー・ロイド	**南校時代の英語教授法** **独逸に於ける英語の授業** 我が経験したる英語教授に付て
第 8 回部会	1904 年 10 月 22 日	スウィフト 池原遼	日本の英学生に就て 英習字教習法
第 3 回総会	1905 年 2 月 4 日	レース カシデー 荻村錦太	英語の教授 英語研究の要点 演題、内容ともに不明
第 9 回部会	1905 年 3 月 18 日	宮森麻太郎 I. W. ケート	実行しやすい英語教授法について 日本人に英語を教授するにあたり余が困難とする点
第 10 回部会	1905 年 6 月 24 日	**岡倉由三郎** ハワード・スワン	**中学校に於ける英語教授法** 演題不明（内容は支那の天津、北京等の状況について）
第 4 回総会	1906 年 2 月 3 日	プレーフェヤー クレメント **磯辺弥一郎**	英文教授法 英語教授法 **英習字教授法**
第 11 回部会	1906 年 5 月 12 日	E. B. クラーク デハビランド ファーデル	言語の研究 英語教授上の経験 外国語教授法に就いて
第 12 回部会	1906 年 10 月 27 日	タッカー **熊本謙二郎** 王正廷 井上胤文 **牧野伸顕**	予が中学校に於ける英語教授の経験 **英語の空気** 予が英語研究の方法 演題不明(内容は蓄音器を使っての発音教授の実演) **演題不明(牧野が書いた英文書簡を神田乃武が代読)**
第 5 回総会	1907 年 2 月 9 日	フローレンス クロッス **渡邊良**	*Skeat' s Concise English Etymological Dictionary* と *New English Dictionary* の必要性、編輯の由来、方法 外国語教授に就いて **英国に於ける外国語教授法に就いて**
第 13 回部会	1907 年 12 月 7 日	**平田喜一** 高杉瀧蔵 **アーサー・ロイド**	**滞英雑感** 会話授業の経験 **演題不明(内容はドラマを活用した英語教授実践例)**

出典：『教育公報』、『中外英字新聞』、『英語青年』（1902 ～ 1907 年）。表 3 も同じ。
備考：太字は教育ジャーナルに詳しく取り上げられたもの。表 3 も同じ。

表３：英語教授法研究部における活動の詳細（討議・討論）

部会・総会	開催日	別	議題
第１回部会	1902年12月20日	**討議**	**外国教師をして中学校初年級生を教授せしむるの可否（継続審議）**
第１回総会	1903年１月24日	**討議**	**外国教師をして中学校初年級生を教授せしむるの可否（可決）**
第２回部会	1903年４月11日	討議	女教師をして男子の学校に英語を教授せしむることの可否（可決） 小学校に於て英語を教授するの可否（可決）
第３回部会	1903年５月30日	討議	作文は如何にして教授すべきや
第４回部会	1903年９月26日	討議	正則英語教授を奨励するの方法
第９回部会	1905年３月18日	討議	議題なし（部員相互で英語教授法に就いての談話）
第11回部会	1906年５月12日	**討議**	**中学校等に於ける英習字に関する件（文部省へ建議）**

が演台に立っているが、四十四回の講演のうちジャーナリズムが詳しく報道した講演は十六回分のみであり（太字で示した）、そのうち十二回は日本人によるものであった。このことは、研究部における英語教授法改革の趨勢が日本人自身による「新教授法」理解や、その摂取観、及び、摂取の形態に強い関心が向けられていたことを示唆している。次節以降では、詳しく報じられたこれら十六回の講演内容を検討の対象にして、考察を進めていくこととする。

第三節　「新教授法」摂取に対する慎重論

前章において、熱狂的な英語教授法改革推進派の後押しによって研究部の設置が決まっていった経緯を捉えたが、そのニュースは反革新派、伝統保守派の人々の主張を顕在化させるという結果を生んだ。「新教授法」の摂取による伝統的教授法の改革は難航するのではないかというメディアの反応である。実際、こうした波紋に予感されたように、研究部での議論を検討すると「新教授法」の摂取に対する日本人の慎重論は根深く、それは五年間の活動期間を通じて継続するとともに、この間、様々な摂取観を生み出していた。「新教授法」摂取の慎重論には、一方では摂取には積極的ではあるが、盲目的な摂取を戒め自立的に取捨選択しようとする摂取形態から、他方では摂取自体を拒否する論まで、その形態は多様であった。この意味では、『中外英字新聞』誌上で研究部設立の積極的意義を報じていた国民英学会の磯辺弥一郎も慎重論者の一人だった。「英国近世語学協会（The Modern Language Association）」の会員であり、西洋近代語教授改革の動向について第一級の知識を有していた磯辺は、日本の英語教師が西洋実践をアプリオリに模倣するのではなく、日本の教育条件に適合した取捨選択論を主張した。

一九〇二（明治三十五）年十二月二十日の臨時部会で、磯辺はドイツ、イギリス、アメリカ合衆国、フランス、スイス等の近代語教授改革の動向を詳細に紹介した上で、次のように述べる。「我々が仮令是から欧米に行はれる最良の教授法を採用せんとしたところで迚も此儘に採用することは出来ませぬ何処までも我々日本人特有の天才を働かして適宜折衷しなくてはならぬと思ひます[8]」。磯辺は、西洋実践から積極的に学ぶべきとしつつも「此儘に採用すること」には反対し、代わりに「新教授法」の諸要素から「適宜折衷」するという摂取のあり方を奨励したのである。

磯辺の「適宜折衷」論は東京外国語学校のドイツ語学者山口小太郎にも共通していた。一九〇〇（明治三十三）年から一九〇三（明治三十六）年三月までおよそ三年間の官費留学を通じてドイツの近代語教授の実際に通じていた山口は、ドイツの改革実践を盲目的に採用しようとする明治政府の政策担当者の側を牽制した[9]。山口は帰国後の一九〇四（明治三十七）年六月の部会で、（一）「歴史的の観察」、（二）「英語（外国語）総体の教授法」、（三）「今日の独逸文部省令の趣旨とするところ」について語っている。（一）ではドイツで英語が必修科目になるまでの経緯、（二）ではドイツの中等学校ではジャコトーによる読解重視のユニバーサル・メソッドや、アーンやオルレンドルフの文法訳読法、会話中心の直接法や自然教授法等、様々な方法が使われていること、（三）では「普国高等学校教則及教程（一九〇一年改正）仏語英語科教授心得」を取り上げて、ドイツ政府公認の英語教授法の方針を説明した。山口によれば、ドイツ実践は伝統的文法訳読法を含む新旧様々な教授法の諸要素から「長所」を採った折衷法であったと結論づけ[10]、こう述べる。「新派の改革論者は此の省令では満足しないが、否な寧ろ不平な位だ……(中略)文部省では一も二もなく新派の言ふが儘には従へないのである」[11]。山口の眼にはドイツでは伝統と革新の間に妥協点を採り合う激しい議論があり、その結果ドイツ政府の近代語教授改革は日本のそれよりも一層保守的だと映ったのである。

「新教授法」の自立的摂取の奨励は、東京高等師範学校の教師レナード(M. C. Leonard)によっても言及されている。彼は中等教員養成の立場から「新教授法」摂取の意義を 'The greatest service which can be rendered to a teacher or a normal school student, is not to give him a cut-dried method of teaching a subject, but to imbue him with the spirit of investigation.'[12] と述べる。ここでは、'a cut-dried method of teaching a subject' と 'the spirit of investigation' が対比され、「方法」研究の目的とは教授の形式を手続きとして学ぶことではなく、教師の探究心や構想力といった形式陶冶の開発にあるとしている。こうして、レナードは「音声第一主義」を独自に翻案した中学生の会話練習法を考案し紹介した[13]。

一九〇三(明治三十六)年から約四年間イギリスとパリで英語教授法研究に従事した東京高等師範学校教授の平田喜一の摂取態度は、慎重論というより拒否と言うべきものであった。平田は、滞在中に参観した近代語教授事情を日本の英語教授条件と重ねながら、「当用的教授法を其儘日本に移すのは何であらうか」と問い、「新教授法」は日本の中学生に合わないとして退ける。すなわち、平田にとって日本人中学生に合う方法とは伝統的訳読法に則った方法であった。平田曰く、「私の考では日本人の外国語を研究するのは唯当座の役に立たせる而已でない、東西の思想が著しく違ふ所から其思想を得る為めの medium として我々は語学を研究するのである、シテ見れば当座の用を弁ずる為めに案出した方法を其儘日本でやると云ふ事は如何なものであらうか、矢張り日本

第一の摂取観は、「ナチュラル・メソッド」本来の方法原理「音声第一主義」の翻案を通して伝統的素読・訳読法を構造の次元で再編する摂取形態であった。模倣による習慣形成論として翻案した神田乃武と熊本謙二郎の摂取論と、帰納的、開発的過程と捉えた岡倉由三郎の摂取論がそれである。このうち、模倣による習慣形成という摂取形態はそれが内的心理過程を想定していないゆえに行動主義的であり、日本の素読・訳読の伝統に比較的親和的であるように思われる。したがって、岡倉の正確な「ナチュラル・メソッド」理解に立つ摂取観は日本人にとって極めて革新的な近代的教授法の主張であったと言えよう。

他方、「方法」を原理や構造、体系ではなく形式適用の術と見る方法観の浸透が指摘された。すなわち、「新教授法」が「簡より繁に」、「卑近な事から深遠な事に」といった実践の定型へと退化するという問題である。この結果、「新教授法」は伝統的教師像の破壊を招く脅威として理解された。教師から「自由の活動」を奪うものという方法観の浸透である。言われる通り、もし「方法」を形式適用の術とみなすならば、教師はそれによって自らを教授過程から疎外する傾向を強めるであろう。「方法」とは、その時代の教育思想や社会思想と不可分なのであり、時代、社会、政治への問題意識が教育への関心を促し、さらにそれが教授法への関心に集約されるからである。「方法」は社会との緊張関係の中で自覚された教育目的・価値の実現への切実な要求に支えられた体系である。「ナチュラル・メソッド」という「方法」において、その教育価値・目的とは近代的認識主体の形成に他ならない。その価値・目的と切断されたとき、「ナチュラル・メソッド」は所与の手続きとなり、教授実践は形式の適用となる傾向を強める。

この結果、教師たちは「新教授法」の摂取を拒否するという態度を強めた。高等学校の英文学教授等の中には、「新教授法」は日本の英語教授観に適合しないとして素読と訳読への反動・回帰論を主張し、構造的再編も形式適用の影響をも避けようとする伝統派の論客が多かった。「中学校教授要目」に対応した発音と英習字の形人には真面目に本を読んで前に申しました通り少しは無駄をしても着実に進んでいかなければならんと感じました」[14]。

日本人の英語教授の目的は「当座の役に立たせる而已」ではなく「東西の思想……（中略）を得る為め」であるという。中学校英語の成績不振、すなわち、読解力低下の要因は「新教授法」の摂取にこそあるという当時しばしば聞かれた見解に平田が賛成するのも当然であった。平田は続ける。「それから日本へ帰って参りまして扱日本の学者の英語教授法に於て如何なる妙案に到達して居るかと思って見ると豈料んや今では却って其反動が現れている、中には中学校卒業生が年々英語の学力の減じて行くのは外ではない new method の罪であると云ふて居る人達すらある、……（中略）兎に角耳を傾ける価値があると思ひます」[15]。平田の「新教授法」摂取観は、外国語教授目的の欧米との相違から限定を受けたものとなっている。「new method」の拒否は、その実用主義外国語教授観にあった。

以上、研究部での「新教授法」摂取の形態に関する論議は、迎合や模倣ではなく折衷や拒否といった慎重論、または、探究心開発の好機といった主体的摂取論が優勢であったことを概観した。次節では、「新教授法」による教授実践を日本人がどのように理解したのかについて検討する。その際、「新教授法」を方法原理の次元で捉える方法観、及び、「方法」を一連の教授の手続き、あるいは、所与の形式の適用の術として捉えるという、対照的な二つの方法観が日本人の「新教授法」摂取の形態を複雑にしていた点を指摘する。

第四節　「ナチュラル・メソッド」の摂取による構造的再編

「新教授法」の源流、「ナチュラル・メソッド」の方法原理である「音声第一主義」によって伝統的訳読教授を構造的に近代化しようした者には神田乃武、熊本謙二郎、岡倉由三郎らがいた。このうち、神田、熊本と、岡倉は質的に異なる「ナチュラル・メソッド」実践観を示している。前者二人は教授過程を模倣による習慣形成過程であると翻案し、岡倉は学習者の心理過程への洞察に基づく帰納的、開発的過程として理解した。

1　模倣による習慣形成

学習院教授の神田乃武は一九〇二（明治三十五）年七月五日の講演会で、欧州留学中に参観したドイツの中等学校における外国語の授業風景を具体的に紹介し、Hölzel の掛図を使った「問答」による「風物」教授、及び、発音図を使った音声教授が広く実践されていたことを報告している。[16]『英語青年』も「Important Lectures on the Teaching of English」と題して神田の講演を次のように総括している。'The speaker declared that he had noticed everywhere that the teaching was carried out in accordance with what was popularly called the rational method in which the students were made to learn languages through the ears and eyes'.[17]

神田にとっての 'the rational method' とは 'to learn languages through the ears and eyes' と表現されている。具体的にはどういう学習過程を想定しているのか。彼の「ナチュラル・メソッド」観はその八年前に書いた「英語学ノ研究」という論文において明確に知ることができる。曰く、「……（中略）読、聴、話、書ノ四者ハ相互ニ貫連シテ離レザルモノナリ。……（中略）其ノ法ハ小児ノ場合ノ如ク全ク真似「イミテーション」ノ法ニ依ラザルベカラズ。……（中略）文法ハ学ンデ之ヲ得ルヨリモ寧ロ習慣ト模倣トニヨリテ之ヲ得ザルベカラズ[18]」。

神田にとっての「ナチュラル・メソッド」とは、模倣による習慣形成としての学習過程であった。言語発達の複雑性と全体性が言語の分析的研究を許さないと確信する神田は、言語の四技能を調和的、相互依存的に発達させる方法として「イミテーション」が鍵と考えたのである。

模倣を通じた習慣形成過程としての神田の「ナチュラル・メソッド」理解において、「音声第一主義」はいかなる意義を付与されていたのか。神田曰く、「生徒ニ読聞セバ生徒ハ漸クシテ言語ニ馴レ遂ニ翻訳ヲ俟タズシテ全ク其意義ヲ解スルニ至ルベシ。……（中略）言語ニ聞馴ルルノ習慣ハ遂ニ適当ノ語ヲ用ヰテ其思想ヲ発表スルヲ得ルニ至ルナリ」[19]。教師の音読の模倣が習慣形成の必須要件であり、これが訳読を媒介しない理解力と分析的学習を経由しない自己表現を自然に可能にするのだとしている。神田が「聴取」と「書取」を殊更に重視する一方で、あらゆる分析的な言語教授を批判するのは、こうした「ナチュラル・メソッド」理解のためであった。

東京高等師範学校教授の熊本謙二郎の「新教授法」理解も模倣による習慣形成論であった。一九〇六（明治三十九）年十月、「英語の空気」と題した講演で、熊本は「此方法の主眼とする所は、生徒をして其学ばんとする所の外国語の空気の中に入らしめ、之れをして母語の存在を全く忘れ、今学ぶ所の外国語が自分の言語であると感じせしむるに在る」[20]と述べて、具体的には「譬て云へば木に漆を塗る銅を鍍金をするに塗りの剝げぬ丈、滅金の直ぐ剝げぬ丈に出来れば宜いのではないか」[21]という比喩によって、「ナチュラル・メソッド」の学習過程を表現する。すなわち、熊本における「ナチュラル・メソッド」実践とは母語の学習環境を教室に実現することであった。そして、「音声第一主義」における音声の意義とは「木に漆を塗る」、「銅に鍍金をする」といった類の、外的量的蓄積を実現するための要件なのであった。ここには、神田が推奨した「イミテーション」の方法と同様に、内的心理過程としての学習過程は想定されていないように思われる。講演では、以上のような「ナチュラル・メソッド」理解に基づいて「返り読み」の習慣を避けて「左から右へ」読むために「暗誦」と「聴取」を奨励する、日本語や英和辞書の使用を控えるなど、習慣形成のための様々な教授活動を紹介している[22]。

2　直観的、帰納的、開発的教授過程

模倣による習慣形成や量的蓄積としての「ナチュラル・メソッド」観とは異なり、内的心理過程との関連で「ナチュラル・メソッド」を説明したのが東京高等師範学校教授であり、英語科主任を務めていた岡倉由三郎であった。岡倉は欧州官費留学から帰国した二ヵ月後の一九〇五（明治三十八）年六月の部会で、「新教授法」の教授学的意義を次のように説いた。旧式の「文法的方法」は「心理的で無い学ぶ人の心の発達といふことを重んじない不自然」な方法である、「新教授法」はこの反省に立って登場したものであり、「学ぶ者の心の発達身体の発達、学ぶ者の興味学ぶ者の利益というふうなことを充分に鑑みて所謂新の語学教授法、理屈の教授ではなくして、語学の教授法といふ者を立てたいといふ願[23]」に基づくものなのだと。「心理的で無い」、「不自然」な方法とは、意味的に脈絡のない例文で「唯々言葉の形の訓練」をすることであり、「文法の形式を帰納的ではなく演繹的に教へ」る方法であるとした[24]。このような理解に基づいて、日本において「新教授法」が発達しないのはその本質を母語獲得過程と「誤解」したからだと岡倉は指摘する[25]。ここには、「ナチュラル・メソッド」を母語獲得過程と翻案していた神田と熊本との「新教授法」理解における明確な相違をみとめることができる。

こうなると、岡倉において、「音声第一主義」における音声の意義とは「ナチュラル・メソッド」を心的過程として実践するための要件ということになる。彼が「事物教授」を重要な鍵と位置づけたのはこの関連においてである。岡倉は言う、「新教授法のやうな方法に依って外国語で以て、例へば何「ペーヂ」なら何「ペーヂ」を覚へることに付て色々な問を掛けられて色々答へる、それに付て色々話を聞く、一時間教師が話をするとさうすると其の実際の結果は紙の白いものの上に黒くこそ書かね、どうしても二十「ペーヂ」三十「ペーヂ」読んだのと同じ丈けの事を教師も饒舌べる生徒も饒舌べる[26]、……（後略）」。

心理過程に積極的に働きかける英語教授は、岡倉の文法教授観においても表現されている。神田の分析的文法

教授批判とは異なり、「ナチュラル・メソッド」でも文法教授は積極的におこなうと明言して次のように説明する。「新教授に於ては文法を教へないのであるか申すと教へるのであります。唯々教へるのが学校へ這入った当時から直ぐに演繹的に教へないで帰納的に生徒が既に得たところの読書其他の為に得たところの智識を利用して、初は生徒をして言葉に規則があるといふことを徐ろに知らせる……（中略）自分から自分の知って居る材料の中から抜き出して、自分で小さなグラムマーの始を、文法上の始をなすかの如くに少しづつ教へて行く[27]」。言語知識の「自然な」獲得に委ねず、また形式の演繹的提示と暗記にもよらず、既習の言語材料を土台にして生徒の内面に帰納的思考を想定してこれに積極的に働きかけていく、これが岡倉の「ナチュラル・メソッド」理解に基づく学習過程であった。

岡倉は「新教授法」の一要素である「発音学」もまた、積極的に導入されるべきだとした。ただし、「知って居る智識は智識としてさう云ふ学問的のことを何か厳めしく教場の中に持込むといふことは不賛成である[28]」とした上で、「発音学」は英語の語感獲得を促進するための知識であり、最終目的ではないと戒めている。

本節では、「ナチュラル・メソッド」の方法原理である「音声第一主義」による伝統的教授法の構造的再編という「新教授法」摂取による実践観を析出した。それらは、「模倣」のための条件とする「音声第一主義」観と、学習者の内面に帰納という認知過程を展望してその開発を期待する「音声第一主義」観、以上二種類の異なる摂取観であった。

第五節　教授技術の合理的適用

1　所与の手続きとしての「方法」観

「新教授法」を原理の次元で理解する方法観とは異なり、教授は所与の手続きを実践に適用する術というような方法観も示唆された。そうした人々は「新教授法」をパターンと捉えたため、その摂取が教師の専門性と伝統的アイデンティティを崩しかねないものと理解した。

先に登場した磯辺弥一郎もそうした一人であった。一九〇二（明治三十五）年の第一回部会の冒頭で、磯辺は最近英語教師が自らを「技術者」と侮り、世間もまた「通弁」と侮っていると憤慨し、英語教師の地位を回復させねばならぬという：

どうも一体我々英語を教える者の憤慨に堪えぬことは自身が英語教師だといふと兎角技術者を以て自ら視るといふ傾きが無いでせうか、どうも大きにあらうかと思ふ、其点に至っては却って昔の漢学先生の方が余程権識を執って居る……（中略）世人も亦た英学者と云へばマア通弁位に思って居る、甚だ憤慨に堪えぬ、……（中略）尚又我々が教育といふ一層高尚な意味の方に重きを置いてさうして日本の英学者の位地を尚一層高めるやうに致したいと思ふ。[29]

昔の「英学者」にあった「教育といふ一層高尚な意味」が失われた結果として出現したのが「技術者」や「通弁」という新しい英語教師像であったという。

「新教授法」摂取との関連でこうした教師像の変化を指摘する者は他にもいた。東京帝国大学の動物学教授箕作佳吉は、一九〇四（明治三十七）年六月の部会で、大学南校時代の恩師ハウス氏の教授法を振り返り英語教授における「メソッド」と教師の「ペルソナリティー」を対照させて良教師の要件を次のように説く。すなわち、「ハウス氏の方法を能く考へて見まするといふと是は教師其人のペルソナリティーにあったものと思ひます。メソッドといふものも必要に相違ないがメソッドにばかり依るといふと却ってカラッポになって仕舞ふ、形式に流れて仕舞ふ。……（中略）何しろ教師其人が一番肝心であります。教師其人が生きて居らねば駄目です」[30]。箕作は、「メソッド」が教授を形式主義に陥れると指摘する。彼が良教師の中核的要件にあげたのは「ペルソナリティー」であり、これを「教師其人が生きて居」ると表現する。では「生きて居」るとはどういうことか：

どんな方法を作っても其時其時に生徒の欠点を以てコンモンセンスを以て判断して、さうして其欠点に向ってエキセルサイズをさせなければ駄目です。……（中略）だからメソッドよりは臨機応変に生徒の欠点を見てさうして種々の方法を以てやる方が却って宜しいのぢゃ無いかと思ふ。それには強ち其方法を一点張りに用ふる訳には行かん。機に臨み変に応じて色々の方法といふものが必要であります。方法ばかりに手頼るといふ事はいかぬ事である。……（中略）教師といふ者が立派な人間で無くちゃいかぬ。立派な人間にして且技術が無ければとても迚もいかぬと考へます。[31]

「生きて居」る教師とは、「コンモンセンスを以て判断」できる教師、生徒の具体的な問題状況に「機に臨み変に応じて」応答できる教師とされている。これに対して、「メソッド」はこの「コンモンセンス」を阻害する要因として捉えられ、その結果、「方法を一点張りに用ふる訳には行かん」のであり、「方法ばかりに手頼るといふ事はいかぬ」と警告されている。

「方法」が形式主義を招く要因と見る方法観は、元文部大臣菊池大麓にも見られる。英語教授改革のオピニオン・リーダーであった菊池は、一九〇四（明治三十七）年一月の講演の冒頭で、西洋人が同じ西洋語を学ぶのに苦労するのだから日本人の英語学習は余程困難な事業である、だから教授法の研究は当然必要だと認めつつ、「メソッド」は教師の活動を制限するという。菊池によれば、「一体、「メソッド」といふものが有ります、何「メソッド」何「メソッド」と云ひますが、兎角「メソッド」、「システム」に拘泥するのが教授法の間違ひだと思ひます。……（中略）総て夕ダ前のものに拘泥して、一の物の助けになる為に斯う云ふ方法を取ったら宜しからうといふ其方法の為めに妨げられて自由の活動が出来ない[32]」。

磯辺における「技術者」・「通弁」に対する「教育者」という教師像の対比は、箕作における「メソッド」と「ペルソナリティー」の対比に対応しよう。「新教授法」の摂取とともに、日本では「方法」が教師の自立的判断を阻む脅威として認識されはじめていた。このことは菊池の「メソッド」批判においても明白である。こうした言説は、先述した神田や熊本、あるいは、岡倉のように、「新教授法」を原理的に翻案したのと対照的に、「方法」が所与の形式、パターンとして把握されていることを示唆していよう。

2 伝統的教授法による「新教授法」の拒否

形式としての方法観は、一群の保守派の人々の間に「新教授法」と伝統的教授法との対立、あるいは、「新教授法」の強硬な拒否という態度をもたらしている。中学生英語の成績悪化の根拠を「新教授法」に帰して、「講読法」の復活を主張した先述の平田喜一はその一人であった。以下に見るように、こうした保守・反動的論調は研究部が解散した一九〇七（明治四十）年以降も継続していた。

英文学者の戸川秋骨はそうした訳読法復活論者の一人であり、彼の強い発言はしばしば英語雑誌に掲載されている。例えば、一九〇七（明治四十）年十月戸川は『英語青年』に寄せた「非教授法」という文章の中で、「英語教授法の考究された為めに学生の語学の力が減退したることを断言して」、次のように「新教授法」を批判した：

簡より繁に進むとか卑近な事から深遠な事に入るとか所謂教授法に説くその主意は頗る結構であるがさて実際に当って見るとそんな手ぬるい事では学ぶ者の頭は訓練されないたとへば連想を利用して事物を覚えさせやうとする。眼と口と鼻とを一つに教えやうとする、連想は起るかもしれぬが眼に鼻が混同して仕まうのみならず強ゐてそんな覚へ方に骨を折って居る間に学生は一層必要な一層六つかしい事を覚える時と力とを失って居るのである余はむしろ直訳式変則式でないまでも教授法を無視した講読式をとるものである。(33)

「簡より繁に」、「卑近な事から深遠な事に」とは、明治初期にアメリカ経由で摂取されたペスタロッチー主義が日本において形式化・退化し実践の定型となった「開発主義」の教授原理を指すが(34)、戸川は「学生は一層必要な一層六つかしい事を覚える時と力とを失って居る」、だからこんな方法では「手ぬるい」と一蹴し、「教授法を無視した講読式をとる」と宣言する。(35)

こうした観察は、「講読式」が日本の語学研究の伝統だとする戸川の揺るぎない信念とつながっていた。二ヵ月後の『英語青年』に次のように書いている。「外国語に就て見るも先輩諸子の学生時代に学びたる英語は所謂変則流であった変則ならずとも訳読専門の教授に依った者で少くとも所謂教授法の恩沢に与らなかった。……（中略）吾が国に於ける外国語研究の歴史は正に変則式読書式を以て一貫す。遠く遣唐使の時代より今に至るまで語学研究の態度は一定なり此れ豈に吾が国民の性情に合へる方式にあらざるか」[36]。

『ジャパン・タイムズ』主筆の一人馬場恒吾も訳読法が日本人に最も相応しい外国語研究法だと断言する。曰く、「僕は日本人に対する英語教授法は唯一つあるのみと思ふ、それは訳読を充分発達せしむるにあると思ふ」[37]。英語を母語とする子どもに教えることと、日本人に教える方法は区別されねばならない、なぜならば、英語の土台である音声を理解する能力が日本人にはない、この土台を作るのが訳読と音読である、文字を見せる前に四～五年も費やすことができないのだから、文字を使って土台を作るのである、訳読はそのためにある、と馬場は言う[38]。音読の意義は漢学でおこなわれた「素読」の効果との関連においても説かれている。「昔日本の漢学生が、四書五経の意味は分らずして素読なるものを教へられた事がある。……（中略）蓋し、英語の意味を教へずして、例へば読本の五巻迄も音読する事を教へたなら、それでも、英語を或程度迄学得しえたであらうと思ふ」[39]。

さらには、第一高等学校校長の畔柳都太郎も「門外漢は教授法を魔法のやうなものと心得て新聞の広告に三ヶ月英語卒業とあれば教授法さへ宜くば英語は三ヶ月で卒業できるものと思ふて居るのである」[40]と「教授法」の過信を警告し、大学準備英語には訳読が適すると断じる。この他、馬場胡蝶やその同僚の上田敏ら文学者たちも訳読、素読への回帰論を唱える[41]。以上の雑誌上の言論からは、教養教育と大学準備教育を本体とした高等学校の英文学教授を中心とする伝統派の論客がかなり存在したことを示している。

3　「新教授法」の「付加」的摂取

最後に、「新教授法」に対する様々な慎重論は、訳読法回帰論という強硬な反動姿勢の他にも、「新教授法」の体系性を諸要素の集合体のように理解して、その一部を本体としての伝統的訳読法に「付加」するという適宜折衷の摂取形態を抽出することができる。研究部では、初年級の発音と英習字の教授の改善が広い層の聴衆から要求されていたが、実はこの二つは「中学校英語教授要目」を性格づける重要な要素であった。

発音教授

発音教授の必要を強く説いた者には熊本、松田一橋、井上胤文がいた。一九〇三（明治三十六）年四月の第二回部会で、熊本は日本人の訛り――「日本臭き処」――が生じる仕組みとその避け方や矯正方法を実践に基づいて報告して多くの聴衆の共感を得た[42]。すると、熊本の講演に続いて神田、パーカー、浅田栄次、松田、黒川正らが発音教授の必要論を次々と演説している[43]。さらに松田は同じ年の第四回部会で、「蓄音機」の発明史とその仕組み、自修機器としての活用法、英語発音教授法学会の設立を提案するなど、二時間の熱弁を奮った[44]。

英習字教授

発音教授と並んで議論されたのが英習字教授の改良であった。部会では池原遼と磯辺がこれを取り上げたが、このうち磯辺の提案は研究部の建議案として後に文部省へ提出される展開となる。磯辺が英習字を重視する理由には、明治初期の生徒と較べて見劣りしてきたことの他に、「ドウしてもこれからは戦捷の結果外国貿易も盛になり又外国人との交際も繁雑になると共に、第一に話すこと夫から書くことは上手にやらなければならぬ[45]」からであった。日露戦争後の経済膨張政策という新たな時代の要請において英習字教授の新たな意義が認識されている。

磯辺の英習字教授に関する知見は実に広範である。「横斜体」から「直立体」採用までのイギリス英習字三〇〇年史、近年の「直立体」採用論、その具体的な指導法、最後に教授上の「心得二十条」と続く[46]。磯辺の主張は一九〇六（明治三十九）年五月十二日の第十一回部会で協議題に取り上げられ、部員、一般聴衆約五十人によって討議されている[47]（九十一ページ、表3参照）。そこで整理された内容は、同年五月二十五日に会長の辻から文部次官心得福原鐐二郎へ建議書として提出された。内容は以下の通りである：

一、中学校生徒間に英習字奨励の為必ず各学年試験に於て其点数を英語科目の点数に加ふること
二、文部省直轄学校の入学試験に於ても英字証蹟の良否に依りて書取作文の採点に斟酌を加ふること
三、文部省教員検定試験外国語の部に習字の一課を加えること
四、文部省令第三号中学校教授要目に掲ぐる英習字教授の一項は簡略に過ぐる嫌あれば今少しく精細に説示すること[48]

「中学校教授要目」において第一学年に「発音」という分科が初めて登場し、「英習字」は週に一時間、他と切り離して教授してもよいとされていた。右の議論はその実効策の提言である。こうして、森有礼文相期以来の「読方」と「講読」と「翻訳」を本体とする素読・訳読の伝統に、「発音」と「英習字」という「新教授法」の要素が形式的に「付加」されたのである。

第六節　結論

本章では、日本の伝統的外国語教授法の近代化をめぐる課題――「新教授法」の日本への摂取をめぐる論争――を帝国教育会英語教授法研究部での議論を通して検討した。研究部は「新教授法」の摂取に強い意欲を持って出発したが、そこでは日本人の多様な「新教授法」摂取観が露呈された。

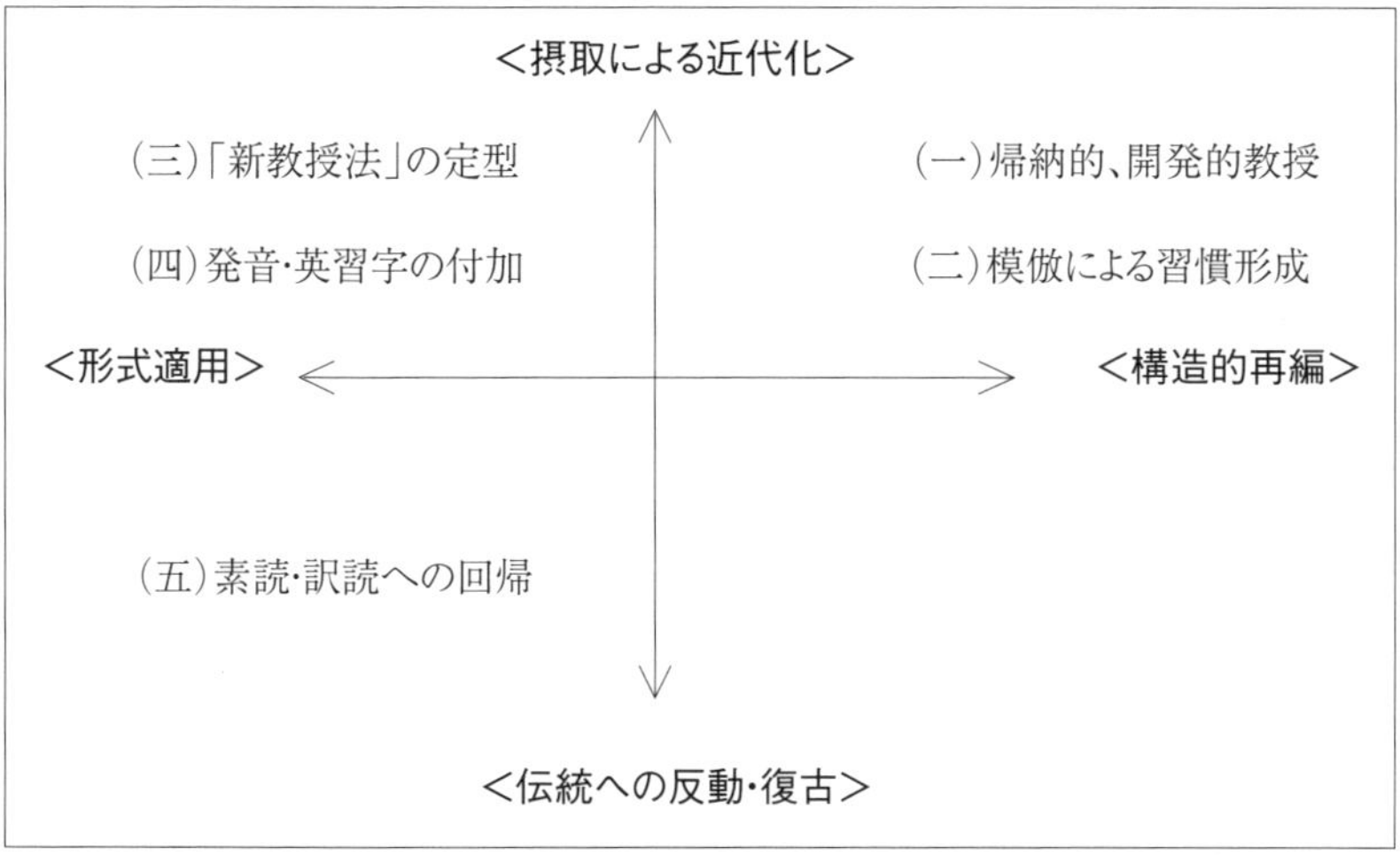

図１：明治英語教授実践近代化の構造

式的付加という要素的摂取も「ナチュラル・メソッド」という体系の解体であり、素読と訳読を本体として温存した保守的近代化の一形態だったと言えるであろう。

以上の考察を整理すると、明治英語教授実践近代化の構造は「近代化―保守・反動」、及び、「形式適用―構造的再編」という二つの軸によって、次のような五つの日本的「ナチュラル・メソッド」実践の可能性が示唆されたことになる。すなわち、（一）帰納的、開発的教授に基づく実践への再編、（二）模倣による習慣形成論に基づく実践への再編、（三）定型としての「新教授法」の摂取による再編、（四）素読・訳読法への発音と英習字の形式的付加による実践、（五）素読・訳読法への回帰・保守、以上である。図1はこれらの性格の相対化を試みたものである。

研究部の解散以降、明治四十年代の英語教授法近代化政策は、帝国主義的経済政策・軍事政策の文脈の中で英語教授の目的が益々実学的傾向を強めて、保守的素読・訳読法回帰や付加的摂取論から離れていくかのようである。一九〇九（明治四十二）年の文部省英語教授法調査委員報告、翌一九一〇（明治四十三）年の東京高師附中英語教授細目、そして、明治英語教授法国家基準の総決算である一九一一（明治四十四）年「改正中学校教授要目」のいずれにも、最もラディカルな近代化を志向する岡倉の摂取観が採用されているからである。

次章では、本章で示した「ナチュラル・メソッド」の日本的異種の五つの可能性を念頭におきながら、まずは文部省英語教授法調査委員報告の分析と、その報告書に込められた教育政策的意味を明らかにする作業に取り組みたい。

参考文献

（1）本研究では、「合自然の教育学」を源流とする「ナチュラル・メソッド」から派生したものという根拠から、The Mastery System, The Direct Method, The Psychological Method, The Practice Method, The Phonetic Method 等の名称をもつ近代語教授法、あるいは、文部省留学生によって観察され摂取されたイギリスやドイツの近代語教授実践に関する知識の総称を「新教授法」とみなしている。

（2）研究部の解散時期は正確にはわからない。一九〇七（明治四十）年十二月七日の第十三回部会の活動報告が本研究で確認できた最後の活動である（英語青年社「英語教授法研究会」『英語青年』第十八巻第六号、一九〇七年、一四二—一四三ページ、及び、開発社「英語教授法研究部」『教育時論』第八一七号、一九〇七年、四十六ページ）。帝国教育会の機関誌『教育公報』は一九〇七（明治四十）年六月十六日号で廃刊となった後、一九〇九（明治四十二）年三月に『帝國教育』となって復刊するが、これには研究部の活動記事はいっさい見当たらない。また、この廃刊から復刊までの帝国教育会の活動をまとめた『帝國教育会講演集』（一九〇八年七月発行）にも研究部に関する記事はない。以上のことから、本研究では研究部の解散を一九〇七（明治四十）年十二月ごろとみなした。中野光『帝國教育会機関誌『教育公報』解説編』大空社、一九八四年、一八四—一八六ページは『教育公報』廃刊の理由として、教育ジャーナルとしての個性の消失、そのため他誌との競合に敗れたこと、帝国教育会自体の弱体化の三点を指摘しているが、研究部解散の直接的な理由はわからない。

（3）帝国教育会「帝国教育会英語教授法研究部設置」『教育公報』第二六五号、一九〇二年、三十八—三十九ページ。

（4）磯辺弥一郎「英語教授法研究部の設立を祝す」国民英学会『中外英字新聞』第九巻第十九号、一九〇二年、二六四ページ。

（5）磯辺弥一郎「英語教授法研究部の例会」国民英学会『中外英字新聞』第十一巻第十一号、一九〇四年、三四七ページ。

（6）『教育公報』によれば、毎年の正規部員数と毎回の部会参加者数が報告されている。例えば、正規部員数は一九〇三（明治三十六）年が二九九名、以下一九〇四（明治三十七）年二七〇名、一九〇五（明治三十八）年二三一名、一九〇六（明治三十九）年不明、一九〇七（明治四十）年二二七名であった。『教育公報』一九〇二（明治三十五）〜一九〇七（明治四十）年参照。

（7）例えば、第三回部会でのレナードの講演は「凡そ一時間余り」（磯辺弥一郎「英語教授法研究部の例会」国民英学会『中外英字新聞』第十巻第十一号、一九〇三年、一四九ページ）だったのに対して、第十回部会での岡倉由三郎の講演は「凡そ二時間計り」だった（磯辺弥一郎「英語教授法研究部の例会」国民英学会『中外英字新聞』第十二巻第七号、一九〇五年、二一八ページ）とある。

（8）磯辺弥一郎「新式教授法一班」帝国教育会『教育公報』第二六八号、一九〇三年、十一ページ。

（9）上村直己「ドイツ留学時代の山口小太郎」『熊本大学教養学部紀要外国語・外国文学編』第二十七号、一九九二年、一一九―一二〇ページ。

（10）山口小太郎「独逸に於ける英語の授業」帝国教育会『教育公報』第二八五号、一九〇四年、十六―二十四ページ。

（11）山口小太郎、上掲雑誌、一九〇四年、二十一ページ。

（12）M・C・レナード「SPECIAL CONTRIBUTION: My Experience as an English Teacher in Japan」国民英学会『中外英字新聞』第十巻第十一号、一九〇三年、一五四ページ。

（13）M・C・レナード、上掲雑誌、一九〇三年、一五四―一五五ページ。

（14）平田喜一「滞英雑感」英語青年社『英語青年』第十八巻第七号、一九〇八年、一六六ページ。

（15）平田喜一、上掲雑誌、一九〇八年、一六六ページ。

（16）神田乃武「英語教授法（譯）」帝国教育会『教育公報』第二六三号、一九〇二年、十四―二十ページ。

（17）英語青年社「Important Lectures on the Teaching of English」『英語青年』第七巻第十六号、一九〇二年、十六

ページ。
(18)神田乃武「英語学ノ研究」東洋学芸社『東洋学芸雑誌』第一五三号、一八九四年、三一四―三一五、三一八ページ。
(19)神田乃武、上掲雑誌、一八九四年、三一六―三一七ページ。
(20)熊本謙二郎「英語の空気」帝国教育会『教育公報』第三一四号、一九〇六年、十二ページ。
(21)熊本謙二郎、上掲雑誌、一九〇六年、十三ページ。
(22)熊本謙二郎、同掲雑誌、一九〇六年、十二―十五ページ、及び、熊本謙二郎「英語の空気(承前)」帝国教育会『教育公報』第三一五号、一九〇七年、八―十二ページ。
(23)岡倉由三郎「中学校に於ける英語教授法」帝国教育会『教育公報』第二九八号、一九〇五年、九ページ。
(24)岡倉由三郎、上掲雑誌、一九〇五年、十九ページ。
(25)岡倉由三郎、同掲雑誌、一九〇五年、二十ページ。
(26)岡倉由三郎「中学校に於ける英語教授法(前号の続)」帝国教育会『教育公報』第二九九号、一九〇五年、二十八ページ。
(27)岡倉由三郎、上掲雑誌、一九〇五年、二十七ページ。
(28)岡倉由三郎、同掲雑誌、一九〇五年、二十七ページ。
(29)磯辺弥一郎、上掲雑誌、一九〇二年、一ページ。
(30)箕作佳吉「南校時代の英語教授法」帝国教育会『教育公報』第二八五号、一九〇四年、二十七ページ。
(31)箕作佳吉、上掲雑誌、一九〇四年、二十七ページ。
(32)菊池大麓「英語教授法に就て」帝国教育会『教育公報』第二八〇号、一九〇四年、十三ページ。
(33)戸川秋骨「非教授法」英語青年社『英語青年』第十八巻第一号、一九〇七年、二十一ページ。
(34)明治期のペスタロッチー派の「開発主義」、及び、それに続いて摂取された「ヘルバルト教授学」に基づく明治公教育における教授実践の定型過程の研究は、稲垣忠彦『増補版明治教授理論史研究』評論社、一九九五年を参照されたい。
(35)戸川は、同様の根拠で東京高等師範学校附属中学校を中心に当時推奨されていた易しめの副読本の使用にも反論した。曰く、「教授法をやかましく注意する方では講読にもなるべく平易なものを撰ませるやうである。併し余は矢張り漢学式に六づかしきものを読ませる事を主張するのであるが、……（中略）平易なものが却ってその真実の意を汲み取るに困難な事が多い。……（中略）また六つかしいものノ方が辞句文字以外の利益をも与えるからである。辞句文字以外の利益とは思想の訓練即ちカルチュアをいふのである」。戸川秋骨「講読に就いて」英語青年社『英語青年』第十八巻第三号、一九〇七年、六十九ページ。

(36) 戸川秋骨「片々録」英語青年社『英語青年』第十八巻第五号、一九〇七年、一一八—一一九ページ。

(37) 馬場恒吾「英語教授法に付いて」英語青年社『英語青年』第二十巻第七号、一九〇九年、一七二ページ。

(38) 馬場恒吾、上掲雑誌、一九〇九年、一七二ページ。

(39) 馬場恒吾、同掲雑誌、一九〇九年、一七三ページ。

(40) 畔柳都太郎「片々録：大学準備としての英語」英語青年社『英語青年』第二十二巻第十号、一九一〇年、二四七ページ。

(41) 馬場胡蝶「片々録：馬場氏の英語教授法に就て」英語青年社『英語青年』第二十巻第八号、一九〇九年、一九八ページ。

(42) 熊本謙二郎「SPECIAL CONTRIBUTION: What Constitute So-called Japanese Flavour in Our Pronunciation of English Words?」国民英学会『中外英字新聞』第十巻第七号、一九〇三年、九十二ページ。

(43) 帝国教育会「英語教授法研究部部会」『教育公報』第二七一号、一九〇三年、三十六—三十七ページ。

(44) 松田一橘「語学研究に於ける蓄音器の効用」帝国教育会『教育公報』第二七六号、一九〇三年、三十一—三十一ページ。

(45) 磯辺弥一郎「英習字教授法」帝国教育会『教育公報』第三〇五号、一九〇六年、九ページ。

(46) 磯辺弥一郎、上掲雑誌、一九〇六年、八—十七ページ。

(47) 帝国教育会「英語教授法研究部」『教育公報』第三〇八号、一九〇六年、六ページ。

(48) 帝国教育会「英習字に関する意見」『教育公報』第三〇八号、一九〇六年、七ページ。建議案の各項にはその根拠を述べた詳細な「説明」が付されている。

第五章　「中等学校ニ於ケル英語教授法調査委員報告」の性格

第一節　はじめに

前章では、「中学校教授要目」の公布以降高揚してくる英語教授法改革の胎動の一局面として、帝国教育会英語教授法研究部の論議――英語教授法の「近代化推進派」と伝統回帰派間の論争――に基づいて、日本人の「新教授法」理解の形態を捉えた。本章では、その後の英語教授政策のゆくえを追いかける。すなわち、本章の目的は、「中学校教授要目」公布後の外国語教授政策、特に日露戦争（一九〇四～一九〇五年）以降の国策再編期における中学校英語教授政策のうち、「中等学校ニ於ケル英語教授法調査委員報告」の教授理論的特質を分析することである。

「中学校教授要目」から一九一一（明治四十四）年七月三十一日のその改正に至るまでの約十年の間には、二つの中等英語教授試案が作成されている。一つが、文部省に設置された英語教授法調査会（以下、調査会と略す）が一九〇九（明治四十二）年一月二十日に公にした、先述の「中等学校ニ於ケル英語教授法調査委員報告」（以下、「報告」と呼ぶ）であり、他方はその翌年一九一〇（明治四十三）年一月二十二日に中等教授法開発の総本山東京高等師範学校英語科によってまとめられた「東京高等師範学校附属中学校英語科教授細目」である。興味深いことに、前者は極めて激しい実用志向の中学校英語教授案であり、これに対して後者は読解力重視のいわば穏健派の英語教授案であり、両者は互いに異質な英語教授を志向していたのである。明治期中学校英語教授の最後の国家基準、「改正中学校教授要目」（英語科）の性格を捉えるためには、この二つの試案に込められた政策的意味を理解する必要がある。本章では、まず「報告」の教授理論的特質を捉えることを通じて、「中学校教授要目」後の外国語教授政策の内容を考察する。

第二節　中等教育の実態調査

日露戦争以降の文部行政を担ったのは、元外務官僚の牧野伸顕文相である。一九〇六（明治三十九）年三月二十七日に文部大臣に就任した牧野はさっそく中等教育改革に着手する。その一つが、中学生の学力実態の把握とそれに基づいた中学校教育の目的の再検討であった。その背景には、商業者層を中核とした新たな中産階級層や技術官僚から支持を得た能力主義的学校観の台頭を背景にして、進学準備教育としての中学校機能が多様な地方要求を無視する形で強まっていたという事情があった。

明治三十年代の中等社会では、大都市と小都市や農村部間での中学校機能に対する期待の分化が顕在化していた。制度の上では、中学校はその地域性を問わず同じ内容と程度の教育――「高等普通教育」――を施すことになっていた。しかし、実態はというと、都市部に所在する中学校は学習動機の高い生徒を容易に確保し、その結果高い卒業率と進学率を達成したと同時に、中学校の教育水準が上級学校の要求に引き上げられて初等教育との断裂を著しくしていた。一方で、小都市や農村部の中学校では入学志願者は相対的に少なく、そのため定員を満たすには学習動機の低い者まで入学させなければならないのが実情だったのであり、この結果、多数の地方中学校では多くの中途退学者を出していた。

以上のことは、農村部では中学校教育の画一的なあり方が地域の教育期待と齟齬していたこととともに、都市部の中学校は商業者層を核とする新たな中産階級のニーズによって支持されるようになっていたことを意味した。都市部の中学校では進学準備教育が機能したが、小都市や農村部からは見放されるようになっていたのである。[1] 実際、大半の中学校が小都市と農村部に所在した当時の日本において、こうした中学校への期待・動機の二極化が牧野ら文部官僚に中学校機能のあり方についての再考を促した。

また他方では、蔓延してゆく詰め込み教授を克服するための中学教授法の研究が急務とみなされるようにもなっていた。[2] 中学校の現実は、前文相菊池大麓が「中学校教授要目」に込めていた、学問を通じた人格形成を目指す「高等普通教育」の実現とはほど遠かった。牧野の外国語教授政策の第一歩は、まず中学校機能の要諦を定め直し、そのための中学教授法の模索から始めざるを得なかったといえよう。

そこで、牧野は「……（中略）所謂完成的の教育と、一層高等なる教育を受くべき準備と、所在地方の事情に適応する教育との三者を調査せしむる」ことによって、「国家が全中学校に対し、画一に要求すべきは何々なるかを決定すること」を目的として、[3] 一九〇七（明治四十）年八月中旬、文部省視学官大島義脩に対してこれを確定する作業を指示している。従前より中学卒業生の学力実態の把握に関心があったと言われる大島は、「今回幸に各中学卒業の優秀の部より受験したる、高等学校入学試験答案ありたければ、之を以て調査することとし」[4] た。

一九〇八（明治四十一）年四月、大島はその調査をようやくとりまとめ、現今中学卒業生の「最大欠点」を「（一）推理力の幼稚なること、（二）応用力の不足なること、（三）自信の念の薄弱なること」の三点に整理した。[5] そして、その原因を中学教授法の改善に求めて、次のように分析した。「結局現在の教授方法が、主として個々的現象を教ふるに急にして、全体に関する概念を欠き、為めに完全なる理解を妨げるると共に、一方反復練習の欠如せるを以て、其結果は泛々として目前の事象を捉ふるにのみ忙殺せらるるに因るものなり」[6]。昨今の中学教授法が「個々的現象」の教授に捉われるあまりに、それらを集約する概念の学習――帰納という抽象――が教授できていない、このことが正確な知識の理解と実用力を妨げているという分析である。推理力や応用力、自信の欠如とは以上の結果だと大島は把握した[7]。「推理力」、「応用力」といった科学的思考様式と「自信」という主体の確立が、日露戦争後の中学校教育に「画一に要求すべき」高等普通教育の実質として再設定されたのである。この結果、調査会に対しては、こうした抽象的な思考力としての中学校が与えるべき学力を追求する英語教授法とはどのようなものかという課題が与えられることとなった。

第三節　文部省英語教授法調査会の設置

調査会は、大島による中学卒業生学力の実態調査の約半年前、一九〇七（明治四十）年二月に、文相牧野自らが七人の英語学者を集めて設置された。その第一回の会合で、調査会の目的が次のように示されている。「中学校の英語教授を一層適切ならしむるに在り、目下一般に認めらるる、中学生徒の英語力不足等の原因に就き、調査をなすよしにて、現今の制度にて那邊迄教授上の進歩を計り得るか、制度の上に於て不完然なる点はなきや等も、漸次調査すべく、今後毎週一回会すべしと云ふ」[8]。中学生の英語力が「不足」しているという認識に立って、その「不足」を解消するための英語教授法を模索するとされている。その際、「制度の上に於て不完然なる点はなきや等」も調査するとあり、ここからは「中学校教授要目」の修正もが視野に入れられていたことがわかる。

この目的のために集められた七名の専門家とは、新渡戸稲造（第一高等学校長）を調査会長として、以下神田乃武（学習院教授）、岡倉由三郎（東京高等師範学校教授）、浅田栄次（外国語学校教授）、篠田錦策（東京高等師範学校教諭）、中西保人（東京府立第一中学校教諭）、及び、先の大島義脩（文部省視学官）であり、英語教授界における「当代の最高レベルと目される人たち[9]」であった。このうち、新渡戸、神田、岡倉、浅田、篠田の五人は、「中学校教授要目」の作成にも参加した人物である。

第四節　「中等学校ニ於ケル英語教授法調査委員報告」の英語教授理論の特質

調査会は、一九〇七（明治四十）年五月十六日の第一回会合以降、毎週水曜日、合計三十四回の検討を重ねて「報告」の最終原案を完成させている。原案は、一九〇八（明治四十一）年十月二十九日に牧野の後を継いだ小松原英太郎文部大臣に提出され、ほぼそのままの形で一九〇九（明治四十二）年一月二十日付けの『官報』で発表された[10]。この約一年九ヵ月にわたる議論の焦点は、国家基準「中学校教授要目」の枠組みに基づきながらも、激しい機能主義・応用主義の中学校英語教授の追求だった。本節では、調査会の審議経過を追いながら「報告」の教授理論的性格を析出する。

一　緒言
二　教授事項及其ノ配当ノ例
三　教授上ノ注意
(一) 一般ノ注意
(二) 発音、綴字
(三) 聴方、方言
(四) 読方
(五) 習字
(六) 書方
(七) 文法
四　生徒ノ自習ニ関スル注意
五　教員及編成ニ関スル事項

表１：「報告」の内容構成

出典：文部省「中等学校ニ於ケル英語教授法調査委員報告」『官報』第7668号、1909年、355－357ページより筆者作成。

表1は、「報告」の内容構成を示したものである[11]。まず、「一　緒言」では「報告」の趣旨が三点にわたって簡

表2:「報告」の教授内容、程度、授業配当

	第一学年	第二学年	第三学年	第四学年	第五学年
内容	発音・綴字				
	習字	習字			
	聴方・言方 読方・書方	聴方・言方 読方・書方	聴方・言方 読方・書方	聴方・言方 読方・書方	聴方・言方 読方・書方
	文法 *随時要点を指示	文法 *随時要点を指示	文法 *文法教科書を参照可	文法 *文法教科書を参照可	文法 *文法教科書を参照可
程度	選定語彙の五分の一	残りの五分の一	残りの五分の一	残りの五分の一	残りの五分の一
時数	週六時間	週六時間	週七時間	週七時間	週七時間

出典:文部省、上掲資料、1909年、355−357ページより筆者作成。

明に述べられている。これによれば、「報告」は、中学校を念頭に作成したものであり、したがって他の中等諸学校への応用には慎重を要すること、「報告」の趣旨の実効力を高めるために教授上の留意点を具体的に示そうと努めたこと、教授の進度指標を委員選定による「単語表」にしたこと、以上である。[12] 中学校を前提とした具体的な教授法の指示、そして読本ではなく必修語彙を学習進度とするという初めての試みが「報告」の骨子とされている。以下では、これらに注意しながら「報告」の教授理論的特質を見ていこう。

1 教授内容における応用主義英語教授

「二一 教授事項及其ノ配当ノ例」には、「報告」における教授内容が、教授上の指示とともに学年ごとに例示されている。表2は、「報告」の英語教授を、教授の内容、程度、及び、週あたり授業時数の三項目によって整理したものである。

基礎教授の強調

第一に、初期教授における発音と綴字、及び、習字といった基礎教授の重視である。調査会の活動開始一ヵ月後、一九〇七（明治四十）年六月十三日の討議で、初期の発音教授の導入が決定されている。そこでは、現状の低学年の発音教授の不十分を確認した上で、「……（中略）其矯正法としては英語読本に入るに先立ち、特に発音の練習に力を用ゆるを可とすとの決議したり」[13]と理由が述べられている。国家基準「中学校教授要目」においても、「英語教授ノ初期ニ於テ厳ニ之ヲ正シ……（後略）」[14]という指示がなされてはいた。しかし、「報告」では「英語読本に入るに先立ち……（後略）」とさらに限定された明確な指示となった。初期発音教授の強調は、討議の出発点で調査会が最も重視した点であった。

一方、もう一つの基礎である英習字教授の強化についても、その二週間後の六月二十七日の会合で取り上げられている。すなわち、中学生徒の習字の巧拙は教師の書体の影響だとその強化の理由を述べて、「……（中略）今後の英語教師検定試験には、充分に書体を検して及第を決する様に採点せられたき旨を、申出づることに決定したり」[15]と、習字の試験を文部省中等教員検定試験に加える対策案を文部省へ提出することを決めている。加えて、「中学校教授要目」では第一学年のみとしていた習字の単独教授を、[16]「報告」では第二学年まで可能にしている。「報告」の第一の特質は、音声と文字の両面における基礎教授の強化であった。

分科の機能的再編

「報告」の教授内容に関する第二の特質は、「聴方」（listening）、「言方」（speaking）、「読方」（reading）、「書方」（writing）という新たな分科名の登場であり、従来学習活動名で表していた英語分科が言語機能を軸にして再編されている点にある。例えば、従来の「書取」という言語活動は「聴方」と「書方」という言語機能に対応

表3：英語分科組織の再編

「中学校教授要目」	「報告」
発音	発音
綴字	綴字
読方（音読の意）	聴方、言方
訳解	読方（解釈の意含）
書取	習字
作文	書方
文法	文法
会話	
習字	

するという考え方である。

表3は、「中学校教授要目」における日本の伝統的な英語分科名を「報告」における分科名と比較したものである。両者間の変化に注目して見ると、従来の「読方」と「訳解」という言語活動が「報告」では「読方」に対応し、同様に従来の「書取」、「作文」、「会話」が「報告」における「聴方」、「言方」、「書方」という言語機能の領域に割り振られていることが推察される。この再編によって、英語教授における機能重視の言語教授観が鮮明に打ち出された。

「聴方・言方・読方・書方」への教授内容の機能的再編に関してもう一つ指摘しておくべきことは、これら四つの言語機能の教授に順次性が付与されていること、言い換えれば、教授過程が原理的に統一された点である。「二　教授事項及其ノ配当ノ例」によれば、第一学年の教授について「発音、綴字ノ概要ニ通ジタル後ハ平易ナル文章ニ就キテ聴方、言方、読方、書方を順次ニ且相関係シテ授ズクベシ(17)」と、これらの領域を「聴方」→「言方」→「読方」→「書方」の「順次ニ」、かつ、「相関係シテ」教授するように指示されている。しかも、この指示は第五学年まで一貫しておこなわれている。

帰納的思考による文法教授

第三の特質は、文法教授の方法における演繹的な教授の拒否である。「報告」では、第二学年までは「教授ノ際文法上ノ説明ヲ要スルトキハ随時其ノ要点ヲ指示スベシ[18]」として、「随時」、すなわち具体的な教授の文脈の中で規則の存在を指摘せよとされ、学習体験、言語経験が蓄積されてくる第三学年以上においては「……（中略）既ニ授ケタル材料中総合シテ法則トナシ得ベキモノハ随時之ヲ纏メ授クベシ[19]」と、規則性への漸進的な注目を指示している。言語の事実をベースとしてそこから規則性を発見させる帰納的な文法教授が志向されていると言うことができる。そして、その際文法教科書を使用してもよいとされたが、演繹的な文法知識の伝達にならないようにという趣旨の注意がなされている。

加えて、文法教授の学年配当においても変更が見られる。「中学校教授要目」では、「文法」は第三、四学年のみに配当されていたが、表2によれば「報告」では第五学年にも「文法」が配当されているのである。視学官大島が指摘していた中学生の「推理力」と「応用力」不足への対処であるとともに、上級学校への接続を強化したものと推測される。

「必修語彙」による進度指標

第四に指摘すべき教授内容上の特質は、課程の程度を語彙数で表示するという変化である（表2参照）。「一緒言」で言及されていたように、この点は「報告」の実用志向を象徴する極めて大きな変化だと言わなければならない。従来の課程の進度指標は「読本」によっていた。例えば、「中学校教授要目」では「文部省会話読本」、「なしょなる読本」、「ろんぐまんす読本」、「すういんとん読本」に基づき、一年生では「第一巻又ハ第二巻ノ初ノ程度[20]」といった具合である。

語彙の習得量を学習到達度の進度とみなす考えの出所については、一九〇八（明治四十一）年四月上旬の会合で神田乃武が次のような発言をおこなっている。神田曰く、「私は斯ういふ案を出さうと思って居る、中学校卒業までに必ず知って居らねばならぬ語幾千かを定め其れ丈の語は必ず入れてある教科書を編集したらよい、高等の諸学校の入学試験には必ず此規定以外の語のある問題は出さぬことにするとよい」[21]。「中学校卒業までに必ず知って居らねばならぬ語幾千」を選定して、これを含んだ教科書を作るという案であった。「報告」の作成委員の間では、その必修語彙数を中学五年間で四千語と想定していたようである[22]。

この結果、第一学年では「別ニ選定セラルベキ単語表中成ルベク平易ニシテ且普通常用ノモノ凡五分ノ一ヲ授ケ之ガ応用ヲ練習セシムヘシ」と明記され、第二学年以上では「普通常用ノモノノ更ニ五分ノ一」ずつ教授せよと指示された[23]。選定された必修語彙を各学年で五等分するだけではなく、第一学年では「成ルベク平易ニシテ且普通常用ノモノ」、第二学年では「普通常用ノモノ」というように、初年級に学ぶべき語彙を実用近易な語彙に集中させている。そして、以上のことは、「読本」の使用による英語教授の内容科目的な性格を捨象して、純粋な実用語学としてのそれへ英語教授の性格が大きく変わることを示唆している。

以上、「報告」における教授内容とそれに付された趣旨説明の考察を通して、「中学校教授要目」からの新たな発展として四つの変化を抽出した。発音と習字の基礎教授の強化、英語分科の機能言語への再編、帰納法による文法教授、そして、学科課程の進度表示の「読本」から「必修語彙数」への変更である。総括すれば、「報告」は実用語学的性格を強く求めた試案である。特に、機能言語への再編と「必修語彙」という概念の導入は「報告」の性格を最も象徴する特質として注目すべき点であったと言えるであろう。

2 教授方法における応用主義英語教授

「報告」は、前項で抽出した四つの教授内容的特質を教授実践においてどのような方法で具現化しようとしたのか。その方法上の注意を指示した箇所が「三 教授上ノ注意」から「五 教員及編成ニ関スル事項」までの内容（表1参照）である。[24]「三　教授上ノ注意」の構成は、まずその「（一）一般ノ注意」において全体的な教授上の方針を説明し、「（二）発音、綴字」以下、各分科についての個別の注意事項が続く。結論的に言うならば、第一に「音声第一主義」を教授原理とする音声英語教授の拡大、第二に「書方」教授の強調、第三に帰納的文法教授、そして、第四に教員・生徒の教授・学習の管理についての注意、以上の徹底を通じた「報告」実践が指示されていた（章末付録に「（一）一般ノ注意」と「（六）書方」の内容を全掲した）。

「音声第一主義」（speech primacy）の浸透

「報告」の機能主義、応用主義への転換を象徴する方法上の特質の第一は音声英語の広範囲な導入であり、教授原理としての「音声第一主義」の一貫した採用であった。まず、「（一）一般ノ注意」の第三項目において「教授中教師ハ生徒ノ了解シ得ル程度ニ成ルベク英語ヲ使用スベシ」と指示し、授業では教師は英語の使用を原則とすることが述べられている。それは、「新ニ語句ヲ授クルニ当リテハ音ニ依ルヲ先トシ文字ニ依ルヲ後トス」（第四項目）という「音声第一主義」による教授過程が展望されていたからである。その際、生徒の意味理解を促すために、「意味ヲ了解セシムル為メニハ……（中略）実物、絵画、態度等ニ依リテ之ヲ直指スベシ」（第七項目）という邦語を介さない「事物教授」を例として示している。

「音声第一主義」は個別の分科教授においても具体的な実践方法として例示されている。それらは、「発音」、「聴方」と「言方」、及び、「読方」の教授においてである。

「発音」教授に関しては、「（二）発音、綴字」の第一項目で「発音ハ耳ニテ精密ニ之ヲ聴キ分ケ正確ニ之ヲ模スルコトヲ力メシムベシ必要ニ応ジ舌、歯、唇等ノ位置ヲ説明シ又ハ発音図ヲ示スベシ」として、生徒に対して音声の精密な聴き取りのみならずその正確な模倣をも強調するとともに、教師には調音器官の説明と発音図の図示を要求している。さらに、その第六項目では「音韻学ノ概要ハ教師タルモノ、必研究スベキモノナレドモ直ニ之ヲ授クベカラズ」と、教師に対する「音韻学」の学知の所有を求めている。方法上の注意は、この他「発音ノ標準及符号用法」の教師間での統一（第五項目）、さらには生徒の「地方固有ノ訛音」の矯正（第七項目）といった日本語の発音の標準化にまで及んでいる。

「聴方」と「言方」の教授における発展はさらに著しい。「(三) 聴方、言方」第一項目では、「言方ノ教授ハ聴取リタル語句ヲ明瞭且正確ニ了解シ之ヲ反復セシメ又ハ語ヲ換へ或ハ章句ヲ変ジテ之ヲ言フコト習ハシメ進ミテハ自己ノ思想ヲ自ラ言ヒ得ルニ至ラシムベシ」と、「聴方」と「言方」とのつながりを「聴取」→「反復」→「語・章句の交換」→「自己表現」という教授過程として示している。加えて、必ず一度は生徒に発言させること（第三項目）、読本の個人、列単位、全体での斉唱練習（第四項目）、暗誦の推奨（第五項目）を通じた音声英語の「習熟」が追求されている。

「読方」教授では、「(四) 読方」第二項目で「読方ハ特ニ聴方、言方ト蜜ニ関係スベキモノナレバ之ヲ授クルニ当リテハ必先ヅ聴方、言方ノ練習ヲ為シ始ヨリ教科書ヲ開カシメザルヲ本則トス」として、「中学校教授要目」が言及していなかった、「読方」教授の前提条件としての音声英語という位置づけが明確にされている点が重要である。なぜならば、その第三項目で「従来慣用セル「訳解」ハ之ヲ教授上ノ一目ト認メズ英語ノ意義ヲ了解セシムル一ノ方法トス」とあるのは「中学校教授要目」の継承であるが、さらにすすんで第六項目で「国語ヲ媒トセズシテ直接ニ英語ニ英語ノ意味ヲ領得セシムルヲ要ス」と、英文から直に――邦語を介さずに――意義を理解できる読解力の養成を「読方」の最終目標として明確にしたからである。

「書方」教授の発展

応用主義英語教授へのシフト・チェンジの第二の方法上の特質は、「書方」教授の強調である。「中学校教授要目」では「作文」教授に関する注意事項は「書取ハ読本中ノ文章又ハ生徒ノ容易ニ了解シ得ベキ文章ニ就キテ之ヲ授ケ生徒ノ耳ヲ慣ラシ且綴字、運筆ニ習熟セシムベシ」とあるのみであった。

これに対して、「報告」における「書方」教授の強調は先述した音声英語の強調に匹敵するものと言ってもよい。まず、「(六) 書方」第一項目で「書方ヲ授クルニハ謄写及書取ヲ以テ始メ漸次自ラ文ヲ綴ルニ至ラシムベシ」として、「書方」の教授過程を「謄写」→「書取」→「書方」として示すとともに、これによって従来の「作文」の実質を担っていた「書取」を「書方」に至るまでの教授過程に位置づけている。そして、「謄写」から「書方」までの具体的な指導事例が示されるのである（章末付録2）。教授活動として例示されたこれらの九項目は模倣的「謄写」から自立的「書方」に至るまでの発達過程に対応させて示されていることがわかる。第一の活動は語句の「書取」、第二は意味の「聴取」とその英文の「書取」、第三は空所補充、第四は記憶に基づく英作文、第五は単文─複文、能動─受動、直接法─間接法への書き換え、第六は和文英訳、第七は概要英作文、第八は指定語英作文、第九は課題英作文、以上である。

さらに、従前から「書方」教授実践上の課題だった英作文の訂正方法についても実践事例が示されている。第四項目には「書方訂正ノ方法ハ生徒学力ノ進度ニ応ジ或ハ単ニ誤謬ヲ指摘シテ自ラ之ヲ正サシメ或ハ生徒ヲシテ互ニ訂正セシメ或ハ教師之ヲ訂正シ生徒ヲシテ浄書セシム等適宜工夫スベシ」、すなわち、生徒自身による「自己訂正」、生徒同士による「相互訂正」、及び、教師による「教師訂正」である。繰り返すが、「中学校教授要目」では「作文」に関する指導事例は何一つなかった。「報告」における「書方」教授の発展はそこからの大きな挑戦であった。

帰納法による機能的言語知識の獲得

「報告」の教授方法における三つ目の特質は、徹底した帰納的思考の開発である。帰納的思考の自覚的な導入は、前項の教授内容の分析において、低学年から高学年に向けて規則性の発見を促す志向があったことをすでに指摘した。「三　教授上ノ注意」では、この帰納法が実践のレヴェルでさらに詳細に述べられている。

まず、「（一）一般ノ注意」第五項目では「教授ノ方法ハ理論ニ偏スルコトナク実例ヲ比較総合シテ理会セシメ」ること、言語の具体的な事実を先に与え、その事実から言語の規則性に導くことと徹底され、この志向が「（七）文法」において具体的に指示される。その第一項目では「文法ハ先ヅ一般普通ノ法則ニ熟達セシムルヲ主トシ細則除外例等ヲ授クルハ成ルベク之ヲ後ニスベシ」として、「細則除外例等」と「一般普通ノ法則」とを分けた上で後者の習熟が優先される。規則の記憶それ自体ではなく言語に内在する構造上の規則性の観念構築が文法教授の目的とされている。そのための方法として第二項目で「……（中略）必ズ言方、読方、書方ト関係シテ既ニ授ケタル材料ニ基キ其中ニ存スル法則ヲ会得セシムルヲ主トス」と述べ、すでに扱われた言語材料を振り返って英語の規則性を発見していくことを、「（一）一般ノ注意」の内容を具体的に言い換える形で説明している。こうすることで、「応用自在」の機能的な文法知識が達成されるというのである。

3　生徒、教員の管理

「報告」における「中学校教授要目」からの方法論上の新たな展開の四点目は、これまで述べてきた「報告」の志向を実現させるための外部条件の整備、すなわち、教師と生徒の教授・学習の管理に関する注意事項の追加である。「中学校教授要目」における条件整備に関する規定は、「適当ノ機会ニ於テ辞書ノ用法ヲ授ケ漸次対訳ニアラザル辞書ノ使用ニ慣レシムベシ」という、英和辞書と英英辞書の指導に関する一項があるのみであった。ところが、「報告」では教師と生徒の両者に対する教授・学習過程の管理についての注意が大きな発展を見せている。生徒管理に関しては「四　生徒ノ自習ニ関スル注意」での自学自習の習慣形成を促す指示であり、教師管理は「五　教員及編成ニ関スル事項」における教師集団による組織的な教授体制の構築に関する指示である。

「復習」・「予習」の習慣形成

「四　生徒ノ自習ニ関スル注意」における自学自習の習慣形成を促す指示は七項目にわたるが、これらは二つの要点に集約することができる。一つは予習復習の習慣形成の指示であり、もう一つは英語辞書の使用法の教授である。その第一項目は初期の英語学習における復習習慣の意義、第二項目は「習字」がその重要な対象であること、第三項目は第三学年以上での予習中心の学習の意義とその方法が示されている。低学年での復習中心に対する高学年での予習中心の学習習慣の構築、すなわち教師依存の学習習慣からその自立への移行が期待されている。

続く第四項目から第六項目までが英語辞書の用法の指導に関する指示である。すでに「中学校教授要目」にあったこの指示は、「報告」で以下のように具体的な指示へ発展している。第四項目では「適当ノ機会ニ」辞書の使い方を指導すること、その際意味の確認だけに終わらず、「発音ト文法上ノ変化並同語異議」も調べるように指導すること、第五項目では教師は生徒用辞書と同じものを使用し、第四学年以上では英英辞書を使用させるべきであること、そして、予習の習慣形成を妨げないために生徒が使う辞書の範囲以上の説明を教師はおこなわないこと、以上である。英語学習における「復習」型から「予習」型への発展と、これを支える手段としての英語辞書の用法指導という関係を見出すことができる。

組織的指導体制の構築

生徒の自学自習の習慣構築に対して、「五　教員及編成ニ関スル事項」は英語教師に対する組織的な指導体制の要求である。そこに掲げられた九項目の内容は二点に要約できる。一つ目は、統一的な教授をおこなうための英語教師の組織化に関する指示であり、二つ目はその中において外国人教師の配置法に関する指示である。

まず、教師の組織化の指示を見よう。これについては第一項目から第四項目が該当する。その第一項目は、「一学級一教師の原則」の指示である。明治後期における中学校英語は実際には「和訳」、「英訳」、「英会話」の三種類の「科目」として教授されることが一般的であった。「一学級一教師の原則」は、一人の教師がこれらをすべて担当することでその学級における教授内容の重複や不連続を避けて教授の効果を高めるという意図があったのである。続く第二項目では、教師間における「教授上ノ統一」であり、「報告」の趣旨に即した教授法の実現を意図した指示である。第三項目では、この「教授上ノ統一」を図るために「教授上ノ一切ノ計画」を「主任教師」が作成し他の教師はこれに従うことが指示され、第四項目ではその実態と成果を把握するために「主任教師」は他の教師の「授業ヲ参観」し、また「打合セ会」を開催して「批評、協議」をおこなうこととされている。

二つ目の外国人教師の配置法については、第五項目においてまず女性外国人英語教師を配置することが可能であることを確認している。このことには、男子生徒のみの中学校において女性外国人英語教師が授業を担当することの是非が問われたことがあったという背景がある。(25) 第五項目はこれを可能とすることで外国人教師の配置の幅を広げようと促した項目である。これを受けて、第六項目は外国人教師の日本人教師集団からの孤立に注意を促したものであり、第七項目は外国人教師の配置の範囲を「発音会話等一方面」に限らず「各方面ノ教授」にまで広げる指示である。加えて、第八項目は一学級の生徒数を「成ルベク少数ナル」ように指示し、第九項目は特に「第一学年ヲ担任スルモノ」の発音の正確さを要求した。

以上、「報告」は英語科「主任教師」を中心として「報告」の趣旨に基づく教授法を組織的に実施すること、外国人教師を広範囲に配置すること、及び、少人数クラスの実現によって、広く音声教授を実現し応用力重視の英語教授を実践することという調査会の意図を反映させたものであったと総括することができる。

第五節　結論

本章では、一九〇九（明治四十二）年一月二十日に文部省が発表した「中等学校ニ於ケル英語教授法調査委員報告」の性格を分析し、その大胆な応用主義、実用主義の中学校英語教授改革試案の特徴を明らかにした。発音や英習字といった基礎教授の徹底、分科の機能言語による再編、帰納法による文法教授、「必修語彙」の導入、音声英語の広範囲な使用、「書方」教授の強調、生徒と教員の管理、以上のような諸点を「中学校教授要目」からの大きな展開として捉えた。これらのうち、機能言語――「聴方」、「言方」、「読方」、「書方」――への再編、「必修語彙」による進度表示、「書方」の強調、そして、生徒と教師の管理事項は、これまでになかった新たな展開として、戦後国策再編期の中学校英語教授試案を象徴したものだと結論づけることができる。前者三つの展開はいずれも英語教授の実用語学化の追求であったことは明らかであり、四つ目は生徒と教師の学校秩序による管理を促した対応だと思われる。以上が、「報告」の中学校英語教授理論的特質である。

次章では、本章で捉えた機能主義・応用主義の英語教授志向と生徒・教師管理の強化の政策的意図を知るために、この時期の文教政策過程を明らかにする作業をおこなう。

付録２：「三（六）書方」中の教授方法例

（一）徐ニ原文ヲ朗読シ語句ヲ遂ウテ之ヲ書取ラシムルコト
（二）原文ヲ朗読シソノ意味ヲ聴取ラシメタル後之ヲ筆記セシムルコト
（三）欠語アル文章ヲ与エ之ヲ充填セシムルコト
（四）言方又ハ読方ニ於テハ練習セル事項ヲ記憶ニ依リ記述セシムルコト
（五）単文混文複文ヲ交互ニ改作セシメ又ハ能動ト受動トノ変換、直話法ト間話法トノ変換等ヲ課スルコト
（六）国語ヲ英語ニ訳セシムルコト
（七）記述スヘキ事項ノ梗概ヲ与ヘ之ヲ綴ラシムルコト
（八）使用スヘキ語句ヲ授ケ之ヲ綴ラシムルコト
（九）課題ヲ与ヘ自由ニ文ヲ綴ラシムルコト

出典：文部省「中等学校ニ於ケル英語教授法調査委員報告」『官報』第7668号、1909年、356ページ。

付録１：「三（一）一般ノ注意」

一　教授ハ単ニ生徒ヲシテ教授事項ヲ了解セシメタルニ満足スルコトナク之ヲ習熟セシムルコトヲ力ムヘシ
二　復習ハ前回ニ授ケタル部分ニ止メスシテ常ニ反復練習セシムヘシ
三　教授中教師ハ生徒ノ了解シ得ル程度ニ成ルヘク英語ヲ使用スヘシ
四　新ニ語句ヲ授クルニ当リテハ音ニ依ルヲ先トシ文字ニ依ルヲ後トスヘシ
五　教授ノ方法ハ理論ニ偏スルコトナク実例ヲ比較総合シテ理会セシメ生徒ヲシテ正シキ語感（sprachgefuhl）を養ハシメンコトヲ力ムヘシ
六　習字ノ外ハ特ニ時間ヲ分タス同時ニ教授スルヲ本則トス但一時限内ニ於テ若干ノ時ヲ割キ主トシテ一方面ノ練習ニ用フル等適宜斟酌スルコトヲ得
七　意味ヲ了解セシムル為メニハ必要ニ応シ英語又ハ国語ニ依リテ之ヲ解釈シ又ハ実物、絵画、態度等ニ依リテ之ヲ直指スヘシ
八　聴方、言方、読方、書方ハ各其ノ目ヲ別ツト雖モ其ノ教授ハ互ニ相関係セシムルヘシ此連絡ヲ保ツ為メ教授ノ材料ハナルヘク読本ニテ授ケタル語句又ハ事項ト直接関係アルモノヲ採ルヘシ
九　教授ノ際努メテ東西ノ人情、風俗、制度等ノ異同ヲ知ラシムヘシ

出典：文部省「中等学校ニ於ケル英語教授法調査委員報告」『官報』第7668号、1909年、355－356ページ。

参考文献

（1）米田俊彦『近代日本中学校制度の確立』東京大学出版会、一九九二年、一二〇―一四一ページ。
（2）開発社「時事彙報」『教育時論』第七五五号、一九〇六年、三十六ページ。
（3）開発社「中学校教授要目」『教育時論』第八〇七号、一九〇七年、三十六ページ。
（4）開発社「中学教育の成績調」『教育時論』第八〇七号、一九〇七年、三十六ページ。
（5）開発社「中等教育の成績」『教育時論』第八二九号、一九〇八年、三十六ページ。
（6）開発社「中学生の推理力欠乏」『教育時論』第八二二号、一九〇八年、四十ページ。
（7）文部省視学官大島義脩の中学成績調査と並行して、帝国教育会の「中学教育調査会」（明治三十九年九月設置）が全国の中等学校二〇〇校余りの各科教授細目を収集し、その中から模範となる細目を選抜して編纂した『中等学校現行教授法類纂』を明治四十二（一九〇九）年に全国の中等学校へ配布するという動きもあった。これも中等学校教授法の規範の模索と制度化を睨んだ調査として理解することができる。
（8）開発社「第一回英語教授法調査会」『教育時論』第七九七号、一九〇七年、三十八ページ。
（9）松村幹男『明治期英語教育研究』辞游社、一九九七年、九十五ページ。
（10）西原雅博「中等学校ニ於ケル英語教授法調査委員報告」の分析」『富山高等専門学校紀要』第一号、二〇一〇年、四十一―五十二ページ。
（11）開発社「英語教授調査答申要項」『教育時論』第八四九号、一九〇八年、三十四ページによれば、最終原案の内容は以下の通りであった：
一　緒言
二　教授事項及其の配当の例
三　教授上の注意
四　生徒の自習に関する注意
五　教員及編成に関する事項
六　英語教授に関係し希望する事項
本文中で示した「報告」の内容構成（表1）と比較するとわかるように、原案の第六項目「英語教授に関係し希望する事項」が「報告」では削除されていた。本研究ではこの第六項目の内容を明らかにすることはできなかった。しかしながら、第六章で「報告」作成に至る外国語教授政策を詳しく検討したように、この項目は高等学校における外国語教授問題を議論していた「高等学校外国語主任会議」（明治四十年八月五日～十一日開催）において、高等学校の外国語教授不成績の原因は中学校の教授法にあるとして同会議が文部省に復申した「中学校英語教授法改良に関する希望事項」と同じものであったのではないかと筆者は考えている。その内容は、綴字と発音の初期教授、漢文教授、四千語の「必修語彙」教授、帰納的文法教授の五つの希望事項からなっており（開発社「英語問題と中学校」『教育時論』第八〇六号、一九〇七年、三十八ページ）、「報告」の性格と全く一致しているからである。

(12) 文部省「中等学校ニ於ケル英語教授法調査委員報告」『官報』第七六六八号、一九〇九年、三五五ページ。

(13) 開発社「国語英語調査会」『教育時論』第七九九号、一九〇七年、三十二ページ。

(14) 教育史編纂会『明治以降教育制度発達史』第四巻、龍吟社、一九三八年、二一〇ページ。

(15) 開発社「英語教授法調査会」『教育時論』第八〇〇号、一九〇七年、三十四ページ。

(16) 教育史編纂会、上掲書、一九三八年、二一〇ページ。

(17) 文部省、上掲書、一九〇九年、三五五ページ。

(18) 文部省、同掲書、一九〇九年、三五五ページ。

(19) 文部省、同掲書、一九〇九年、三五五ページ。

(20) 教育史編纂会、同掲書、一九三八年、二〇八―二一〇ページ。

(21) 神田乃武「片々録」英語青年社『英語青年』第十九巻第二巻、一九〇八年、五十五ページ。上の資料の中で、神田は「その必修語彙を定めるには懸賞か何かで募集したら好結果を得られるかも知れぬ」と語彙の選定方法について述べているところから、実際に語彙が選定されたのかどうかは明らかではない。

(22) 「中学校卒業までに必ず知って居らねばならぬ語幾千」の数、及び、その選定語彙の具体は「報告」に述べられておらず、本研究で明らかにできなかった。しかし、その数については「中学校英語教授法改良に関する希望事項」に（中学校の五年間で）「四千語」とある。

(23) 文部省、同掲書、一九〇九年、三五五ページ。

(24) 以下、本節における「中学校教授要目」に関する引用は、教育史編纂会、同掲書、一九三八年、二一〇―二一一ページから、「報告」からの引用は、文部省、同掲書、一九〇九年、三五六ページに基づく。

(25) 女性外国人英語教師を中学校で雇用することの是非を議論した証左としては、例えば、帝国教育会英語教授法研究部第二回部会(一九〇三年四月十一日開催)がある。そこでは、「女教師をして男子の学校に英語を教授せしむることの可否」の主題で討論がおこなわれ、その結果可決されている。帝国教育会「英語教授法研究部部会」『教育公報』第二七一号、一九〇三年、三十六—三十七ページ。

第六章　牧野伸顕文相期の外国語教育政策

第一節　はじめに

前章では、「中等学校ニ於ケル英語教授法調査委員報告」（以下、「報告」）における激しい応用主義・実用主義の中学校英語教授改革案を明らかにした。松村（一九九七）が「……（中略）調査報告の内容はその時代の実態と併せ考えるとき、先進的であり過ぎた観は免れない[1]」と評しているように、「報告」の志向は、中学校の英語教授実践に鋭い変更を迫ろうとするものであったのである。

本章の目的は、こうした「報告」の激しい改革意欲の背景に注目し、文部省英語教授法調査会（以下、調査会）設置の意図と「報告」が志向する実用英語の性格を捉えることにある。具体的には、「報告」の作成を主導した牧野伸顕が文相に就任した一九〇六（明治三十九）年三月から「報告」が公にされる一九〇九（明治四十二）年一月までを含む文教政策を分析する。さらに、牧野自身の外国語教授観と教育思想を考察し、「報告」に埋め込まれた強い実用志向・語学主義と強力な教師・生徒管理を志向する英語教授観の質的検討を併せておこなう。

第二節　日露戦争後の高等学校外国語教授問題

牧野は、文相に就任するとまもなく、「高等学校長会議」、続いて同年内に「高等教育会議」を開催し、その二ヵ月後に調査会を立ち上げている。そして、計三十四回に及んだ調査会の会合と並行しながら、「高等学校外国語主任会議」、そして再び「高等学校長会議」を経て、「報告」原案をとりまとめ、最終案の公布にたどり着くのである。以上を時系列に示すと左のような関係となる（＊印は調査会関連の動き）。

一九〇六（明治三十九）年三月二十七日　牧野伸顕、文相に就任（一九〇八年七月十四日まで）
一九〇六（明治三十九）年五月十日〜数日間　高等学校長会議
一九〇六（明治三十九）年十二月十七日〜一週間　高等教育会議
＊一九〇七（明治四十）年二月　英語教授法調査委員会の設置
＊一九〇七（明治四十）年五月十六日　調査会第一回会合。以降、三十四回実施
一九〇七（明治四十）年八月五日〜十一日　高等学校外国語主任会議
一九〇八（明治四十一）年四月六日〜十三日　高等学校長会議
＊一九〇八（明治四十一）年十月二十九日　「報告」原案の提出
＊一九〇九（明治四十二）年一月二十日　「報告」の発表

以上の経緯からは、調査会の周辺に高等学校の外国語教授に関する動きが絡んでいたことが予想される。結論

的に言えば、中等学校の英語教授改革の方向を示した「報告」は、高等学校の外国語教授不振に対する牧野の対応として成立したものであった。以下では、その経緯の展開を整理していこう。

1　高等学校長会議答申

一九〇六（明治三十九）年五月十日、牧野は「高等学校長会議」を文部省に召集している。その主旨は、高等学校の外国語教授改良に関するものだった。曰く、「外国語理解力の不充分なることは、久しく承認さるる処、特に高等学校に於ける、外国語教授の改良を期せん」[2]。数日間にわたって協議された結果、まとめられた答申は次のような内容であった：

（一）現在の教授法は読書に偏するの傾きあり即眼より研究するに重きを置く傾きあれば之を改良する事
（二）従って他の最も要用なる点例へば口耳手を働かすことを軽視さるるの遺憾あれば此の方面に力を注ぐ事
（三）文部省に於ても特に外国語教授法を研究すべき事
（四）外国語教授時間を改正する事
（五）無能なる教員を免職する事
（六）諸学科の教科書は事情の許す限り原書を用いる事[3]

従来の読書偏重から「口耳手」、すなわち、音声英語と書くこと重視への改革方針が確認されている。また、原書使用の復活案まで登場している。教授法への関心のみならず、授業時間の改正や教員の選抜にも言及されている。高等学校外国語教授の質に関わるかなり踏み込んだ改良案である。

その中で目を引くのが、第三項の文部省への英語教授法研究依頼であろう。第一、二の項で示した志向を文部省が教授法として具現化することを校長たちが希望していると見ることができるが、その真意は高等学校が自立的にこれを開発することの困難と忌避の表明ではないかと推察される。というのは、会議後に第一高等学校長狩野亨吉が答申内容について次のような一種の弁解を吐露していたからである。狩野はまず、「学生の種子は必ずしも粗悪ならざるも之に施すべき肥料乏しく」として、学生の不出来の原因を教授環境の未整備に帰す。すなわち、「読書に偏するは中学よりの弊害なる」のであり、加えて、高等学校の現行制度では「必須科として二ヶ国語を同様に習得さるべからざれば学生は到底その負担に堪えず而して会話の練習は多くも一組二十五人を超過せば勢ひ充分なる能はざるに経費の都合より現制にては一組四十人に上れり」のために、会話の教授ができないのは致し方ないというのである。さらに、「一方大学よりは種々なる注文を受け中学との連絡は殆ど無きに均し」として、帝国大学からの要求への対応が高等学校の教育水準を引き上げる一方で、中学校との教授内容的な接続が分断されていると困惑している。[4] ここには、必須外国語二科目制、大人数の教室、帝国大学の要求、中学校の英語教授法との乖離という高等学校側の四つの苦境が表明されている。

答申は、音声英語、及び、書く力を強化するという方向性をはっきりさせた。しかし、その志向は現実の教授環境が許さないというのが高等学校長たちの本音だったようである。事実、その後の議論では答申の（四）〜（六）は後退し、代わりに狩野が吐露した四つの苦境が協議課題として浮上してくるのである。

2 高等学校外国語主任会議

「高等学校長会議」以降、高等学校の外国語教授問題についての協議の進捗は、しばらく表面に出て来ない。次の進展が報道されたのは、一九〇七（明治四十）年八月五日から十一日にかけて招集された「高等学校外国語主任会議」の経過についてである。牧野文相は七校すべての高等学校の外国語科主任教授、及び、帝国大学各分科大学の教授を文部省に集めた。(5)調査会が設置され、教授内容の検討に着手した一九〇七（明治四十）年五月十六の第一回会合から約三ヵ月後のことであった。この会議では中学校からの参加者はいない。ここでいかなる協議がなされたのか。

『教育時論』第八〇五号（一九〇七）には、八月九日の協議の模様が筆記記録として詳細に報じられている。(6)牧野は冒頭で、欧米列国と比して日本の高等学校が外国語教授に多くの時間を費やしている割に結果が伴わない現状を改善させたいという会議の主旨を説明し、参会者に広く意見を求めた。その後、高等学校、大学の双方から意見が出されるのだが、協議は互いの不十分さを指弾しあう不毛な議論であった。まず大学側が大学生の語学力不足の原因について、「高等学校に於て充分厳格に教授し試験して、容易に及第せざる様にせられたし」と口火を切ると、高等学校側は、大学は学生の語学力が不十分であっても卒業を許しているらしいではないかと反論し、その有り様はすでに高等学校生徒の知れるところであり、高校生が語学を重要視しないのはその結果である、「故に語学の力不足なる者は、大学に於てドシヽヽ落第せしむる方針を採られたし」と切り返すのである。対して大学側は、「若し厳格に採点せば合格する者は一級僅に四五人のみ其他は能くも揃たる不成績者」と、高校卒業者の不出来を非難する有様である。

このように両者は自らの保身に終始するのであるが、協議の最後は「意見の一致」で締めくくられている。いったいいかなる一致点があったというのか。曰く、「以上の如くにして、結局現今の学生等が、語学に対する意気込甚た薄弱にして、何も卒業さへ為すを得ば先可なりとの考へを抱き居る者多しとは、大学及高等学校双方の意見一致せし所」。高等学校でも大学でもなく、原因は学生自身の向学心欠如にあるというのが唯一合意した見解だった。こうして、筆記記録はこれに対する「善後策」を掲げていた：

（一）目下の二種併科の外国語を減じて一種とせん
（二）高等学校の一級の生徒数を減少して二三十人位となすこと(7)

筆記記録によると、（一）に関しては文科大学と法科大学は反対、理科と農科の各大学はやや賛成とされ、一方（二）の、現今一学級に四十〜五十人では会話練習の時間が取れないという主旨の少人数学級案には多数が賛意を示していたとされている。（一）の必修外国語一科目案は専門学務局によるものだが、一九〇六（明治三十九）年十二月十七日から一週間おこなわれた「高等教育会議」において大学側の反対に遭い、一旦は協議先送りにされた経緯があった。(8) しかし、「善後策」として再びここであげられている事実からは、この必修外国語一科目案は文部省側、つまり、牧野がかなり強くこだわった対案だったと思われる。

こうして「高等学校外国語主任会議」は六日間の協議内容を「語学教授法改答案」としてまとめ、翌々日の十一日議長を務めた大島義脩視学官から牧野文相へ提出された。これは、「善後策」の二項目に協議過程で承認されたものを数項目足した内容であった：

「語学教授法改答案」
（一）近年高等学校在学生の多数が、語学に対する研究的精神鞏固ならざるは、其学力薄弱の素因たり。
（二）教授上の一組人員多数なるは教授の成績挙らざる基因の一なれば、人員を減少するの必要を認む。
（三）比較的少数教授をなす為めに、従前より教員を増加する要あり。
（四）従来の二種外国語を一種となすも、一方便たりと思量す。

（別項）高等学校に於ける試験制上外国語に重きを置き及第を厳確に採定する事（某当局者の附帯意見[9]）

（一）は、高等学校と大学が認めた唯一の一致点である。（二）は「善後策」の二つ目のことであり、（三）の教員増員案はこれに付随する制度改革と考えられる。（四）は「善後策」の一つ目の必修外国語一科目案であり、「……（中略）一方便たりと思量す」という控えめな表現からやはり文部省が大学側に配慮している様を窺うことができる。唯一、（別項）が高等学校の実質的な学校運営に関わる内容である。

この「語学教授法改答案」について、次の点を指摘しておくべきだろう。第一に、「教授法」の改良を主旨とした当該会議が最も重視したものが、学び手自身であったこと、第二に、制度的改正案に終始していること、つまり、教授法自体の改良に関する言及がない点である。直後のメディアが会議の成果を不本意な結末として痛烈に批判していたように[10]、高等学校側の対応としては不満の残るものと言うべきであろう。「高等学校長会議」の答申内容にあった音声英語と書くこと重視への外国語教授志向はどこで実現されるというのか。

3　高等学校外国語対策の展開：「問題」としての中学校英語教授法

「語学教授法改答案」が高等学校の外国語教授法改良に言及していない背景と見られる事情について、『教育時論』第七八〇号（一九〇六年）が次のような記事を掲載していた。先述した十二月十七日の「高等教育会議」直前のものである：

近日中に開かれるべき高等教育会議の諮問案として、提出せられんとする高等学校学制改正案は、……（中略）現在の高等学校学生が、修学年限の長さに拘らず外国語の力に乏しきにより、其教授の方法を改めて、読書会話の能を発揮せしめんと欲するものにして、其改良方法に就きては、文部省も管下直轄学校に令して意見を徴し、既に幾多の答申を得居り、此等を参考として目下立案中なるが、此案の通過する事ともあらば、自然中学校に於ける外国語教授法にも、影響を及ぼす事ともなるべしといふ。(11)

ここには、「其改良方法に就きては、文部省も管下直轄学校に令して意見を徴し、既に幾多の答申を得居り」とあり、「高等学校長会議」答申にあった文部省主導の外国語教授法研究を要望する一項は会議前から水面下で検討されていたことが示唆されている。そしてその成果については、すでに直轄学校の意見を「参考として目下立案中」だとされている。また、この時点で高等学校の外国語問題は中学校の外国語教授法に影響するだろうとあることから、「高等学校外国語主任会議」の段階では、教授法の問題は中学校レヴェルで検討することがすでに決定されていたと思われる。この二つの会議の間にしばらくの時間が経過していた背景には、こうした事情があったのである。

もう一つ指摘しておきたいのは、高等学校外国語問題が「高等学校学制改正案」、つまり、学制改革と連動していた点である。第三節で見るように、これが文相牧野の課題であった修業年限短縮問題である。

さて、高等学校外国語教授法改革の中学校への波及を匂わせていた「高等教育会議」であったが、「高等学校外国語主任会議」においてこれが決定的となった。『教育時論』第八〇六号（一九〇七）は次のような記事を掲載している。「……（中略）高等学校卒業生英語力増進方法に就き種々調査研究討議の結果、従来高等学校卒業生が満足すべき英語力の成績を得ざるは、一に高等学校教授法の不備不完全なるに基くものにあらず、其の最大原因は中学校に於ける英語教授法の不完なるに基くものと認む」と。(12)

同会議は、「語学教授法改答案」をとりまとめたあと、このような認識に到達していた。高等学校の教授法に不備はない、原因は中学校のそれであると断言している。ここにきて、高等学校には外国語教授法問題は存在しないものとされ、代わって中学校の問題へと転嫁されているのである。しかも、右の引用に続いて「目下文部省に於ては此方面に向け種々調査研究中なり[13]」とあり、「高等教育会議」の予告通り、「高等学校外国語科主任会議」の時点で文部省は中学校の外国語教授法改良をすでに開始していた。調査会の設置から半年後のことであり、この「調査研究」の場が調査会であったと思われる。

そして、「高等学校外国語主任会議」は「左の数項を基礎とし以来中学校の教授法を改良せられたし[14]」として、「中学校英語教授法改良に関する希望事項」を文部省へ復申した。調査会へ伝えられたと考えられる。

「中学校英語教授法改良に関する希望事項」（復申）
一、綴字の如きものは中学校に於て充分に教授し置く事
一、発音の正確なる事は期望し難しとするも恕すべからざる過誤あらしめざる程度までは練習し置く事
一、普通国語の使用せざる漢語、漢字に習熟せざる為め外国語を理解せしむるに困難なる場合少なからず依て漢学の教授に一層改良を図る事
一、中学校を卒業するまでは普通常用の単語少なくとも四千語を記憶し置かしむる事
一、文法に関し普通の法則が熟達せずして却て細則除外例を暗記するの弊を矯正すること[15]

希望事項は、綴字と発音の徹底、漢学教授、「必修語彙」教授、一般的文法教授を強調している。本節の冒頭で確認した「高等学校長会議」答申の志向であった音声英語と書く力重視を反映した内容だと言えよう。ここに、高等学校外国語教授改革の方針が中学校の英語教授のあり方を規定するという構図が明らかになった[16]。

以上、高等学校外国語問題対策は一つの方向性に決着した。帝国大学側[17]との折衝の末に、高等学校側は学生の学ぶ意欲の覚醒という「一致点」、「必修外国語一科目制[18]」と「少人数クラス制[19]」という二つの制度上の「善後策」をまとめた。一方で、教授法自体の改革は中学校の問題とされた。事実、その後の議論は中学校を前提として継続されるようになる。一九〇八（明治四十一）年四月六日から十三日まで開かれた「高等学校長会議」は大学、高等学校、中学校を網羅する語学問題を再び取り上げたが、そこでは次の三点における改良が必要だとされた。（一）中学校教師、（二）中学校の教授法、そして、（三）中学校の教科書、以上である。[20]そして、（二）の教授法の項目には、「文部省にては、昨年来英語教授法調査会を設け微細なる点にまで調査の歩を進め、昨今稍や成案したる由なれば、何れ近々各学校に向て訓令を発するならん[21]」とあり、調査会による調査が最終段階にあることを伝えている。

第三節　修業年限短縮問題と高等学校外国語教授問題

1　修業年限短縮問題と高等学校外国語問題のリンク

大学修了までの年限が長すぎるという国家指導者層の懸念は、文相井上毅の頃にすでに指摘されていた。[22]帝国大学の高い学力要求水準が高等中学校卒業までに制度外の多くの迂回を余儀なくしていたのである。井上の「高等学校令」の失敗以降、[23]この問題は牧野が引き継ぐこととなった。

牧野が年限短縮の鍵と見たのが、高等学校外国語教授改革であった。当時の教育評論家藤原喜代蔵は、牧野の年限短縮案の内容を「牧野文相の理想なりし」こととして伝えている。すなわち、高等学校（三年制）の必修外国語を二科目から一科目（他の一科目は選択科目）へ減らし、かつ、教授効果を上げる方策を採用する、その結果、高等学校の二ヵ年修了制が可能になるという。[24] 牧野は、二つの必修外国語が高等学校（大学予科）の総授業時間の三分の二を占めており、「高等学校に於て修業年限三箇年を要するは全く之が為なり」[25]と考えていた。しかも、高等学校から開始する二つ目の外国語は生徒にとって最も苦痛であり、実際、「顧ふに第一第二外国語を必修せざるべからざるが為に、生徒の精力を消耗し、二兎を逐ふ者一兎をも獲る能はざる譬の如く」[26]の有様だとする。必修外国語を中学校から学んできた一科目に減らせば修業年限を二ヵ年に短縮することが可能であり、かつ成果も上がると牧野は考えたのである。修業年限短縮と外国語不成績問題を一挙に解決しようとしたのであった。

2　牧野案と抵抗保守勢力

しかし、牧野案に対して高等学校、帝国大学の双方から反論が提出された。高等学校側の反論は、第一に必修外国語を一科目にしてもなお教授法の改良が必須であること、第二に高等学校二ヵ年では生徒の訓育が不十分になる恐れがあるというものであり、一方帝国大学側の反論は、第一に各専門分野を教授するのに依然二つの外国語を修得する必要があること、第二に二ヵ年では教授法を改良したとしても、なお語学力の低下は免れないというものであった。[27] 語学力低下を危惧する論調が両者に共通の、特に帝国大学側の反論の中心となっている。[28]

しかし、牧野にとって高等学校を二ヵ年制にして修業年限短縮を達成するためには、「必修外国語一科目案」をどうしても実現させる必要があった。大学側の反論をかわすためには、教授の効果を確実にする方策を案出することが必須の課題となった。「高等学校外国語主任会議」がまとめた「善後策」――「必修外国語一科目案」と「少人数クラス案」――とは、年限短縮と学力向上実現の切り札として牧野自身が強力に主導した案だったのである。

第四節　牧野伸顕の教育思想と外国語教授観

1　牧野の外国語問題観

「時代の要請」としての英語と学生の無自覚

高等学校生徒を含む日本人学生の英語力への為政者の不満は、牧野が文部次官（当時の文相は井上毅）だった頃にすでに表面化していたと言われるが、[29] 牧野はその最大要因として一貫した見解をもっていた。それは、英語は戦後の世界が日本人に要請しているものという認識が学生に足りないことに尽きるというものである。[30] 牧野はこのことを繰り返し発言しているが、例えば、一九〇六（明治三十九）年十月二十七日の帝国教育会英語教授法研究部第十二回部会に書き送った英文書簡が彼の見解を明快に表現している。[31] 冒頭で牧野は、'The study of the English language may be said to be universal throughout Japan.'[32] という認識を提示する。そして、'. . . the actual results obtained seem to fall by far too short of it.'[33] と現状を批判し、その改善を教授法の改良や熟練教師の力に委ねることに加え、'. . . the pupils themselves should co-operate with their teachers in this work.'[34] だという。生徒が教師に協力するということはどういう意味か。牧野の説明はこうである。'I mean by co-operation that the pupils should show better disposition to learn, and be made to understand the importance of seriously acquiring English systematically. . . . If, indeed, the pupils can be made to appreciate the practical advantages which even partial mastery of English would afford them later in life, the work of the teachers would be much more facilitated.'[35] 牧野にとって、生徒の教師への協力とは英語は時代の要請であるということを彼らが自覚することに他ならなかった。英語の実用的利便性が彼らの将来を明るくするのであり、今少しでも学んでおくべきだという覚悟がなければ、教師の努力も奏功しないと考えていた。

このことを牧野は教授法改良との関連でも言及する。例えば、彼は「高等学校外国語主任会議」後に朝日新聞記者のインタビューで次のように発言している。「英語教授法に関する非難の声は予も亦一理なきものとは信ぜざると同時に従来の教授法を完全なるものとして何処までも之を保続せんとは期し居らず換言せば大に改良して時代の必要に応ぜしめんと欲するの腹案なきにあらず然れども英語使用の幼稚を以て単に教授法の宜しきを得ざる罪なりとなすは幾分か酷なりと言わざるべからず[36]」。教授法の不完全のみに原因をみとめるのは酷であるという。では何が足りないのか。牧野はさらに続ける、「予は即ち教授法の多少不適当なるを見ると同時に我国民全般殊に青年学生が悉く英語の必要を痛切に感じ居らざるが如き傾きにあるも其原因の一ならずやと思ひ居るなり[37]」。牧野の懸念は、教授法の不備よりむしろ、「英語の必要」に無自覚な生徒・学生だった[38]。

「高等遊民」への注視

自然主義思想の著しい拡大と浸透を背景に「個」の意識に強く目覚めた戦後の若者の間には、国家への無関心の態度が醸成されていた[39]。そうしたなか、牧野は都市に学ぶ学生たちの気風を「国家観念の欠如、生産意欲の喪失せるもの[40]」と断じて最も危険視していた。とりわけ、高等学校入学を希望して都会に転居し、志望校に合格できないまま「不健全なる下宿屋に在て不完全なる私立学校に通学し、風紀思想益々頽壊[41]」するに至ったものたち、すなわち、「高等遊民[42]」を激しく攻撃した。時代の要請として英語の必要性を自覚しない若者を牧野は繰り返し非難し、英語教授の最大の失敗要因と見ていたが、それは、「高等遊民」に象徴される青年層の気風一般に対する強い危機感の表明だったのである。

国家主義的実業教育の推進

これに対して、牧野は二重の対策を構想していた。一つは、「教育勅語」の道徳教育的機能と国家主義教育の効果を意図的に活用し、「封建的質朴の気風」の復活を試みたこと、[43] 他方では、実業教育のさらなる推進策である。

第一の思想対策については、文相就任後の一九〇六（明治三十九）年六月九日、牧野は早々に「学生の思想、風紀取締に関する訓令」を発して「高等遊民」撲滅に乗り出す。そこでは、「学生生徒ノ本分ハ健全ナル思想ヲ有シ確実ナル目的ヲ持シ、刻苦精励他日ノ大成ヲ期スルニ在ルハ固ヨリ言ヲ俟タス」と学生像の規範を示し、「現ニ修学中ノ者ニシテ或ハ小成ニ安ンジ奢侈ニ流レ或ハ空想ニ煩悶シテ処世ノ本務ヲ閑却スル」学生、「甚ダシキハ放縦浮靡ニシテ操行ヲ紊リ恬トシテ恥チサル」学生等、[44] 非生産的、「非道徳的」行為に走る学生たちを主たる取り締りの対象にした。[45]

第二の実業教育の積極的推進は、西園寺公望内閣が本来志向していた日本資本主義の発展と国際競争強化という政治思想に基づいていた。そのためには、戦後一旦弛緩した国民の国家への忠誠心を引き締め直すとともに、国民の国際経済戦争への参加を促す必要があった。職工養成の専門教育機関である徒弟学校、実業教育的な高等教育機関等、この時期に設立されたこうした諸学校の目的は以上の政策的文脈の中で理解することができる。[46] また、一九〇八（明治四十一）年の義務教育（小学校）六ヵ年制への延長とそこでの実業科目の増加も上記の動きと連動している。以上、牧野は精神主義教育と実業教育の推進を通して青年の覚醒を目指したのである。

2　牧野の英語必要論と制度的対策

「高等遊民」対策を主とした青年の覚醒と実業教育推進のリンクは、いかなる英語教授を志向させたのか。本項では、牧野の「時代の要請」という英語必要論、その上で選び取られた望まれる英語力の性格について検討したい。

「日常の実用」英語論

牧野は外国語教授のあり方に強い関心を示した高級官僚である。[47] 後年、彼は「時代の要請」としての英語必要論を次のように回顧している。「……（中略）然も将来のことを思ふと外交、学術、文化、貿易の各方面は一層の努力を必要とし、戦争中の遅滞を取り戻して更に進んで国際的な水準に達し、日本人固有の長所を発揮しなければならないのである。そしてその出発点は彼我の個人間の接触であり、凡てはさういふ個人間の意志の疎通、交換から始まるのであって、国際間の交渉にしても個人的な信用がその基礎となり、互に相手を知るには対話が橋渡しをするのである」[48]。日露戦争後の日本は、「各方面」において「日本人固有の長所」を国際社会に発揮する時代にはいる、そしてその第一歩は「個人間の意志の疎通」であり、そこに個々人が外国語を修得する理由が存するというのである。[49] 牧野自身の経歴が色濃く反映された外国語必要論と言えるであろうが、戦後の国際化に向けた新しい日本教育の創造という課題に直面していた当時の指導者層にとっては、牧野の個人的見解以上に必然の論でもあっただろう。

こうした英語必要論に立った場合、学校教育ではいかなる英語が教えられるべきだというのか。牧野は学校教育における英語教授の目的を次のように説明していた。曰く、「元来各学校に於て英語に重きを置かしむる所以のものは時勢の進運に伴ふて外国人と遺憾なく其言文を通じ又は新聞雑誌其他新刊書籍を断えず読解して一身の修養となし若くは各関係事業の上に資せしめんと欲する等其目的は一ならずと雖も要するに之を国民全般に普及し差当り日常の実用に適せしめんと欲するの趣旨に出でず」[50]。

この発言は、第二節第3項で検討した「高等学校外国語主任会議」からの「中学校英語教授法改良に関する希望事項」の趣旨を実用的英語力の教授においた経緯として、会議後に朝日新聞記者に牧野が述べたものである。時勢の進運として「外国人と遺憾なく其言文を通じ」合わせること、様々な活字媒体と接することで「一身の修養」となすこと、さらには、「各関係事業の上に資せしめん」こと、今風に言えば、国際交流や外交、教養、そして、ビジネスといった多様な英語教授目的に牧野は触れている。「之（英語）を国民全般に普及し」ようというのは「其目的は一ならず」だからだという。そして、これらを考慮して中学校段階における教授の目的を「差当り日常の実用に適せしめんと欲するの趣旨」に決したのだとしている。

牧野においては、「差当り日常の実用」に資する類の英語が「国民全般に普及」すべきものであった。そして、この「日常の実用」とは具体的には「高等学校校長会議」が定めた音声英語と書くことを志向する実用的英語力、言い換えれば、「報告」が目指す実学的英語力ということになろう。牧野は、こうした内容の「日常の実用」英語が、国家秩序に位置づけられた若者、日本資本主義の発展に貢献する実業者を養成するために不可欠のものであると見ていたということになる。牧野において、「日常の実用」とは国家戦略の観点から設定される中学生の将来の多様な英語使用場面や学習目的の共通項、あるいは、基礎なのであった。

「普通の学級」と「特別級」

こうした性格を帯びた実用的語学力を、牧野はいかにして実現させようとしたのか。彼の回顧録によると、「此の構想の下に実行上の方法とその他細則に亘って教育者の研究が望ましく[51]」として、自ら次のような構想を考えていた。

まず、「……（中略）私は高等教育を受けた者が悉く語学に熟達するといふのは無理な話であると思ふ[52]」という高等学校の外国語教授への期待について語った上で、したがって、「一般には語学の時間を減少して学生の負担を軽く[53]」する、そして、「学課としての語学を二た組にし、……（中略）特に語学の習得を希望する者……（中略）には別個に学級を編成して授業すべきである。……（中略）本人の意志を尊重して語学の利用を志す学生には今日以上の便宜を与へればいいと思ふ。即ち語学に就ては普通の学級と、将来実際にその知識を利用出来る程度の修養を目的とする特別級とに仕分けて授業する[54]」という案、すなわち、「普通の学級」と「特別級」からなる志望別学級分割構想であった。これによれば、「普通の学級」よりも「特別級」の方に教授の力点が置かれているのは明らかである。この学級は「語学の習得を希望する者」が対象であり、彼らには「今日以上の便宜を与へればいい」とする学級である。そして、その到達点は「将来実際にその知識を利用出来る程度」だとしている。

牧野はさらに、「特別級」の効果について次のように展望していた。「特別組の方は人員も少いだらうし、学力も平均し、質にも懸隔がなく、従って好成績が収められ、今日のやうに語学に対する本人の適否を問はずに一様の教授法に従って教へるのとは、その成績に於て非常な相違を示すことと信じる[55]」。従来よりも均質な高学力集団を集めて、その集団目的に特化した教授法を用いることが可能になる、したがって教授の効果は上がると見るのである。

以上の検討から、牧野構想にとって重要なのは「特別級」である。語学エリートを集結して語学力を向上させることで、危惧される学力低下批判を避けつつ高等学校二ヵ年制を達成するのであり、一方では、国家政策が要請する実学的語学力養成にも対応する構想である。中学校英語の基礎であり、「国民全般に普及」すべきとされた共通項としての「日常の実用」に資する英語力とは、「特別級」、すなわち、国家政策を担う人材育成をも含む語学エリート養成に、より直接的に接続する基礎階梯として位置づいていたと見ることができる。

第五節　結論

本章では、「中等学校ニ於ケル英語教授法調査委員報告」の激しい実用志向の英語教授観の背景に注目して、明治最終盤における国家公認の中学校英語教授法の成立過程を検討した。この時期の中学校英語教授問題は、修業年限短縮という学制上の問題と高等学校の外国語教授問題が絡み合って遂行されたものであり、それは文相牧野伸顕の「時代の要請」としての英語必要論によって強力に主導された。三年制高等学校の二年制への短縮を目指した必修外国語一科目案の決定と志望別学級分割案の実地実験がそれである。一方で、「高等遊民」を中心とした青年層の国家秩序への吸収策も訓令を通して強力に推進された。

調査会の設置と「報告」の成立はこうした模索過程と連動したものであった。その結果、中学校の英語教授に求められたのは、「日常の実用」という基礎的実用力の養成であり、この志向は綴字・発音の徹底、必修語彙、帰納的文法教授の強調となって、「中学校英語教授法改良に関する希望事項」を経由して「報告」に盛り込まれた。一方、「高等遊民」対策は教員による集団指導体制の強化と生徒の自学自修の習慣形成の促進として表現された。「報告」は、牧野の構想を具現化したのである。

以上の検討から、「報告」の性格に関して以下の点が指摘できよう。その第一は、「報告」が志向する英語教授は、「上から」選び取られた教授目的、内容、程度、そして、方法から構成されるという性格である。このことは、中学校の英語教授が帝国大学を頂点とした学校制度の硬直した伝統的ヒエラルキー構造に規定されつつ、当時の実業教育重視策によって実業界という一部の私的利益に奉仕するものとして構想されていたことを意味する。

第二に、「報告」の実用志向の国家主義的エリート主義的性格である。日露戦争後の国家戦略との強い連関から成立した「報告」の志向は、国家政策を担う語学エリート養成を展望したものであり、学習者個々人の知的、経済的自立のための知識ではなく、権力的に選択された所与の国家目標実現のために使用される受動的な実用英語という性格だった。

「報告」発表のちょうど一年後、今度は東京高等師範学校附属中学校の英語科教授細目が作成され、全国の中等学校へ配布される。本章の冒頭でふれたように、この教授細目は「報告」とは異なる中学校英語教授試案であった。次章では、この試案の政策的意味を考察する。

参考文献

（1）松村幹男『明治期英語教育研究』辞游社、一九九七年、一一二―一一三ページ。
（2）開発社「高等学校外国語教授改良」『教育時論』第七六〇号、一九〇六年、三十四ページ。
（3）英語青年社「外国語教授法問題」『英語青年』第十五巻第五号、一九〇六年、一一九ページ。
（4）英語青年社、上掲雑誌、一九〇六年、一一九ページ。
（5）出席者は、高等学校から畔柳（第一）、粟野（第二）、江藤（第三）、茨木（第四）、遠山（第五）、三宅（第六）、小松原（第七）、帝国大学からは土方・岡野・松崎（法科）、上田・坪井（文科）、井ノ口・三好（工科）、田中舘・寺尾（理科）、和田垣（農科）、文部省からは牧野（文部大臣）、澤柳（文部次官）、福原（専門学務局長）、大島（議長・視学官）。開発社「高等学校外国語科会」『教育時論』第八〇五号、一九〇七年、三十七ページ。
（6）開発社、上掲雑誌、一九〇七年、三十七ページ。
（7）開発社、同掲雑誌、一九〇七年、三十七ページ。
（8）「高等教育会議」は、明治後期の学制研究に主要な役割を果たした文部大臣の諮問機関（一八九六年十二月設置）である。一九〇六（明治三十九）年の会議では高等学校の外国語科目を一科目制に改正する案が諮問される予定であった。しかし、「大学側に種々の議論ありて、未だ纏まるに至らず、従って今回の会議には諮問せられざるべしといへり」として先送りされている。この案が高等学校外国語問題の一策としてこの時点ですでに公になっているこ
とがわかる。開発社「高等教育会議雑聞（上）」『教育時論』第七八一号、一九〇六年、三十四ページ。

(9) 開発社、同掲雑誌、一九〇七年、三十七ページ。なお、「語学教授法改答案」は次の雑誌、新聞にも掲載された：英語青年社「語学教授意見書」『英語青年』第十七巻第十一号、一九〇七年、二六二ページ、『萬朝報』編集委員会「言論 高等学校の外国語」『萬朝報』日本図書センター、一九八六年、明治四十年八月十八日付。この二つの掲載内容は全く同じだが、本章で使用した『教育時論』のものとは多少の違いがある。ただし、主旨は同じ。

(10) 「語学教授法改答案」が公になった直後の反応は、『教育時論』が「過日開催の高等学校外国語科主任教授会が、格別これぞといふ名案も無く、畢竟困難は依然困難なりと答申せしに止まり……（後略）」（開発社「英語科問題」『教育時論』第八〇六号、一九〇七年、三十八ページ）、『萬朝報』も「外国語不足の原因を生徒の語学に対する趣味の減退、学課の負担過重に在りとし、責を社会の趨勢及び現制度の不完全に帰し、教授等自身は出来得る限り其責務を尽し居れりと云ふ、無責任も亦甚だしからずや」（『萬朝報』編集委員会、上掲書、一九八六年、明治四十年八月十八日付）と酷評している。さらには、『教育時論』は「爾来吾等は、外国語科の不進歩をば、単に外国語科会によりて改善せんとするは、余り正直過ぐ」と苦言を呈し、もっと広い視野からの検討が不可欠として、次の三点を提言している。国語漢文力の不足、中学の英語の限界、文部省英語教員試験、以上である。開発社、上掲雑誌、一九〇七年、三十八ページ。

(11) 開発社「高等学校の外国語」『教育時論』第七八〇号、一九〇六年、三十八ページ。

(12) 開発社「英語問題と中学校」『教育時論』第八〇六号、一九〇七年、三十八ページ。

(13) 開発社、上掲雑誌、一九〇七年、三十八ページ。

(14) 開発社、同掲雑誌、一九〇七年、三十八ページ。

(15) 開発社、同掲雑誌、一九〇七年、三十八ページ。

(16) 「高等学校外国語主任会議」が中学校へ要求事項を提出したことを受けて、『教育時論』は大学が大学予科である高等学校へ種々要求するのは当然だが、高等学校が中学校へ要求するのは「中学校教育はあくまで高等普通教育」の見地から「根本的誤謬」として文部省を批判しつつ、「……（中略）高等教育学校は、中学校卒業生の平均的学力を

基礎として、其の上に専門学芸教育を施すべきなり」という批判を展開した。開発社「中学校の英語に就て」『教育時論』第八〇七号、一九〇七年、四十六ページ。

(17) 帝国大学側に課されたものは公式には何もなかった。会議直後に報じられた次の記事が、実用重視の答申内容に対する大学側の冷ややかな態度を象徴していると思われる。曰く、「大学側の云ふを聞くに、……（中略）殊に会話作文等の実用的語学は、大学間には下町語学と称して、多少卑しむ弊風あれば、……（中略）専門に属する外国文書を読み、且つ科学的語学を解する点に於ては、断じて世の非難するが如き浅学なるものにあらず」。開発社「大学生の外国語」『教育時論』第八〇六号、一九〇七年、三十七―三十八ページ。

(18) 「必修外国語一科目制」はその後、「イ．純一種外国教授説、ロ．強制語科随意語科並置説、ハ．主要語科絶対多時間説」の「三説」が検討されたが（開発社「外国語科と当局」『教育時論』第八〇六号、一九〇七年、三十八ページ）、一九一一（明治四十四）年七月公布の「高等中学校規程」で第二外国語は随意科目となった（教育史編纂会『明治以降教育制度発達史』第五巻、龍吟社、一九三九年、一三九ページ）。以上から、最終的にはロの案が採用されたと考えられる。

(19) 本研究では最終的な「少人数クラス制」の姿を跡づけることができなかった。一九〇八（明治四十一）年度実施に向けて、教員の増員、教室設備の確保と必要経費の検討がなされていることが、開発社「外国語科と当局」『教育時論』第八〇六号、一九〇七年、三十八ページ、及び、同「高等学校外国語問題」第八一〇号、一九〇七年、三十六ページに認められる。さらに、分割方法、授業時間の減じ方や教授効果確認のための実地実験が、少なくとも明治末年まで継続されていたことが、開発社「高等学校外国語問題」『教育時論』第八四〇号、一九〇八年、三十四ページ、同「高等学校長会（続）」第八六六号、一九〇九年、四十ページ、及び、文部省「学校長会議」『文部省第三十八年報』、一九一〇年、四―六ページ、同「学校長会議」『文部省第三十九年報』、一九一一年、五―六ページに見ることができる。

(20) 開発社「語学問題」『教育時論』第八二九号、一九〇八年、三十六ページ。

(21) 開発社、上掲雑誌、一九〇八年、三十六ページ。

(22) 大学あるいは専門教育終了年齢が欧米の二十一～二十二歳に較べて日本は二十七～二十八歳と遅いために、個人としても、国家運営の観点からも損失であるとされた。一八九三（明治二十六）年六月の「中学学則取締委員会報告」は、「現時ノ教育ニ就キ不完全ノ点」として次の三項目をあげた。すなわち、「一．修業年限ノ過長ナルコト、二．教科ノ繁多ニ失スルコト、三．教法理想ニ偏シ応用ニ乏シキコト。」内田糺「明治後期の学制改革問題と高等学校制度論」『国立教育研究所紀要』第九十五巻、一九八七年、六―七ページ。

(23) 井上毅の修業年限短縮策は、一八九四（明治二十七）年六月の「高等学校令」として結実した。大学予備教育化していた高等中学校を、専門教育を本体とする「高等学校」とし（これに大学準備教育をおこなう三年制の大学予科を附設）、国家有為の人材を短期間に輩出することを意図した。しかし、現実には学生は大学予科に殺到し期待された結果とはならなかった。第一章参照。

(24) 藤原喜代蔵「牧野文相の学制改革企画及其内容」『今後の教育を如何にすべき乎』金港堂、一九一三年、二十二―二十五ページ。

(25) 藤原喜代蔵、上掲書、一九一三年、二十四ページ。

(26) 藤原喜代蔵、同掲書、一九一三年、二十四ページ。

(27) 藤原喜代蔵、同掲書、一九一三年、二十五―二十六ページ。

(28) 当時の教育界の一般的な反応は反牧野案であった。藤原喜代蔵、同掲書、一九一三年、二十五―二十六ページ。

(29) 牧野伸顕「外国語のこと」『回顧録Ⅱ』文芸春秋社、一九四八年、二三三―二三四ページ。

(30) 牧野はこの主張を、明治初期の英語教授状況との比較においても正当化している。例えば、「我国維新の前後外国語に関する書籍及び教授の機関が今日の如く十分ならざりしにも拘はらず尚且其使用力を養ひ得たる所以のものは畢竟当時の修学者は外国語必要の痛切を各自に感じ断簡零墨と雖も之を粗末にせず或は外字新聞の反古により若くは字書を謄写するなど苦心惨憺して之を習読したるに由る」。牧野伸顕「牧野文相の英語教授法意見」英語青年社『英語青年』第十七巻第十二号、一九〇七年、二八五ページ。

(31) 文相牧野の英文書簡は、以下の英語雑誌も取り上げていた。牧野伸顕「牧野文相の書簡」英語青年社『英語青年』第十六巻第三号、一九〇六年、六十七ページ、及び、牧野伸顕「牧野文相の英文書簡」国民英学会『中外英字新聞』第十三巻第十一号、一九〇六年、三四六ページ。

(32) 牧野伸顕「牧野文部大臣の英文書簡」帝国教育会『教育公報』第三一三号、一九〇六年、三十二ページ。

(33) 牧野伸顕、上掲雑誌、一九〇六年、三十二ページ。

(34)牧野伸顕、同掲雑誌、一九〇六年、三十二ページ。
(35)牧野伸顕、同掲雑誌、一九〇六年、三十二ページ。
(36)牧野伸顕、上掲雑誌、一九〇七年、二八五ページ。
(37)牧野伸顕、同掲雑誌、一九〇七年、二八五ページ。
(38)牧野のこの英語教授問題観は文部大臣辞任後も一貫していた。以下の資料を参照されたい：牧野伸顕「片々録：牧野男爵の語学に関する談話」英語青年社『英語青年』第二十巻第十号、一九〇九年、二四六ページ、及び、牧野伸顕「Baron Nobuaki Makino's Views on the Importance of Foreign Language Study to the Nation」『英語教授』第二巻第二号、一九〇九年、五―七ページ。
(39)岡義武「日露戦争後における新しい世代の成長」『岡義武著作集』第三巻、岩波書店、一九九二年、二三〇―二三五ページ。
(40)本山幸彦「独占資本主義への傾斜期における明治国家の教育思想」『明治国家の教育思想』思文閣出版、一九九八年、三四二ページ。
(41)小松原英太郎君伝記編纂委員会「学制改革問題」『小松原英太郎君事略』東京印刷、一九二四年、一〇六ページ。
(42)日露戦争後の高等学校合格率は、31・2％（一九〇五年）、28・6％（一九〇六年）、30・8％（一九〇七年）、20・5％（一九〇八年）と低く、多くの「高等遊民」がいたことが推察されている。斉藤利彦「進学競争の世界」『試験と競争の学校史』平凡社、一九九五年、二一二ページ。
(43)本山幸彦、上掲書、一九九八年、三四〇―三四三ページ。
(44)教育史編纂会、上掲書、一九三九年、七ページ。
(45)「学生の思想、風紀取締に関する訓令」は日露戦争後の教育政策の中で最初の思想統制である。その後の「戊申詔書」の煥発（一九〇八年十月十三日）、「三教会同」計画、青年団体設立奨励等も、天皇や宗教等を教育に動員して支配体制の安定を図る試みだった。岡義武、同掲書、一九九二年、二四五―二四九ページに詳しい。
(46)例えば、この時期に増設された高等の実業学校には、熊本高等工業学校、仙台高等工業学校（ともに一九〇六年三月）、東北帝国大学（一九〇七年六月）、奈良女子高等師範学校、鹿児島高等農林学校、第八高等学校（いずれも一九〇八年三月）があり、実業教育の推進が図られた。本山幸彦、同掲書、一九九八年、三四九―三五〇ページ。

(47) 牧野は主に外交官としておよそ十年間の海外生活、勤務経験を持っている。牧野の経歴については、牧野伸顕「年譜」『回顧録Ⅲ』文芸春秋社、一九四八年、二五二―二五八ページに詳しい。
(48) 牧野伸顕、上掲書、一九四八年、二二五ページ。
(49) 牧野は「これ等のことは個々の例に過ぎないが、此種の経験は私に限ったことではないと思ふ」として、外交官時代に「原文の電報を満足に書くことが出来ない」在外公館員、「語学が不自由な為外国の同僚及び土地の人との交際を面倒がって在留の日本人同志と往来し、任地の事情とか国際情勢を究めることが疎そか」だった外交官などをあげて、「私は常に此のことを遺憾とした」と述べている。牧野が「個人間の意志の疎通」という場合、こういった体験が念頭にあったと思われる。牧野伸顕、同掲書、一九四八年、二二四―二二五ページ。
(50) 牧野伸顕、同掲雑誌、一九〇七年、二八五ページ。
(51) 牧野伸顕、同掲書、一九四八年、二二七ページ。
(52) 牧野伸顕、同掲書、一九四八年、二二六ページ。
(53) 牧野伸顕、同掲書、一九四八年、二二六ページ。
(54) 牧野伸顕、同掲書、一九四八年、二二六ページ。
(55) 牧野伸顕、同掲書、一九四八年、二二七ページ。

第七章　東京高等師範学校附属中学校における英語教授改革

第一節　はじめに

文部省の英語教授法調査会が、日露戦争後の帝国主義的経済膨張政策に対応させた――実業界の発展に奉仕するための語学エリート養成を展望した――激しい応用主義・実用主義を志向する中学校英語教授改革試案「中等教育ニ於ケル英語教授法調査委員報告」（以下、「報告」）を発表したちょうど一年後、一九一〇（明治四十三）年一月二十二日、今度は東京高等師範学校附属中学校が約三年ぶりに各科教授細目を改訂した。東京高師は日本の中等教員養成の総本山であると同時に、中等教育教授法開発のセンターである。そこで開発される教授法は規範性をもって地方の中学校へ伝達されている。本章の課題は、この英語科教授細目（以下、「四十三年附中細目」と呼ぶ）に込められた中学校英語教授の志向を分析することである。

明治四十年代の東京高師では、卒業生たちが西洋近代語教授改革運動に学んだ英語教授法案を各自の中学校の教室で応用、実践し始めたころであり、[1] その際教生の指導にあった人物が英語科主任の岡倉由三郎だった。[2]「四十三年附中細目」はこの岡倉の教授理論が具現化されたものと言われている。[3] 岡倉は「報告」作成メンバーの一人でもあり、したがって、「四十三年附中細目」は「報告」の近代的な志向の延長線上に位置する応用主義の英語教授案であろうことを推測させる。ところが、実際に中身を検討してみると、「報告」とはかなり異質の保守的達成目標が構想されていたのである。本章では、「報告」における応用主義、実用主義の英語教授理論との対比を意識しつつ、「四十三年附中細目」の教授理論上の特質を分析し、東京高師における英語教授法改革の外国語教授政策上の意義を考察する。

東京高師の後身、東京文理科大学（一九三一）によれば、明治四十年代の附中における英語教授改革の特色が次のように説明されている：

明治四十年教授細目改訂の頃から従来の講読を主とした教授法に改善を加え、欧米の語学新教授法の精神を取り入れ、直読直解の読書力を養ふために、まづ音声の英語を解することに力を注ぎ、初年級にては聞き方を中心とし、まづ教材を聞き方にて授け、次に之を言ひ方にて練習し、次に読み方にて練習し、最後に書き方にて練習せしめることとした。読本は従来ナショナル、リーダーを用ひたが、此の頃から英書を愛読する習慣を造らせる目的で、第三学年以上に程度を低くして興味ある書を選び、副読本として用ひた。(4)

この引用からは、文部省の「報告」との類似性を指摘することは容易である。「欧米の語学教授法の精神」の摂取、すなわち、「聞き方」、「言ひ方」、「読み方」、「書き方」の指導上の順次性に見える「音声第一主義」による教授過程の統一という改善の志向である。

しかし、他方では両者の異質性にも気づくことができる。それは、「報告」が音声英語力、英作文力を含んだ意思疎通のための総合的な応用力を目指していたのに対して、「四十三年附中細目」における改定作業では「読書力」が中学校英語教授の目標として一元的に選択されている点である。その「読書力」とは「直読直解」という類の読解力とされ、[5]その獲得のためには「音声の英語」を理解することが前提とされている。また、そのための教材は教科書「ナショナル・リーダー」を主として、その他にも易しめの副読本を使用するとされている。以上の異質性を念頭におきながら、以下では「四十三年附中細目」の分析を通じて附中の英語教授改革の特徴的性格を析出していく。

第二節　「四十三年附中細目」の内容

一九〇二（明治三十五）年二月の「中学校教授要目」公布以降、各中学校はこれに準じた教授細目の作成を指示された。これに伴い、附中では作成した細目を学校要覧に掲載している。「四十三年附中細目」はその三年前の一九〇七（明治四十）年六月作成の教授細目（以下、「四十年附中細目」と呼ぶ）の改訂版として成立したものであったが、この「四十年附中細目」の作成は一九〇四（明治三十七）年四月に開始されている。その経緯は、まず教官会議の中で細目の体裁等が協議され、同年九月から細目内容の整理が本格化し、翌年一九〇五（明治三十八）年三月に各科目の細目草案が仕上がり、同四月に各教官に配布されている。[6]この草案が実地授業や各科目主任会での調整、修正を経て完成版となった。[7]「四十三年附中細目」は、この「四十年附中細目」に実地の経験と研究をさらに加えて成立したものである。[8]明治四十年代の二つの英語教授細目はその不完全さとさらなる実地経験と研究の必要性の自覚の上に成立し、官公立の他、私立の中等学校へも配布されている。[9]「報告」を間に挟んで東京高師が作成した二つの細目間でどのような変更がおこなわれたのか。さっそく、細目の内容を分析していこう。

表1と表2を比較すると、「四十三年附中細目」における附中の英語教授が著しく構造化されていることが明

一　細目編纂の趣旨

　イ、第一学年第一学期の第一週には、一定の課程を設けず。是附属小学より来るものと、他の諸学校より入学し来るものとして、英語に関する既得の知識、殊に発音を製一ならしむる練習に充てんが為なり

　ロ、発音及綴字

　ハ、読方及訳解（附、聴取及暗誦）

　ニ、文法

　ホ、会話及作文

　ヘ、書取

　ト、習字

　チ、予習及復習（附、辞書）

二　細目

　第一学年

　第二学年

　第三学年

　第四学年

　第五学年

表1：「四十年附中細目」の内容

出典：東京高等師範学校附属中学校、1907年、197－201ページより筆者作成。

白である。「四十三年附中細目」は、「一　細目編纂の趣旨及び教授上の注意」（以下、「注意」と略す）、「二　要目配当表」（以下、「配当表」と略す）、及び、「三　細目」（以下、「細目」）の三部から構成されている。そのうち、「注意」では「一、教授の目的」から「六、教授時間の配合」までにおいて、附中英語教授の理論的枠組みが詳細に説明されている。この理論的説明をうけて、「七、各教授事項の目的・材料及び方法の大要」で実際の教授上の手順が「目的」、「材料」、「方法」の三つの観点から内的連関性をもって説明される。以上の合理に基づき、続く「配当表」と「細目」において具体的な教材（教育内容）の選択と配列が示されるという構造である。教授の目的・価値、方法、及び、内容の三者が内実的統一をもって提示されている。

一　細目編纂の趣旨及び教授上の注意
　一、教授の目的
　二、授くべき材料の程度
　三、各方面の教授の関係及び配合
　四、本科に実用上の価値と心的陶冶の価値とあり
　五、本科教授事項の区分
　六、教授時間の配合
　七、各教授事項の目的・材料及び方法の大要
　　第一、聴方及び言方（会話を含む）
　　　教授の目的
　　　教授の材料
　　　教授の方法
　　　　一、第一・第二学年の教授
　　　　二、聴方
　　　　三、聴方の練習
　　　　四、初級の言方練習
　　　　五、暗誦
　　第二、読方（訳解を含む）
　　　教授の目的
　　　教授の材料
　　　教授の方法
　　　　一、初歩
　　　　二、誦読
　　　　三、新語句
　　　　四、解釈（訳解を含む）
　　第三、書方（作文、書取、習字を含む）
　　　教授の目的
　　　教授の材料
　　　教授の方法
　　　　一、書方
　　　　二、書取
　　　　三、習字
　　第四、教授一般に関する注意
　　　　一、発音及び綴字
　　　　二、文法
　　　　（イ）教授の材料
　　　　（ロ）教授の方法
　　　　　（一）第一、第二学年に於ける文法の付帯的教授
　　　　　（二）帰納的教授
　　　　三、英語を用ふる場合と国語を用ふる場合
　　　　四、外国人教師の受持
　　　　五、予習及復習（附辞書）
二　要目配当表
三　細目
　第一学年
　第二学年
　第三学年
　第四学年
　第五学年

表２：「四十三年附中細目」の内容

出典：東京高等師範学校附属中学校、1910年、223－238ページより筆者作成。

第三節　教授の目的・価値

本節では、「四十三年附中細目」の強い合理的説明力の源泉を探るために「注意」の検討をおこなう。その合理性は、第一に附中英語教授の目標が読解力であるべきこと、第二に読解力は音声英語を前提にすべきこと、第三に英語の分科を機能の観点から再編成すべきこと、第四に帰納的思考という形式陶冶の育成が達成されるべきこと、以上に集約されている。

1　「普通の中学生」に対する「読書力」養成

「四十三年附中細目」では、附中における英語教授の目的が中学卒業時の到達目標とその設定理由とともに極めて明快に説明されている点が注目される。すなわち、「一、教授の目的」は、文部省の「中学校教授要目」が聴き、読み、話し、書くことの相対的な重要性に言及していない点を指摘した上で、「四十三年附中細目」は読むことを重く見るとし、その第一義性を次のように説明する。「我国今日の状態を鑑みれば、中学校卒業者の多数が当該外国語を最も多く利用するは書籍・新聞・雑誌等を読む方面にして、之を聴き、話し、書く場合は遥かに少きが故に、当校にては本科教授の主眼目的を読書力の養成に置き、他の方面は読書力を養ふ手段として授くることとす」[10]。ここには、現実の中学生の英語要求の観察に立った英語教授の「主眼目的」が選択されている。その目的とは「読書力」であり、他方「聴き」、「話し」、「書く」の「他の方面」は「読書力を養ふ手段」という階層的位置づけがなされている。

さらに、「二、授くべき材料の程度」において、中学校の「読書力」到達レヴェルが現実の中学生の実態に即して次のように設定されている。「普通の能力を有する生徒の進歩し得る程度を基とし、之に卒業生の向ふ高等の学校、或は各種実務界の要求を参酌し、年来実験の結果、読書力の方面にてはナショナル第五読本（難渋に過ぐる章を除く。細目に就きて見るべし）の程度、言方・書方の方面にては第三読本の程度を以て教授の到達点と定む」[11]。「普通の能力を有する生徒」が五年間で到達できるレヴェルを考慮する一方で、「高等の学校」と「各種実務界」という外部の要求にも対応しようとしている点は、「報告」の実業界に奉仕するエリート主義的目的観と対比した場合、附中における到達目標のあいまいさを見てとることができる。この結果、教授目的である読解力の程度は「ナショナル第五読本」、話すことや書くことについてはその「第三読本」とされている。

2 「直読直解」の基礎としての音声英語

前節で、附中では音声英語の教授が「直読直解」という性格の「読書力」養成の手段とみなされている点を指摘したが、それでは音声英語の獲得が文字言語の世界に参入するための前提という把握の仕方は何を根拠としているのか。「三、各方面の教授の関係及び配合」は、まず「直読直解」の性格を次のように説明する。曰く、「漢文を読むが如く、声音を離れて邦語の返り読みをなさしむることならば聴方・言方等は読方に対して大切なる関係なかるべき」[12]。「直読直解」とは「漢文を読むが如く」音声から離れた「返り読み」ではない類の読解力なのであり、それは「原文を其儘堅読して理解させようといふ傾き」[13]を有し、「外国語を読むに外国人の通り」[14]に読む読解力、これが「直読直解」であった。

ここには、英語母語話者が獲得する類の読解力が想定されている。このような性格の読解力をつけるためには、「文字を読みて解する力の基礎として、先づ音声の英語を聞きて解する力を養はざる可からず」[15]となるのである。さらに、「了解の力は進歩速なれども、発表の力は進歩頗る遅き」[16]という、言語の「了解」面と「発表」

面という機能的把握によって、附中の英語教授には指導における以下のような順次性が付与されている。「初級にては聴方を以て中心とし、最初は教材を先づ聴方にて授け、次に言方にて練習し、次に之を読方にて練習し、最後に之を書方にて練習することとす[17]」。「聴き方」→「言い方」→「読み方」→「書き方」――「音声から文字へ」――という教授原理である。

以上、附中の英語教授改革では読解力をその最終目標として、音声英語の理解力がそのベースであるとする近代語教授理論における「音声第一主義」の方法原理が展望されていた点を確認することができる。

3　教授事項の機能的再編成

前節では、「音声」対「文字」、及び、「了解」対「発表」という二つの軸によって、言語が「聴方」、「言方」、「読方」、及び、「書方」という四つのカテゴリーに分類されたこと、これらの分科の教授において順次性という体系が与えられたことにふれたが、このことはまた、教授「活動」あるいは教授「内容」を表していた従来の分科名が言語の「機能」を表す分科名へと変更されたことでもある。表3は、従来の英語の分科と再編後のそれを比較したものである。

「四十三年附中細目」の「注意」中、「五、本科教授事項の区分」には分科再編の事由が明示されている。そこには、例えば従来の「訳解」や「会話」は「読方」や「聴方・言方」を教授するための一活動にすぎないのであり、同様に「書方」を教授する方法は「作文」という活動以外にもあるという認識が示されている。このことによって、附中の英語教授実践は所与の「活動」をおこなう営みから、言語の「機能」習得のためにおこなう実践へと変更されたのであり、さらに言えば「活動」は「機能」習得のために創造すべき対象となった。

この結果、附中の英語科では両者の対応関係が表4のように明示されている。例えば、従来の「会話」は「聴

表3：附中における新旧英語分科の比較

「四十年附中細目」	「四十三年附中細目」
発音及び綴字 読方及び訳解（附、聴取及暗誦） 文法 会話及び作文 書取 習字	聴方及び言方（会話を含む） 読方（解釈を含む） 書方（作文、書取、習字を含む） 発音及び綴字 文法

出典：東京高等師範学校附属中学校、1907年、197－200ページ、及び、同、1910年、226－238ページより筆者作成。

表4：附中における英語分科の再編

「四十年附中細目」（活動言語）	「四十三年附中細目」（機能言語）
会話・書取	聴方
読方（音読の意）・会話	言方
訳解	読方（解釈の意）
書取・作文・習字	書方
文法	発音・綴字・文法

出典：東京高等師範学校附属中学校、1910年、225－226ページより筆者作成。

方」と「言方」という二つの言語機能を含みこんでいたこと、「書取」は「聴方」と「書方」に関する機能を統合した活動であったことを、それぞれ示している。また、「発音」、「綴字」、及び、「文法」は「其所属諸方面に跨るものは便宜上教授一般に関する注意の條に記せり[18]」と分類され、これらの分科は四つすべての機能の獲得に横断的に関与する分科という新しい把握が与えられている。

4　「心的陶冶」という教育的価値
——帰納による抽象——

「四十三年附中細目」が言語機能の獲得という意志を明確にした点を述べてきたが、そのための鍵とされたものが「心的陶冶」として自覚された思考法であった。「心的陶冶」とはどのような価値なのか。「注意」中、「四、本科に実用上の価値と心的陶冶の価値とあり」において岡倉はこう説明する。「此心的陶冶の価値は読書・作文・会話等実用的練習に伴ふ副次的産物なれども、若し全く之を眼中に置かずして、た、自然に生じ来るを待つのみならば、却って此方面の利益をも収め得ざるのみならず、延きて実用上にも正確なる知識を得る能はざるに至る」[19]。あくまでも実用的言語訓練が主眼であるが、「心的陶冶」の側面が自覚されていなければその実用力すらも達成されないもの、それが「心的陶冶」であるという。すなわち、「心的陶冶」とは「分解総合等」[20]だと岡倉は表現する。「分解」と「総合」とは、言い換えれば、帰納と演繹といった近代科学の方法である。実用力のあるものとして言語を習得するには、帰納による抽象と演繹を通じた応用力という思考法によらなければならないというのである。

次節で取り上げるように、こうした科学的思考法は、文法教授をはじめとして附中における英語教授のあらゆる局面で強調されていた。

第四節　教授の方法

本節では、前節で捉えた最終目標としての「直読直解」と「音声第一主義」によるその達成、英語教授の機能主義的再編、及び、帰納的思考法の陶冶といった教授理論が附中の英語教授法の様々な次元で実現されている点に注目していこう。

表5は、一九〇七（明治四十）年と一九一〇（明治四十三）年の附中細目における教授内容とそれらの時間配当を学年別に比較したものである。表中、各学年中の太字は授業時間を分けて教授する、いわば、「科目」に相当し、括弧内の数字はそれに配当された一週あたりの授業時間数を示している。他方、その下段にはそれらの「科目」の中で教授される分科を表示している。すなわち、実際の教授においては「此等諸方面を同一時間に互いに

表 5：附中英語の教授内容

「四十年附中細目」	「四十三年附中細目」
第 1 学年（1 週 6 時間） **読方訳解**（5）、**習字**（1） 読方、訳解、書取、会話、 文法、作文、習字	第 1 学年（1 週 7 時間） **読方**（5）、**習字**（1）、**他**（1）* 言方、聴方、読方、書方、文法、習字
第 2 学年（1 週 6 時間） **読方訳解**（6） 読方、訳解、書取、会話、 文法、作文、習字	第 2 学年（1 週 7 時間） **読方**（5）、**習字**（1）、**他**（1）* 言方、聴方、読方、書方、文法、習字
第 3 学年（1 週 7 時間） **読方訳解**（5）、**文法**（1）、 **会話**（1）（聴取、暗唱を含む） 読方、訳解、書取、会話、 文法、作文、習字	第 3 学年（1 週 7 時間） **読方**（5）、**文法**（1）、**他**（1）* （副読本） 言方、聴方、読方、書方、文法
第 4 学年（1 週 7 時間） **読方訳解**（4）、**文法**（1）、 **作文**（1）、**会話**（1） （副読本） 読方、訳解、書取、会話、文法、作文	第 4 学年（1 週 7 時間） **読方**（4）、**文法**（1）、**書方**（1）、**他**（1）* （副読本） 言方、聴方、読方、書方、文法
第 5 学年（1 週 7 時間） **読方訳解**（3）、**文法**（1）、 **作文**（1）、**会話**（2） （副読本） 読方、訳解、書取、会話、文法、作文	第 5 学年（1 週 7 時間） **読方**（4）、**文法**（1）、**書方**（1）、**他**（1）* （副読本） 言方、聴方、読方、書方、文法

出典：東京高等師範学校附属中学校、1907 年、2－3 ページ、201－218 ページ、及び、同、1910 年、238－273 ページより筆者作成。
備考：「四十三年附中細目」欄の各学年中にある * 印は、科目名が不明だったため「他」とした意。

関係せしめ、特に示したる場合の外は、一方面の為に時間を分割することをなさず[21]」と、複数の分科を統一的に扱うように指示されている。具体的には、「四十年附中細目」の第一学年では週五時間配当の「読方訳解」の中で「読方、訳解、書取、会話、文法、作文」を、同様に「四十三年附中細目」の第一学年では週五時間配当の「読方」の中で「言方、聴方、読方、書方、文法」を関連づけて教授せよという具合である。

以上のように、附中の英語科では教師に分科の統一的教授を求めているが、その際の中核とみなされた科目が「読方訳解」もしくは「読方」であり、読解力を最終目標とする附中英語科の性格がここに表現されている。そして、その際使用された教科書が全五巻からなる「ナショナル読本」（*The New National Readers*）である。附中英語科は読本、副読本、英習字、文法、作文といった教科書を使用していたが、本章巻末にはそのうち「読方」に関連する読本と副読本について、その学年配当内容を示しておいた（一八四ページ、付録1）。これらを見ると、「四十年附中細目」から「四十三年附中細目」にかけて副読本の充実が著しい。次項で見るように、副読本の充実とは「直読直解」の達成を目指したものであった。

1　「ナショナル読本」と副読本の連携

「直読直解」養成の基礎としての音声英語教授、及び、「聴方」、「言方」、「読方」、「書方」への順次性の付与は、附中英語における「ナショナル読本」の使用方法、副読本の必要性、及び、両者の使い分けを規定していく。すなわち、「理想としては、第一・第二読本の程度の英語は先づ悉く聴方にて授け、之を言方・読方又び書方にて十分に練習する」[22]ことであるとし、低学年における「ナショナル読本」の主な使用目的が「聴方」教授にあるとされている。「理想としては」と譲歩しているのは、本来ならば第二読本を四つの機能すべての教授に使用したいのだが、中には「文の形式多きに過ぎ、之を発表方面の材料とするに余り複雑・不順序なるのみならず、聴方の材料としても困難なる部分少なからず」[23]、現実には主に「聴方」教材として使用せざるを得ないとしたのである。ところが、高学年では「第四読本以上文章語漸く加はるに至れば、反対に読方にて了解せしむる部分を次第に多く」[24]するとされ、書き言葉が多くなる第四読本以降は「読方」教材として使用するとされている。

図1は、以上の説明に基づいて「直読直解」を目指す「ナショナル読本」の使用方法を図示したものである。

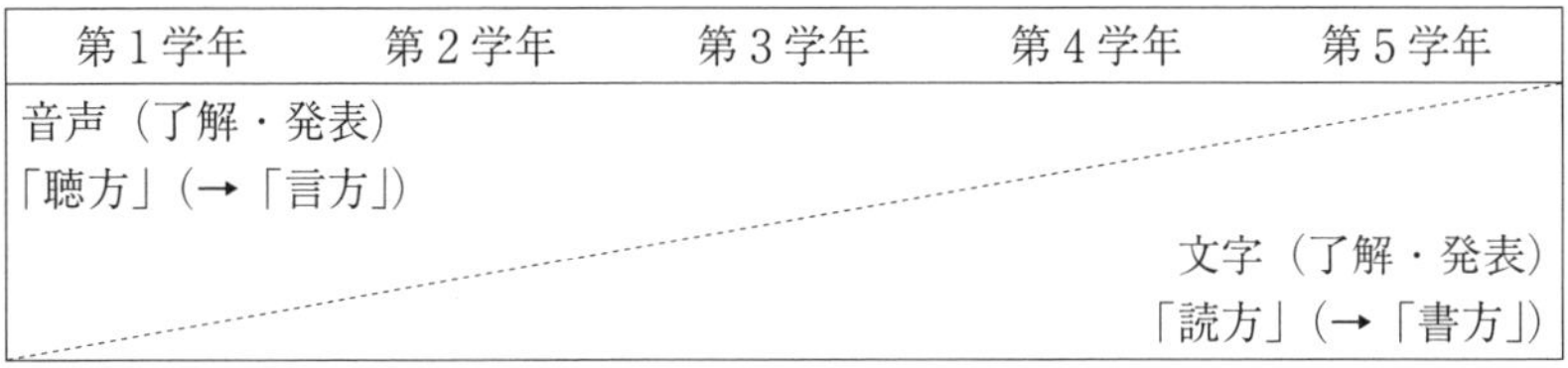

図１：「ナショナル読本」と「直読直解」

出典：東京高等師範学校附属中学校、1910年、226－232ページより筆者作成。

図２：副読本と「直読直解」

出典：東京高等師範学校附属中学校、1910年、226－232ページより筆者作成。

低学年においては音声英語、特にその「聴方」を指導するために使用されること、及び、学年進行とともにその目的が書記英語、特にその「読方」の指導へとシフトするという方法で、音声英語が「読方」の基礎として位置づけられていく志向を表現しようとしている。

しかし、「直読直解」を達成するためには高学年においても音声英語――「聴取」――の継続が望ましい。高学年において「ナショナル読本」よりも易しめの副読本の必要性が主張される理由はここにある。図2では、副読本を第三学年以上で使用すること、かつその目的は、読解教授（読方）のみならず音声英語（聴方・言方）の供給源でもあることを示そうとしている。つまり、「第三学年以上は絶えず卑近の普通語に接触せしめ、且自発的に好んで英書を読む習慣を作らしむる目的にて、ナショナル読本を授くる傍成るべく程度を低くして興味ある書を選びて[25]……（後略）」、これを副読本として与えるのだとしているのである。第三学年以上に副読本を与えることによって「直読直解」の形成を促すこと、「卑近の普通語」に接触させることを通じて「英書を読む習慣」を形成することが目的として自覚されている。

2 帰納法による英語教授

前節で、「心的陶冶」と名づけられた帰納法の意義についてふれたが、この「心的陶冶」が活用されるべき教授の場面が具体的に例示されている。

発音と綴字の統一的教授

帰納的思考の教授場面の第一は、発音と綴字、音節区分、及び、アクセントといった英語の音声に関する教授であった。この領域における帰納的思考法の自覚は、「四十年附中細目」の時点ですでに存在していた。具体的には、「綴字は不規則の中にも一定の法則ありとの観念を与ふるは、正確なる進歩の上に大切なれば、一学年よりして先単節語につきて、便宜既授の類例と並べて、自然に発音と綴字との関係を帰納せしめ、次第に複節語に及ぶべし[26]」と述べて、英語の綴字の体系には「一定の法則あり」という認識を早く生徒に与えることが指示されている。そのためには、「単節語」から「複節語」へ、単純な語から複雑な語へと順に発音と綴字の関係を帰納させよとされていた。こうした認識に基づいて、実際の教授では「発音は読方（音読の意―筆者注）の基礎たれば一学年にては常に素音（Sounds of Letters）の正確なる発音、発音機関の運動、邦音との比較に注意すべし[27]」と「素音」教授への注目、「発音機関」、「邦語との比較」を通じた極めて意識的で分析的な発音教授が志向されていた。

他方、「四十三年附中細目」ではこうした発音と綴字の関係に注目する志向がさらに明確に自覚されている。すなわち、「綴字は、或る語と同類の綴方同類の発音のものあらば列挙して綴字と発音との間に一定の関係ある事を示す[28]」と「四十年附中細目」を継承した上で、「発音は精密に教師の発音を聴き分けしむると、之を模倣して発音せしむることを主とし、必要な場合には舌、歯、唇等の位置を説明し、又は発音図を示す[29]」と指示する。

教師の発音の「模倣」を教授の主軸としつつ、調音器官の説明や「発音図」といった音声学の援用もが推奨されているのである。「四十三年附中細目」では、さらにすすんで「ナショナル読本の発音記号を教へて、第三学年に至る此には辞書を見、記号によりて発音を知るを得るにいたらしむ[30]」と、発音記号の意識的な教授までが展望されていた。

文法教授

帰納法という抽象の活用が最も強く自覚されたのは、何よりも文法教授においてである。このことを「四十三年附中細目」は「注意」中の「七、各教授事項の目的・材料及び方法の大要」の「第四、教授一般に関する注意」における「二、文法」の「(ロ) 教授の方法」の中で、次のように明快に述べている。曰く、「成るべく既知の事項を集めて帰納せしめ、帰納によりて得たる知識を読方、書方に於て演繹的に応用せしむ。書方にても、読方にても遭遇せざる煩項零砕の除外例などを先づ文法にて記憶せしめて、読方、書方に於ける応用の機会を俟つが如きは不可なり[31]」。ここでは、帰納を経て獲得された知識こそが演繹的に応用可能なのであり、同時に帰納を経ずして記憶された文法規則の応用という教授法が明確に否定されている。というのも、文法の目的は実用力の達成にこそあるからであった。「中学校にて文法を授くるは文法学者を作らんが為にあらずして、もと、読方、書方、を正確さらしめんが為なれば、其の材料は実用を主とし、読方、書方にて実際遭遇するものより採る[32]」。「心的陶冶」としての帰納的思考法は、同時に実践で機能する言語知識を獲得する手段として自覚されていた。

帰納法による文法規則の抽象過程は、実践では学年進行とともに漸進的に意識的な過程になるべきことが構想されている。曰く、「第一、第二学年にては別に教科書を用ひず、聴方、言方、読方及び書方教授の際、便宜語句の用法、文章の構造等語法上の練習をなし、第三学年に至りて教科書により、従来附帯的に授けたる箇々の知識を総合し、文法全般に亘る通則を知らしむる目的を以て、簡単なる文の説明より始めて各品詞に移り、第四、第五学年に至り再び循環的に文の種類性質より始め、各品詞に入りて教授すること、す」[33]。第一、第二学年の低学年では聴方、読方等の他の分科で扱った言語材料に「附帯」して教授するのに対し、第三学年以降では「附帯的」に教授した個別の知識を「総合」しながら、「再び循環的に」教授することで「文法全般に亘る通則」の理解にまで到達させるとされている。低学年では具体的な言語事実との関連で規則性の発見に導く一方、高学年ではより自覚的な態度で言語規則の一般性、普遍性に接近するという教授過程である。

以上、附中英語教授の方法論上の特質を二点に集約した。第一は、言語機能獲得の合理化である。これは、教科書「ナショナル読本」の使用方法を「聴方」・「言方」から「読方」・「書方」の教授へと規定するとともに、高学年における「副読本」の使用を通じた音声英語の補充という教授方法によって実現するとされた。第二は、言語知識の獲得方法の合理化であり、これは帰納法という抽象の導入によって追求され、特に発音と綴字との関係の抽象、及び、文法教授において強く自覚されていた。「四十三年附中細目」における方法論は、これらの両輪――言語機能と言語知識――の獲得方法が明確に説明されていた点で際立っていた。

第五節　教授の内容

これまで検討したように、「四十三年附中細目」における教授方法論は、「音声第一主義」を方法原理として、帰納、抽象といった近代合理主義の達成による近代的な教授理論を取り入れた改革案であった。本節では、附中英語のこうした理論的志向が英語教授の内容とどのように内実的な統一を構成しているのかを分析する。附中英語の中心的な教材はすでに紹介した「ナショナル読本」である。ここでは、「ナショナル読本」の教科書編成上の特質を検討することを通してこの課題に迫りたい。

「ナショナル読本」は、元来アメリカの小学校用教科書として作られた、いわゆる舶来本である。(34) 文部省検定教科書ではなかったにもかかわらず、日本では明治期から大正初期を通じて中学校用英語教科書として三十年以上採用された。(35) 附中がこれを使い始めたのは明治二十年代であり、以来一九一五（大正四）年に附中の教師たちが自らの手で教科書を編纂するようになるまで使用され続けている。(36) こうした経緯からは、「ナショナル読本」の教科書編成上の特質が附中英語の英語教授理論的志向と密接に関係していたことが予感される。

1　「ナショナル読本」の言語教育観

「ナショナル読本」の教科書編成上の特徴的性格は、その言語教育観、及び、題材内容観の二点において捉えることができる。(37) 本項ではまず前者の検討をおこなう。

会話体と記述体――話し言葉の重視――

「ナショナル読本」の言語教育観における第一の特徴は、言語スタイルにおける話し言葉（会話体）と書記言語（記述体）の使い分けに見ることができる。(38) すなわち、低学年における「会話体」の強調に対する高学年での「記述体」への移行である。第一学年用の第一読本では '. . . the lessons should be largely "conversational in style," to cultivate flexibility of voice and to break up the dreary monotone so frequently heard among children.'(39) と、子どもの退屈防止とともに「声」の開発が目的とされている。この「会話体」への注目は、第三読本でも 'The conversational character of a large portion of the reading matter, which serves to cultivate an easy and natural style of reading.'(40) と、その目的は「声」の開発から「容易で自然な読書」の実現へと移り、さらに第四読本では

'The reading matter of the book is more of a descriptive than conversational style. . .'[41]という具合に、「記述体」の教授へ緩やかに移行するように配慮されているのである。

具体的に見よう。まず、第一読本では'. . . thorough and systematic drill in spelling is absolutely necessary . . . the pronunciation of the words . . . should be indicated by the diacritical marks of Webster. . .[42](後略)'とされて綴字と発音の教授が強調され、第二読本においては"come"と"gun"といった同じに発音される異なる母音を含む語の発音練習のために"Vowel Exercises"が所々に挿入されている。第三読本の中間学年においても、教師は'Never be satisfied with anything short of a clear, distinctive articulation.'[43]と発音の明瞭さの徹底した教授が指示されている。音声教授におけるこうした正確さを実現するために「用いられる語彙は第一巻から第三巻までは、短く平易なものばかりで、三音節以上の単語が登場しない[44]」とした配慮がおこなわれている。

以上のような初期教授を中心とした「会話体」の重視は、実は高学年まで終始一貫していた点も強調しておきたい。低中間学年における音声重視の教授は、最終的には最高学年におけるelocution(演説・朗読)の緻密な教授にまで発展させられるのがそれである。すなわち、"Pronunciation"から始まり"Articulation","Expression","Tone of Voice","Rate or Movement","Pitch","Translation","Emphasis","Pauses","Inflection","Modulation","The Monotone","Reading Poetry"までの指導内容が詳細に説明されている。[45]

以上、「ナショナル読本」が「音声第一主義」の方法原理に立脚し、学年進行とともに教授の目的を話し言葉から書き言葉へ移行させるという方法で——しかし、終始一貫して話し言葉の教育を軸として——編成されている点を指摘した。

帰納的文法教授

「ナショナル読本」の言語教育観の第二の特徴は、言語に関する知識の獲得方法における特徴であり、それは帰納法による文法教授の奨励である。元来「ナショナル読本」は読み物性を重視した舶来本であり、外国人学習者のために文法項目や語彙の難易度を統制するような加工は施されていない。したがって、文法項目や語彙の選択は、基本的には題材内容からの要求に基づいておこなわれている。[46]

しかしながら、「ナショナル読本」は第二読本以降の各課の終わりにおいて、言語の規則性に生徒の注意を引くための工夫が施されている。それが "The Language Lessons" である。その目的は 'They present a great variety of methods used by the best teachers to develop habits of observation and reflection.'[47] であり、言語の観察によって内省の習慣を形成することとされている。その根拠は '. . . example and practice are better than precept and rule.'[48] 言葉以前に事実・具体及び実践が先行するという方法原理によるものであり、そのための方法は説明ではなく事例の研究を通じて 'To lead the pupil, step by step, through the intricate changes of English word forms, without attempting to teach him the technical terms of grammar.'[49] という方法とされている。

「ナショナル読本」における帰納法による言語知識獲得方法は、「四十三年附中細目」における「心的陶冶」の追求とまさに一致している。

事物教授

「ナショナル読本」の編成原理における第三の特徴は、「事物教授」(object teaching) の採用である。「事物教授」とは、言語ではなく、学習者の感覚に訴えて具体的な「事物」から出発する教授原理であり、これはすべての子どもを平等に教育するという十七世紀のコメニウス以降の教育思想の系譜を引く方法である。「ナショナル読本」においては、「事物教授」が“The Word Method”[50]というテクニックで導入されている。曰く、‘. . . the Word Method is the most natural and practicable, because words are representatives of objects, action, etc., while letters or sounds, in the abstract, convey no meaning to the pupil, and devoid of interest.’[51]。学習の出発点を抽象の結果としての文字や音素ではなく、意味の単位としての単語に置くとしている。その象徴的な工夫が第一読本の第七課等に挿入された“Object Exercises”であり、そこでは英文の中のいくつかの単語が挿絵に置き換えられており、子どもたちはこれらの挿絵が想起させる概念を感覚的に捉える訓練の機会が与えられている。[52] そのため、「ナショナル読本」に現れる挿絵のひとつひとつが極めて精巧で芸術性の高いものとなっている。[53]

他方、第三読本以降になると、挿絵の役割は感覚的に把握された概念に観察と省察を加えて、これを作文による表現にまで高める材料とみなされるようになる。第三読本によれば、‘Procure simple pictures, . . ., for pupils to examine and write stories about. This stimulates them to draw on their imagination in giving reasons for what they see.’[54]と説明され、挿絵が刺激する感覚から、作文を通じた、より高次の概念形成へと導かれている。

挿絵から始める言語の概念形成という言語教育観は、帰納的文法教授という役割を担った先述の“The Language Lessons”へとさらに関連づけられて、一層体系化されている。第三読本は“The Language Lessons”への期待を次のように述べている：

1. To develop the perceptive faculties of pupils by stimulating investigation—the prelude to all accurate knowledge.
2. To cultivate oral expression in giving the result of such investigation.
3. To cultivate the habit of giving written, as well as oral, expression to thought.

4. To secure complete and connected statements, instead of the rambling modes of expression so common among young pupils.

（. . . 後略）[55]

ここでは、低学年における感覚的な把握がすべての知識の出発点とされている。その感覚的把握に対して、まず口語によって、次に書記言語によって形が与えられなければならないとされ、その結果、観察対象の認識が論理的に形成されるのである。音声から文字を媒介して、「事物」の提示による感覚的把握と漸進的な概念的言語的抽象へと進む教授過程が展望されている。

2 「ナショナル読本」の題材内容観

前項では、「ナショナル読本」の教科書編成原理を検討した。言語事実に基づく帰納による抽象を「事物教授」の方法原理として追求したのが「ナショナル読本」であった。本項では、そうした「ナショナル読本」がいったいどのような題材内容を準備したのかを検討したい。「ナショナル読本」の方法原理と教育内容の内実的統一という課題である。

言語スタイルと題材の内的連関

「ナショナル読本」の使用言語が学年進行とともに「会話体」から漸進的に「記述体」へと移行する点をすでに指摘したが、この移行に伴って「ナショナル読本」の題材内容が身近な主題から地理的時間的に遠い内容へ変化するとともに、具体的な話題から徐々に抽象的な内容へと変化するのである。このことを具体的に見たい。

まず、「会話体」が中心の第二読本まではアメリカ国内の田園生活が題材として登場する。「アメリカ開拓時代」の原初的な生活風景が舞台となっており、そこでは子どもたちが屋外で活発に遊び、また動物たちと触れ合う姿が描かれている。これを描写する言語は主に「会話体」であり、題材は身近で具体的な話題が占める。この日常卑近な具体性は、精巧で芸術性の高い挿絵をふんだんに挿入することによってもさらに追求されている。

ところが、第三読本以降になると題材における卑近性と具体性は徐々に抽象度の高い内容へと変わり、これとともに「記述体」の使用が支配的になってくるのである。例えば、第三読本ではアメリカの田園風景は消えて、代わって動物の生態を観察し説明する科学的な態度が導入されてくる。同時に、その話題空間はアメリカ国内を離れて海外へと拡大していく。第四読本になると、動植物の他、地理、歴史といった社会科学の領域における説明文が優勢になり、自然界や人間界の摂理を扱う傾向が一層強まる。こうして、身近で具体的な話題は科学的、抽象的話題に取って替わられ、空間的時間的視野の拡大が徹底する。第五読本では、文学作品の導入によって過去の文化遺産との遭遇による時間的視野の拡大がおこなわれるのである。散文、韻文を含むシェークスピア、ディケンズ、スコット、ラスキン、アーヴィング等がその内容である。

以上、「ナショナル読本」における「会話体」から「記述体」への言語スタイルの移行は、題材内容における低学年での卑近性、具体性から高学年での時空における抽象性への変化という形で統一されている。[56]

アメリカ・ナショナリズムの摂取

国内の田園生活から出発して次第に時空を拡大させていく「ナショナル読本」の題材内容の選択と配列には、アメリカ愛国心の涵養という教育価値が込められていたという指摘がある。

岡倉由三郎に師事した英語学者として知られる東京高等師範学校の福原麟太郎は、第一、第二読本に注目しつつ、"National" というのは「開拓精神」という意気込みを背負っての呼称ではないかと推察する。[57]「開拓精神」とは「倫理的にはクリスチャンで、地理的に言えばアメリカの田園生活」であり、そこには「男の子や女の子を中心にした生活がある。……（中略）すべて屋外ないし野外である。……（中略）それにみな駆けている。トヤについた鶏以外は皆動いている」といったスピード感であり、そうした生活を通して知識と教訓を教えているのであろうという。第一読本で言えば、そこでの知識とは「熊の習性、小鳥の習性、鱒の習性、鷲の習性など自然を観察すること」であり、教訓とは「何々する勿れより積極的で、大体に愛ということ、正直ということ、努力ということ」であった。福原は、こうした躍動感と道徳心としての「開拓精神」の涵養が、「ナショナル読本」に内包された教育価値ではないかと言う。

福原が感じ取ったアメリカ的「開拓精神」という価値が、「アメリカ人の国家意識の涵養と愛国心の喚起[58]」として提示されていたと見たのが池田哲郎である。アメリカ的愛国心を訴えたこの読本がなぜ日本で広く読まれたのかについて、池田は「時あたかも明治の国家主義昂揚期に当っていたからあまり抵抗なしに、むしろ歓迎受容された理由であったと思われる[59]」と述べる。

さらに、下田彰子は愛国心を象徴するものという池田の「ナショナル読本」観を継承しつつ、初版の *The National Readers*（以下、*NR*）から附中が使用していたその改訂版 *The New National Readers*（以下、*NNR*）への変化に注目して、*NNR* の言語教育観を分析した。下田によれば、両者の共通点としてアメリカ中産階級をアメリカ人の模範的人間像としていること、及び、Noah Webster 式の英語を採用していることの二点をあげている。前者はイギリスの中産階級とは異なり、自由や機会の平等といったアメリカの独自性の象徴としての中産階級という意味であり、後者の Webster 式英語の採用とは本家のイギリス英語を誰にでもわかり易い文体に改めることによって、アメリカ独自の英文法を確立し普遍化すべきであるという主張の表現であり、この英語はべンジャミン・フランクリンの簡明な文体を模範として成立させたものである。[60] この二点において、イギリス英語とのコントラストとして、自由と平等を謳うアメリカ的精神の普遍化という意図が「ナショナル読本」に通底していると下田は見るのである。

その上で、下田はさらに*NR*から*NNR*への変化を次の二点において捉えている。第一は、*NR*において繰り返し説かれていたキリスト教に基づく美徳の励行が*NNR*においては弱められて継承されている一方で、代わって自然科学の題材が前面に出てきたこと、そして第二の変化として、中産階級層の中でも特にアングロサクソン系白人こそが国力充実の役割を担う人々とされたこと、そしてこれとともに男性的強さの強調と女性への家庭的役割の付与というまなざしが入ってきたこととしている。この際、アングロサクソン系白人の背景とされたのがアメリカ原住民の人々であった。[61]

下田は、以上の二点を明治期の中学校が*NNR*を採択し続けた根拠だったという考察を展開する。すなわち、第一のキリスト教的教義性の弱化と科学性の強調によって、「キリスト教への理解が普及していなかった日本にとって受け入れやす[62]」くなったと考えられるということであり、第二のアメリカ原住民との対比としてのアングロサクソン白人中心主義への変化は、自らをアジアの「一等国」とみなし、他方では他のアジア諸国を途上国と位置づけることにより、日本が西洋の文明国と進退を共にしつつあるとみなそうとしたというのである。[63]

以上、「ナショナル読本」に込められたアングロサクソン系白人中心主義によるアメリカ・ナショナリズムという教育価値を摂取することによって、「四十三年附中細目」における英語教授は中学生たちの内に日本固有の共同体倫理の涵養を達成しようとしたと言えるであろう。

第六節　結論

本章では、一九一〇（明治四十三）年一月二十二日に東京高等師範学校附属中学校英語科が各地の中等学校へ配布した英語科教授細目（「四十三年附中細目」）の特質を、文部大臣牧野伸顕が主導して作成した「中等教育ニ於ケル英語教授法調査委員報告」（第五章、第六章）との差異に注目しながら、教授理論、教授方法論、及び、教授内容論の三つの観点から分析してきた。その結果、いくつかの共通する志向が見出された一方で、極めて対照的な志向もあったことを明らかにした。以下、簡明に整理しておこう。

まず、「報告」とも共通する「四十三年附中細目」の特質は以下の通りであった。第一に、従来「活動」言語で表示されていた分科名を「機能」言語によって再編した点である。これによって、活動はその機能を達成するための創造の対象という性格が付与された。言語を機能の観点から把握する英語教授の記述体系の構築は、日本人の伝統的外国語教授——西洋知識の移入手段という「英学」——から実用語学への大きな脱皮であった。

第二の共通点は、帰納的思考法の導入であった。「四十三年附中細目」はこれを「心的陶冶」と呼び、実用的・機能的言語知識の獲得に必須の方法として把握していた。この帰納法という抽象は、発音と綴字間の規則的対応関係の発見の他、文法をはじめとする言語に関する様々な規則性の気づきにおいて決定的に重要な思考法と位置づけられていた。

第三は、「音声第一主義」の方法原理による教授過程の統一であり、その結果、「発音」から「聴方・言方」、「読方」にわたる広範囲な分科での音声英語の使用が強調されていた点であった。

機能言語の導入、帰納的思考法の適用、「音声第一主義」による教授過程の体系化は、いずれも「報告」の英語教授の志向に共通する特質であり、これらの点では両方の試案は極めて近代的な中学校英語教授改革案であったと言わなければならない。

その一方で、両者の間には異なる志向も存在していたことが重要である。その第一は、公教育としての英語教授の目的観における相違である。「報告」が実業的人材育成を目的とした「語学エリート」養成的性格を纏っていたのに対して、「四十三年附中細目」は高等学校や各種の実務界への進学を希望する「普通の中学生」を想定していた。中学生卒業生の中でも語学エリートという限定された一部の人々に向けた教育に対して、中学生一般――たとえ当時の中学生一般がエリートであったとしても――に何を与えるべきかという問いにおけるコントラストである。しかし、「四十三年附中細目」の目的観における網羅性は、「報告」のそれの一元性と対比するとき、依然としてあいまいと言わざるを得ない。

第二は、英語教授の目標における相違である。「報告」では、音声英語から書くことまでを含む応用的な意思疎通能力の育成が強調されたのに対して、「四十三年附中細目」は中学生一般に与えるべき英語力を「読書力」に限定し、しかも英語母語話者が有する「直読直解」を最終目標としたのである。

第三に、「音声第一主義」における音声英語の意義における相違である。「四十三年附中細目」における「聴方」と「言方」は「直読直解」を達成するための手段として従属的な位置を与えられたのに対して、「報告」における音声英語は「発音」、「聴方・言方」、「読方」をはじめとする総合的意思疎通能力そのものとみなされていた点で性格が異なる。

第四に、教授内容の進度表示法における相違である。「報告」では、四千語程度の「必修語彙」を選定して日常卑近な語彙から順に、一年間にその五分の一ずつを教授するという語学主義の立場を強調した。これに対して、「四十三年附中細目」は従来からの「ナショナル読本」を教授内容の中核として用い続けた。前者は、教授事項を言語機能と語彙の教授に焦点化することによって純粋な実用語学を追求しようとしたのに対して、附中英語は「ナショナル読本」が標榜するアメリカ・ナショナリズムという教育価値の伝達を重視したと言えるであろう。「報告」の実用語学性に対する附中英語の内容科目的性格の維持というコントラストを捉えることができる。

以上、二つの試案の相違性は、次のように整理できるであろう：

「報告」：　国際化する実業界対応・語学エリート　↓　総合的意思疎通能力（自立的音声英語）　↓　必修語彙四千語（語学主義の追求）

「四十三年附中細目」：　多様な進学対応・中学生一般　↓　「直読直解」（従属的音声英語）　↓　「ナショナル読本」（内容科目的性格の維持）

日露戦争後の日本資本主義の進展に奉仕する技術官僚主導の応用主義英語教授の要請に対して、東京高師による外国語教授の国民教育機能の方を重く見る反動的英語教授観の抵抗という構図である。「報告」公布のたった一年後に「四十三年附中細目」が公にされたことは、応用主義・技術主義的英語教授という文部省の急進的な方針に対する東京高師による現実的修正案であったと思われるのである。

次章では、いよいよ明治期中学校英語教授の総決算となる国家基準「改正中学校教授要目」（一九一一年七月三十一日公布）の性格を検討する。異質な教育目的・価値を伴った「報告」と「四十三年附中細目」という二つの試案を経た翌年に完成した「改正中学校教授要目」はいかなる中学校英語教授の国家基準となったのであろうか。

付録1：附中英語科の「読方」関連教科書

学年	「四十年附中細目」	「四十三年附中細目」
1年	*The New National Readers* 第1巻1-30課、第2巻1-30課	*The New National Readers* 第1巻20-30課、第2巻1-30課
2年	第2巻の続き、第3巻	第2巻の続き、第3巻
3年	第3巻の続き 副読本 *Aesop Fables*（週30分間の聴取用）	第3巻の続き 副読本 *The Globe Readers* 第2巻 *The New English Drill Books* 第2巻 *The Steps in English* 第2巻 *The Royal Prince Readers* 第2巻
4年	第4巻、第5巻 副読本 *The Prince Royal Readers* 第3巻	第4巻、第5巻 副読本 *Popular Fairly Tales* *Famous Stories* *Meiklejohn's Fables, Anecdotes, and Stories*
5年	第5巻の続き 副読本 *Little Lord Fauntleroy*	第5巻の続き 副読本 *Alice's Adventure in Wonderland* *Meiklejohn's Fables, Anecdotes, and Stories* *Fifty Famous Stories* *Cuore* *Arabian Nights*

出典：東京高等師範学校附属中学校、1907年、3ページ、及び、同、1910年、228-230ページから筆者作成。

参考文献

（1）松村幹男「明治四十年代における英語教授学習史」『広島大学教育学部紀要』第二巻第四十二号、一九九三年、五十五ページ。
（2）福原麟太郎『ある英文教室の一〇〇年』大修館書店、一九七八年、一〇八ページ。
（3）岡倉由三郎は、英語教授法研究の文部省官費留学（一九〇二年二月～一九〇五年三月）から帰国後、大正十四（一九二五）年まで東京高師の英語科主任を務めた。福原麟太郎、上掲書、一九七八年、一〇八ページには、「四十三年附中細目」作成の経緯として「このような改訂の原動力になったのが、明治三十八年三月、欧州留学から帰朝した岡倉由三郎である。四十三年一月には再び教授細目の大幅な改訂があり、新教授法の実践が進められた」との記録があり、細目作成と岡倉の関係が明らかである。
（4）東京文理科大学『創立六十年』東亜印刷、一九三一年、二八八ページ。
（5）松村幹男「直読直解の概念と用語について」日本英学史学会『英学史論叢』第八号、二〇〇五年、九ページによれば、「直読直解」の概念は一八八二（明治十五）年ごろ作成された地方中学校の教授要目の中にすでに見られており、神田乃武らも同類の読解力を主張していたという。しかし、この概念を「直読直解」という用語で捉えたのは岡倉由三郎であり、岡倉由三郎「附録　本邦の中等教育に於ける外国語の教授についての管見」メリー・ブレブナー原著・岡倉由三郎訳『外国語最新教授法』大日本図書、一九〇六年においてであった。
（6）東京高等師範学校附属中学校「緒言」『東京高等師範学校附属中学校教授細目』一九〇七年、一ページ。
（7）「四十年附中細目」に関しては、東京高等師範学校は「本細目脱稿以来、日猶浅きを以て、十分に之を整頓するに至らず。此等に就きては、研究の余地、尚大に存すべきを信ず」という評価をしていた。東京高等師範学校附属中学校、上掲書、一九〇七年、六ページ。
（8）「四十年附中細目」中、修身科や漢文科等いくつかの科目には、「中学校教授要目」に準拠しなかった点が含まれていたが、英語科についてはその規定内で改訂作業がおさまったとされている。東京高等師範学校附属中学校、同掲書、一九〇七年、三—五ページ。他方、「四十三年附中細目」には「中学校教授要目」の規定に準拠しない点が生じている。その第一は、附属尋常小学校第五学年からの英語教授を構想したこと、第二は「英習字」教授を第二学年まで延長すること、第三は文法教授を第三学年から別に時間を分けて教授すること、以上三点である。第一については、一九〇八（明治四十一）年四月から義務教育の小学校修業年限が四年間から六年間へ延長されたことに対応して、英語開始時期をそれまでの中学一年から二年前倒しにしたためであり、第二については「中学校教授要目」では「英習字」を時間を分けて教授するのは第一学年のみとされていたのに対して附中では第二学年までとしたのであり、最後の点については第三学年の「文法」は「時間を分けて教授してもよい」という「中学校教授要目」の指示に対して、附中では「時間を分けて教授せよ」と指示を明確にしたという意味である。初期教授における英習字の徹底、及び、意識的な文法教授の早期導入が意図されている。東京高等師範学校附属中学校「緒言」『東京高等師範学校附属中学校教授細目』一九一〇年、二ページ。

(9) 今野鉄男「東京高等師範学校附属中学校教授細目（英語科、明治四十三年）について」日本英語教育史学会『日本英語教育史研究』第六号、一九九一年、一二八ページ。

(10) 東京高等師範学校附属中学校、上掲書、一九一〇年、二二三ページ。

(11) 東京高等師範学校附属中学校、同掲書、一九一〇年、二二四ページ。

(12) 東京高等師範学校附属中学校、同掲書、一九一〇年、二二四ページ。

(13) 岡倉由三郎、上掲書、一九〇六年、八ページ。

(14) 岡倉由三郎、同掲書、一九〇六年、二十五ページ。

(15) 東京高等師範学校附属中学校、同掲書、一九一〇年、二二四ページ。

(16) 東京高等師範学校附属中学校、同掲書、一九一〇年、二二四ページ。

(17) 東京高等師範学校附属中学校、同掲書、一九一〇年、二二四ページ。

(18) 東京高等師範学校附属中学校、同掲書、一九一〇年、二二六ページ。

(19) 東京高等師範学校附属中学校、同掲書、一九一〇年、二二四―二二五ページ。

(20) 東京高等師範学校附属中学校、同掲書、一九一〇年、二二五ページ。

(21) 東京高等師範学校附属中学校、同掲書、一九一〇年、二二六ページ。

(22) 東京高等師範学校附属中学校、同掲書、一九一〇年、二二七ページ。

(23) 東京高等師範学校附属中学校、同掲書、一九一〇年、二二七ページ。

(24) 東京高等師範学校附属中学校、同掲書、一九一〇年、二三〇ページ。

(25) 東京高等師範学校附属中学校、同掲書、一九一〇年、二二九ページ。
(26) 東京高等師範学校附属中学校、同掲書、一九〇七年、一九七ページ。
(27) 東京高等師範学校附属中学校、同掲書、一九〇七年、一九七ページ。
(28) 東京高等師範学校附属中学校、同掲書、一九一〇年、二三五―二三六ページ。
(29) 東京高等師範学校附属中学校、同掲書、一九一〇年、二三五ページ。
(30) 東京高等師範学校附属中学校、同掲書、一九一〇年、二三五ページ。
(31) 東京高等師範学校附属中学校、同掲書、一九一〇年、二三七ページ。
(32) 東京高等師範学校附属中学校、同掲書、一九一〇年、二三六ページ。
(33) 東京高等師範学校附属中学校、同掲書、一九一〇年、二三六ページ。
(34) 「ナショナル読本」（全五巻）には *The National Readers* とその改訂版の *The New National Readers* がある。前者は A. S. Barnes & Co. 社より一八五一年から一八七五（明治八）年にかけて出版されたものであり、後者は同社からアメリカ人の Charles J. Barnes 著で一八八三（明治十六）年に第一巻と第二巻が、一八八四（明治十七）年に第三巻から第五巻が出版されている。本章で言う「ナショナル読本」は後者を指す。本章における「ナショナル読本」に関する記述は、高梨健吉・出来成訓『英語教科書名著選集（復刻版）』第五巻～第七巻、大空社、一九九二年による。
(35) 明治期における「ナショナル読本」に関する研究は複数ある。例えば、池田哲郎「英語教科書」『日本の英学一〇〇年明治編』研究社、一九六八年、三六七―三六八ページ、伊村元道・若林俊輔「ナショナル・リーダー」『英語教育の歩み』中教出版、一九八〇年、五十三―六十七ページ、江利川春雄・小篠敏明『英語教科書の歴史的研究』辞游社、二〇〇四年、小篠敏明・中村愛人『明治大正昭和初期の英語教科書に関する研究』溪水社、二〇〇一年、高梨健吉・出来成訓「ナショナル・リーダー」『英語教科書の歴史と解題』大空社、一九九四年、六十一―六十八ページである。なお、本章が対象とする明治四十年代における「ナショナル読本」の採択状況については、江利川・小篠、上掲書、二〇〇四年に詳しい。この研究によれば、一九〇七（明治四十）年に最も高い採択率だった英語読本教科書は神田乃武の *Kanda's New Series of English Readers* で一五一校（30・7％）の中学校がこれを使っていたという。他方、*The New National Readers* は二十七校（5・5％）で八位であった。また、一九一〇（明治四十三）年では*Standard Choice Readers*が一位で一三二校（21・5％）、他方*The New National Readers*は三十四校（5・5％）で十位だった。この状況について、検定教科書がすでに支配的になっていた明治四十年代において、*The New National Readers*がこれほどの採択率を維持していたことは驚くべき事実だと評されている（十一―十二ページ）。ところで、一九〇七（明治四十）年で一位だった*Kanda's New Series of English Readers*は「ナチュラル・メソッド」に基づく教科書であり、英語の四技能のバランスのとれた発達をねらった点、日本人の中学生に馴染みのある題材、例えば寺院、神社、日本史を取り入れる、日本人教師に使いやすい配慮がなされているといった特徴があるという分析がなされている（六十―六十一ページ）。対して、一九一〇（明治四十三）年で一位の*Standard Choice Readers*は、「ナショナル・リーダー」の他、「スウィントン」、「ユニオン」、「ロングマン」等の英米の四大リーダーから材料を集め、「日本人向けにさまざまなアレンジを加えて編集した、国産リーダーへの転換期を象徴する教科書」（十一―十二ページ）であり、中学生の視野の拡大や見識を深めるための読解力を重視した教科書だったが、その一方で音声面はあまり重視されていなかった（五十七ページ）。この二つの高い採択率の理由が「それまで、英語教師は外来の教科書やそれらの教科書を下敷きにした教科書を使って英語教育を行わざるをえなかった。しかし、日清・日露の戦争に勝利し、日本がナショナリズムに目覚めていく明治三十年代以降になると、学習者も自分たちの生活とかけ離れたそれらの教科書の内容に違和感を覚えていたに違いない。彼らにとって、本教科書のような、日本人による日本人のための英語教科書が求められていたのである」（六十一ページ）と説明されている。日本ナショナリズムが色濃くなった時代であったにもかかわらず、附中がむしろ「西洋性」を色濃くもつ*The New National Readers*を使い続けた点に、附中英語の特質、特定的に言えば岡倉由三郎の英語教授観が反映されているのではないかと考えられる。

（36）小篠敏明・中村愛人、上掲書、二〇〇一年、五十八ページ。

（37）加藤勝也「言語科教科書と言語教育」東京文理科大学教育学会『アメリカ教科書の研究』金子書房、一九四八年、五十五―七十二ページによると、アメリカの言語科教科書の一般的特徴として「話し言葉の教育が書き言葉の教育よりもむしろ重視されていることは注目すべき特色」（五十九ページ）とした上で、具体的に四点を指摘する。第一は、「国語教育によって人性を理解し人道の何たるやを知らしめると共に、思考力と判断力をもこれによって練熟せしめようとする」点、第二は「言語と実学との結合という……（中略）実学主義的傾向」（六十ページ）、第三は「教育を通しての社会改造の思想」を有し「教科書内容が極めて社会的教材に富んで」いる点（六十七―六十八ページ）、第四は「児童中心主義」による「独力十分の学習ができるような編纂」（六十九―七十ページ）とした点である。そして、これらの諸特徴がラトケ、コメニウス、ペスタロッチーの新人文主義教育の系譜上にあると総括している。

(38) この点を指摘した研究として以下のものがある。伊村元道・若林俊輔、上掲書、一九八〇年、六十二―六十六ページ、小篠敏明・中村愛人、同掲書、二〇〇一年、四十一―四十二ページ、及び、高梨健吉・出来成訓、上掲書、一九九四年、六十三―六十八ページ。

(39) 高梨健吉・出来成訓、上掲書、第五巻（第一読本）、一九九二年、三ページ。

(40) 高梨健吉・出来成訓、同掲書、第五巻（第三読本）、一九九二年、四ページ。

(41) 高梨健吉・出来成訓、同掲書、第六巻（第四読本）、一九九二年、五ページ。

(42) 高梨健吉・出来成訓、同掲書、第五巻（第一読本）、一九九二年、三ページ。

(43) 高梨健吉・出来成訓、同掲書、第五巻（第三読本）、一九九二年、九ページ。

(44) 小篠敏明・中村愛人、同掲書、二〇〇一年、四十二ページ。

(45) 高梨健吉・出来成訓、同掲書、第七巻（第五読本）、一九九二年、十五―三十一ページ。

(46) 小篠敏明・中村愛人、同掲書、二〇〇一年、四十七―六十一ページ。英語教科書史においては、文法や語彙の統制の歴史という側面が存在する。江利川春雄・小篠敏明、上掲書、二〇〇四年、十六ページによると、一八八九（明治二十二）年の外山正一による『正則文部省英語読本』が日本人学習者向けに文法と語彙を厳しく統制して書かれた画期であったとされている。ここにおいて、「文法統制」という視点が英語教科書史において自覚される。ちなみに、この外山の教科書はその厳しい統制のために題材内容が単調で面白みに欠けると評された。これ以降、言語形式の統制による学びやすさと内容の質や英語の自然さの追求という相反しがちな課題が自覚されるようになる。

(47) 高梨健吉・出来成訓、同掲書、第五巻（第二読本）、一九九二年、iiページ。

(48) 高梨健吉・出来成訓、同掲書、第五巻（第三読本）、一九九二年、十ページ。

(49) 高梨健吉・出来成訓、同掲書、第五巻（第三読本）、一九九二年、五ページ。

(50) “The Word Method” とは、意味の単位としての単語から出発して、後に音素やアルファベット（文字）へと分析的に進む、「合自然の教育学」の系譜上に位置する読書教育の教授原理である。これに対する方法に、分析された要素の教授から始める "The Alphabet Method" や "The Sentence Method" と呼ばれる方法がある。

(51) 高梨健吉・出来成訓、同掲書、第五巻（第一読本）、一九九二年、二ページ。

(52) 高梨健吉・出来成訓、同掲書、第五巻（第一読本）、一九九二年、十三ページ。

(53) 「ナショナル読本」における挿絵の重視は、例えば第一読本の「Preface」での '. . . the school book of to-day must be beautifully and copiously illustrated. . . there must be variation as well as excellence, both in drawing and engraving.' や第三読本の '. . . the productions of some of the best American artists and engravers—the finest and most artistic ever used in a schoolbook.' という記述からも推察できる。

(54) 高梨健吉・出来成訓、同掲書、第五巻（第三読本）、一九九二年、十一ページ。

(55) 高梨健吉・出来成訓、同掲書、第五巻（第三読本）、一九九二年、五ページ。

(56) 「ナショナル読本」のもう一つの特徴として、各読本の分量の多さを指摘しておきたい。それぞれの課とページの数を列挙すれば以下の通りである：第一読本は六十四課・九十六ページ、第二読本は五十六課・一七六ページ、第三読本は五十九課・二四〇ページ、第四読本は七十七課・三八四ページ、第五読本は一〇〇課・四八〇頁。

(57) 福原麟太郎の「ナショナル読本」観に関する引用は下記の文献からのものである：福原麟太郎「ナショナル第二読本」『福原麟太郎著作集第九巻英語教育』研究社、一九六九年、二五七―二六一ページ。

(58) 池田哲郎、上掲書、研究社、一九六八年、三六八ページ。

(59) 池田哲郎、同掲書、研究社、一九六八年、三六八ページ。

(60) 下田彰子「*New National Readers* に託された精神：*National Readers* との比較考察」日本英語教育史学会『日本英語教育史研究』第二十一号、二〇〇六年、四―五ページ。

(61) 下田彰子、上掲論文、二〇〇六年、五ページ。

(62) 下田彰子、同掲論文、二〇〇六年、十五ページ。

(63) 下田彰子、同掲論文、二〇〇六年、十五ページ。

第八章　明治英語教授国家基準の性格

第一節　これまでの経緯

この最終章では、一九一一（明治四十四）年七月三十一日に改正・公布された「中学校教授要目」（英語科）（以下、「改正英語科要目」と略す）の検討を通じて、明治期中学校英語教授政策の性格を明らかにする。「改正英語科要目」は、一九〇二（明治三十五）年二月六日公布の「中学校教授要目」（英語科）（「英語科要目」と略す）が標榜した「高等普通教育」を施すアカデミズム中学校観を継承しつつ、さらにこれを実用簡易の英語教授へシフトさせようとしたものである。

明治四十年代の中学校英語教授政策は、日露戦争後の帝国主義的経済発展策と青年層の社会的、思想的変化への対応を軸として、実用主義と国民道徳教育の強化の傾向をさらに強めていった。戦後の文教政策を率いた牧野伸顕文相の英語教授改革は、実態調査に基づく中学校教育の目的・機能の再検討から始められた。新たな中産階級層の成長と「高等普通教育」の形骸化による中学校の支持基盤の脆弱性が顕在化していたからである。調査の結果、「推理力」、「応用力」、「自信の念」の三つが中学生に共通の弱点として結論づけられ、こうした科学的思考力や態度が中学生に求めるべき「高等普通教育」の実質的学力とみなされた。そして、こうした中学校生徒に

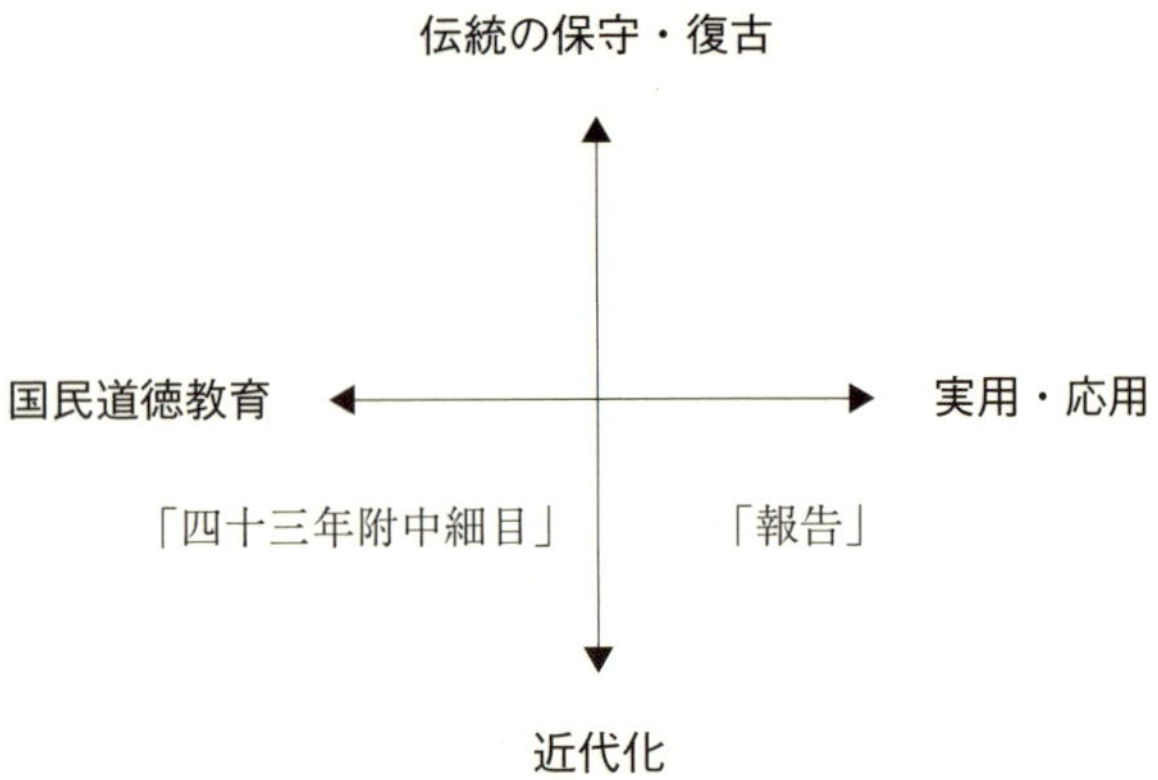

図１：明治期中学校英語教授政策の展開

求める学力の質は、高等学校における外国語教授の成果への帝大の不満と、文相牧野自身のこだわりであった高等学校修業年限の二ヵ年への短縮という学制改革の文脈の中で定位されたものだった。牧野主導による強力な中学校英語改革は、以上のような国家政策と教育行政のリンクにおいて展開されることとなったのである。この結果は、一九〇九（明治四十二）年一月二十日に公にされた「中等学校ニ於ケル英語教授法調査委員報告」（以下、「報告」）として完成した。この中学校英語教授法試案は、話すこと、書くことを強調する激しい実用主義、応用主義の中学校英語教授改革案だった。

ところが、東京高等師範学校附属中学校が翌一九一〇（明治四十三）年一月二十二日に附属中学校のための英語教授細目を改正・公表した（以下、「四十三年附中細目」）。この英語教授細目が近代的な機能主義を追求した英語教授再編案であった点は「報告」と同じだが、その最終目標を読解力においた点で極めて対照的な中学校英語教授案であった。結局、前者は実学的語学力を一部のグローバル人材の資質として求めたのに対して、後者は中学生一般に対する外国語教授の国民道徳教育機能を主張したものであった。

以上が明治四十年代の外国語教授政策の展開であるが、このことは日露戦争後の帝国主義による経済と軍事の国際化が要請した実学志向と国民道徳教育の再構築という二つの国内事情の解決を、西洋近代語教授改革の諸要素を摂取して達成するという構図として捉えることができる。すなわち、二つの試案における分岐は、以上の

「教授目的・価値」（横軸）と教授方法（縦軸）における選択の結果である（図1）。

本章で考察する「改正英語科要目」は、以上の政策過程を経て成立した明治期総決算の中学校英語教授の国家基準である。以下では、牧野から文教政策を引き継いで「改正英語科要目」の成立に関わった小松原英太郎文部大臣の教育思想と中学校教育の改革内容を確認したあと、いよいよ「改正英語科要目」の性格を明らかにしていく。

第二節　小松原英太郎文相期における中学校制度改革の構造

1　小松原英太郎文相の中等教育観

一九〇八（明治四十一）年七月十五日、文相は牧野伸顕から小松原英太郎に引き継がれた。小松原の教育施策のうち、中学校に関する主なものが「中学校教授要目」の改正であった。改正は「教育の実質の改善に於ける根本問題なり」との認識で、小松原はその趣旨を次のように述べている：

修身、国語、歴史等に於ては……（中略）国民的精神の涵養に重きを置き其の他の学科目につきても力めて煩瑣の事項を省略し其の大体の要領を咀嚼して基本的要領を十分会得せしむることを期し而して従動もすれば理論に馳せ質実の気風を失はんとするの弊ありしを以て之を矯正して務めて教育を実際的ならしめんが為に教授を適切ならしめんことを努むるは勿論又中学校に実科を設け中学教育をして生徒の卒業後社会に於ける実際生活に適応せしめんとするに在り。(1)

ここには、「中学校教授要目」の改正に込めた小松原の狙いが二つ述べられている。一つは、「国民的精神の涵養に重きを置」くこと、すなわち、国民道徳教育の再構築であり、二つ目が学科目の「基本的要領を十分会得」することを通じて「教育を実際的ならしめん」とする中学校教育の実業化である。前者は主に「修身」、「国語」、「歴史」の教育目標だとし、後者はその他の学科目を通じて達成するとしている。国民道徳教育の強調は前文相牧野の「学生の思想、風紀取締に関する訓令」（一九〇六年六月）や「戊申詔書」（一九〇八年十月）による「高等遊民」対策を含む、戦後の愛国的ナショナリズムの復活を継承するものであり、二つ目の基礎学習の徹底による教育の実際化もまた、勤労を通じて青年を国家の社会秩序に組み入れるという牧野の実業教育推進策と連なるものである。

2 「高等中学校」構想

しかし、牧野によって敷かれた中学校改革路線を踏襲した小松原には、彼独自の教育制度改革構想があった。「高等中学校」構想がそれであり、中学校のさらなる実業化構想である。この構想は結局実施には至らなかったが、小松原が「改正中学校教授要目」に付与しようとした中学校教育の性格を理解する上で重要なので、この内容を簡潔に捉えておきたい。

小松原の「高等中学校」構想は、従来から存する高等学校の大学予備校化という一種の「変態」状況を本来の「高等普通教育」機関へと立て直すとともに、牧野が取り組んでいた高等学校の修業年限短縮を果たすために、四ヵ年制の中学校と三ヵ年制の高等学校を統合した七年一貫教育を本体とする「高等中学校」を、従来の五ヵ年制中学校に並立させるという学制改革案であった(2)。小松原はこの構想に上述の二つの狙いを込めた。一つは中学校における国民道徳教育の強化であり、もう一つがその実科的性格の強化である。

第一の中学校の国民道徳教育の強化については、日露戦争後の日本社会は民間企業従事者の拡大により大学や専門学校等の高等教育機関の拡張が必要との予見に立ち、小松原は、これまで中学校が担ってきた中流社会の指導者育成を「高等中学校」に託すべきと考えた。[3] すなわち、「高等中学校」の目的を「地方紳士」の養成として、そこで大学の基礎教育までを教授しようとした。こうすることで、従来の中学校における臣民教育機能を強めようとしたのである。そして、さらに「高等中学校」を府県や私人にも設置可能とすることでその数を増やし、全国の「高等遊民」を「高等中学校」という国家秩序に取り込むことでその再生産の防止を企図した。[4]

第二の中学校の実科的性格の強化については、小松原は中学校に期待されていた中流階級層の育成を「高等中学校」に移すことで、中学校には国民道徳機能とともに、一層の実科的要素を強めた完成教育機関としての性格を与えようとした。彼はその新たな機能を次のように説明している。「新制高等中学校にては其卒業者に大学に入るの資格を有せしむると同時に地方紳士の子弟にして専門の学問を為すまでの必要なきも中学校の課程のみにては不満足なれば今一層高き程度の教育を修め且多少法律経済の知識を得て将来地方の紳士として社会に立たんと欲する者も亦此処に入学して其志を成すを得せしむる方法を取り、……（後略）[5]」。「高等中学校」は、これまで中学校が担ってきたアカデミズム志向を継承し、国家中流社会の指導者の育成と帝国大学への進学ルートとして、「正系」の中等教育機関となることを展望されたのである。「高等中学校」構想では、制度上、従来の中学校修了者の「高等中学校」への編入ルートは確保されてはいた。しかし、両者の並立は事実上中等教育の複線化であり、[6]「正系」の「高等中学校」に対して、「中学校」は実科的性格を強めた完成教育機関という「傍系」となるのであり、社会的選抜を想定させるものであった。中学校をあくまで「高等普通教育」の教育機関として立て直そうとした牧野構想との決定的な差異がここにあった。

小松原の「高等中学校」構想はこの時実現しなかった。しかし、彼は「中学校教授要目」の改正をこの構想と同時に提出していた事実、すなわち、小松原による国民道徳教育とその実業的性格の強化という中学校教育の改正方針が「高等中学校」構想を前提として考えだされた案であったという意味で、その未実施は中学校教育の性格を依然として帝国大学への唯一の進入ルートとしたアカデミズム志向の位置におき続けたことを示唆している。――しかし、「高等中学校」構想は一九一八（大正七）年の七年制高等学校（尋常科四年・高等科三年）としてようやく結実するに至る。

第三節　「改正中学校令施行規則」の志向

小松原文相は、「高等中学校」構想という、より高次の中等教育改革構想の中で、「中学校教授要目」改正のために「中学校令施行規則」を改正した。その中にある「中学校令施行規則改正ノ要旨竝実施上ノ注意要項」（以下、「注意要項」と略す）は、小松原が改正の趣旨を明確に説明した部分であり、その実施の徹底を呼び掛けた箇所である。「注意要項」によれば、中学校教育の目的として、従来の「男子ニ須要ナル高等普通教育ヲ施ス」を継承した上で、「将来国家ノ中堅タルヘキ国民ヲ養成スル所ナルヲ以テ品性ノ陶冶人格ノ修養ニ重キヲ置クヘキ……（中略）今方ノ情勢ニ鑑ミ……（中略）其ノ生活ノ実際ニ適切ナル普通ノ智能ヲ確得シ身体ヲ強健ナラシムル」(7)という認識が示されている。中等国民の教育、実際的教育、及び、体育教育、以上三点の明確化である。「注意要項」は、これらの貫徹のために学科目の教授要旨の改正、配当時間の変更、新科目の設置、教授法の改革等を実施するとした。(8)以下、これら三つの重点を具体的に見ていこう。

1 「中等国民教育」の再構築

小松原が文相就任直後から重大視していた中等教育の欠陥とは、具体的には次のような事態を指していた。第一に、専門学者が調査したために教育内容が専門に過ぎると見ていたこと、第二に、その結果、教授の方法が大量の専門的抽象的知識の「注入主義的教育」に陥り生徒の理解が疎かになったこと、第三に道徳教育の内容が西洋倫理学といった「新奇ノ学説」に流れて、「我国固有ノ国民道徳」――「忠孝ノ教」――を陳腐固陋とみなす風潮を作り、国民の品性を陶治するに至らない状況が生じたことの三点であった。こうした問題意識に基づいて、小松原は学科目の調査を専門学者ではなく文部省視学官に調査させた。

しかし、これらの中で小松原が最も重く見たものは三つ目の国民道徳教育の失敗であった。そこで、彼は修身科の内容を「倫理学ノ一斑」から「我国民道徳ノ特質」へと変更した。[9] さらに、「我国固有の国民道徳」を陶冶するために、小松原は中学校の寄宿舎設置を原則化した。従来から寄宿舎は自治の精神よりも集団規律遵守の精神を涵養する場とされていた。「改正中学校令施行規則」では、寄宿舎の国民道徳教育機能が次のように自覚されている。曰く、寄宿舎を「各学校ニ於テ之ヲ設ケシムルコト、ナセルハ生徒ヲシテ規律アル生活ニ馴レ秩序アル修養ヲ為シ風紀ヲ厳粛ニシ以テ善良ナル校風ヲ作ラシメンガ為ニ最必要ト認メタルニ因ル[10]」。この結果、一九〇一（明治三十四）年の旧施行規則では「中学校又ハ其ノ分校ハ……（中略）寄宿舎……（中略）ヲ備フヘシ但シ文部大臣ノ認可ヲ受ケ寄宿舎ヲ備ヘサルコトヲ得[11]」であったものが、日露戦争勃発直後の一九〇四（明治三十七）年二月の改正で、「……（中略）必要ナ場合ニハ寄宿舎ヲ設クヘシ[12]」とやや強調された経緯があった。これが今回の改正では「中学校又ハ其ノ分校ニ於テハ校地、校舎、寄宿舎、体操場及校具ヲ備フヘシ但シ特別ノ事情アルトキハ文部大臣ノ認可ヲ受ケ寄宿舎ヲ設ケサルコトヲ得[13]」とされ、「特別ノ事情」がない限り寄宿舎は設置すべきものとされた。

2　「実際的教育」の強化

第二の「実際的教育」の強化については、小松原は実業教育費国庫補助金を増額して実業学校の増設を企図しつつ[14]、中学校においても「実業」を「随意科目」として新たに学科課程に加えた。その根拠を「注意要項」はこう説明している。曰く、「学科目中ニ新ニ実業ノ一科目ヲ加ヘ土地ノ情況ニ応シ簡易ナル農業、商業又ハ手工ヲ授クルコト、ナシタルハ中学校ハ予備教育ノ機関ニアラスシテ高等普通教育ヲ施スヘキ本来ノ性質ニ鑑ミ中等以上ノ国民タルヘキ者ヲシテ実業ニ関スル智能ヲ習得セシムルト共ニ之ニ対スル趣味ヲ上進シ勤労ヲ重ンスルノ美習ヲ養成セシムルノ最緊要ナルヲ認メタルニ因ル[15]」。

「実業」の内容には「簡易ナル農業、商業又ハ手工」が想定されており、「勤労ヲ重ンスルノ美習」という徳育機能が期待されている。実業的性格の付与による中学校教育の実際化であり、それは中等国民教育と表裏一体であった。

3　「体育教育」の刷新

第三の施策は体育教育の刷新である。これもまた国民道徳教育を補完するものであったことは言うまでもない。「体操」の内容には「撃剣」と「柔術」を加えることが可とされた。従来これらの武術は各校が課外活動等において推奨していたにすぎなかった。今回の改正では、「撃剣及柔術ヵ生徒心身ノ鍛錬上ニ及ホス成績ニ徴シ其ノ施設ヲ必要ト認メタルニ因ル」とされ[16]、体育教育が「心身ノ鍛錬」との関連で強く意識されている。

第四節　「改正中学校令施行規則」の改正点

以上三つの課題の克服を受けて、どのような施行規則が作られたのであろうか。表1は「改正中学校令施行規則」に指示された学科目、及び、授業時間配当である。これと旧施行規則（一九〇一年三月）を比較してみると（第二章参照）、まず、週あたりの総授業時間数が最大で八時間も増加している点が注目される。時数が増加した学科目は、「実業」（選択科目・四時間）、「国語及漢文」（一時間）、「数学」（一時間）、「博物」（二時間）、「図画」（一時間）であり、他方旧施行規則当時の文部次官澤柳が主張した「法制・経済」は一時間減じられている。総じて、「改正中学校令施行規則」は新設の「実業」をはじめとする最大八時間の授業増加によって、学校秩序への青年層の囲い込みを実現しつつ、実業、言語、自然科学といった実学系の科目を強化したと言えるであろう。

さて、第二節と第三節で捉えた小松原の二つの改革――国民道徳教育の再構築、及び、中学校教育の実業化――は教育内容においてどう実現されたのであろうか。第一の国民道徳教育については、旧施行規則においても一定の強調がみとめられたが、新施行規則の教育内容においては、自然科学系科目を除くほぼすべての学科目でさらに強化されている。その強化は、まず「修身」における国民の「責務」規定に表現されている。従来は、国民の「責務」の対象として「自己、家族、社会及国家」の四つが、「自己」を筆頭にして指示されていたのに対して、新施行規則ではその「自己」が削除されて「国家、社会及家族」だけとなり、何よりもまず最初に「国家」に対する「責務」が筆頭に置かれた。これと連動して、教育内容が「倫理学ノ一斑」から「我国道徳ノ特質」である教育勅語に限定された。二つ目に、「法制及経済」において、その内容が「現行法規ノ大要」から「帝国憲法ノ大要」へと変更され、さらに「体操」において「快活剛毅堅忍持久ノ精神ト規律ヲ守リ協同ヲ尚フ

表1：「改正中学校令施行規則」の学科課程と授業時間の配当

科目	1年	2年	3年	4年	5年	計
修身	1	1	1	1	1	5
国語及漢文	8	7	7	6	6	34
外国語	6	7	7	7	7	34
歴史地理	3	3	3	3	3	15
数学	4	4	5	4	4	21
博物	2	2	2	2		8
物理及化学				4	4	8
法制及経済					2	2
実業				(2)	(2)	(4)
図画	1	1	1	1	1	5
唱歌	1	1	1			3
体操	3	3	3	3	3	15
計	29	29	30	31 (33)	31 (33)	150 (154)

出典：教育史編纂会、1939年、148－149ページより筆者作成。
備考：数字は週あたりの授業時間。「外国語」は英語、ドイツ語、フランス語のうちいずれかを選択。通常は英語。（　）は選択科目。「実業」は文部大臣の許可を得て、他の科目の時数を減じてさらに増やすことが可能、また3学年から導入可能、「体操」は3時間以内までさらに増加可能とされている。「実業」と「体操」において弾力的に増やすことが認められている。

ノ習慣ヲ養ウ」という要旨が新たに加えられた。こうした国民道徳教育の強調は、「外国語」の教育目的・価値にまで拡張されている。「智識」の増進から「智徳」のそれへの変更である。すなわち、「智識」を通じた「国民道徳」の涵養であり、具体的には西洋「風物」の教授を通じた「我国道徳ノ特質」――国体――の教育が目的として明記された[17]。

第二の中学校教育の実科化、実際化についてもその浸透が広範囲に実現されている。この浸透は、「実業」科目の新設の他、自然科学系と言語系の科目において顕著であった。まず、農業、商業、手工を内容とする「実業」の新設は日本の基層を形成する農村出身の生徒に加え、当時成長しつつあった商工業者の教育要求への対応である。自然科学系では、「数学」は「習熟」と「応用」、「博物」と「物理及化学」は「実験」の推奨によって、科学的法則の暗記ではなく実際的な知識の獲得がそれぞれ志向されている。「法制及経済」でも「日常ノ生活ニ適切ナル」事項を授けるとされ、さらに、言語系科目では「国語及漢文」における「簡易ニシテ実用ニ適スル国文」、「外国語」における「近易ナル文章」が強調され、いずれも一層日常卑近な言語の教授への限定が追求されている。

以上、小松原文相の国民道徳教育の再構築と実用志向が「改正中学校令施行規則」において一層明瞭になっていたことを確認した。外国語教授については、「智徳」の増進、及び、「近易ナル文章」という表現においてこの二つが追求されていた。

第五節　「改正中学校教授要目」（英語科）の性格

「智徳」と「近易」を目的・価値とする英語教授はいかなる内容と方法によって具現されるというのか。「改正中学校教授要目」の「本要目実施上ノ注意」には教授上の全般的な指示が明言されている。その第一条「一、各学科目ヲ教授スルニハ其ノ固有ノ目的ヲ達スルコトヲ力ムルト共ニ互ニ連絡補益シテ統一ヲ保タンコトヲ要ス」、及び、第三条「三、教授ハ漫ニ繁多ノ事項ヲ注入シ又ハ形式ニ流ル、コトナク生徒ヲシテ正確ニ理解シ応用自在ナラシメンコトヲ期スヘシ」[18]は「中学校教授要目」のアカデミズム中学校観の踏襲を示している。従来の中学校令の枠内での改正である。[19]

1　「改正英語科要目」における変更点

表2は、「改正英語科要目」に示された各学年の教授内容に基づいて、英語教授の方法論的構造を捉えようとしたものである。表中の点線は、その内部の分科は統一的に教授せよという指示を意味している。例えば、第一

表2：「改正中学校教授要目」（英語科）の方法的構造

<table>
<tr><th></th><th>1年（6）</th><th>2年（7）</th><th>3年（7）</th><th>4年（7）</th><th>5年（7）</th></tr>
<tr><td>初期</td><td>発音・綴字</td><td></td><td></td><td></td><td></td></tr>
<tr><td>了解</td><td rowspan="3">読方及訳解
話方及作文
書取 習字(1)
「近易」</td><td rowspan="3">読方及訳解
話方及作文
書取 習字(1)
「近易」</td><td rowspan="2">読方及訳解
話方及作文
書取
「普通」</td><td>読方及訳解
「普通」</td><td>読方及訳解
「普通」</td></tr>
<tr><td>運用</td><td>話方及作文(2)
書取
「普通」</td><td rowspan="2">話方及作文(2)
書取
「普通」</td></tr>
<tr><td>文法</td><td>(1) 既習ノ事項、一般普通ノ法則</td><td>(1) 既習ノ事項、一般普通ノ法則</td></tr>
</table>

出典：教育史編纂会、1939年、164－167ページより筆者作成。
備考：（　）の数字は週あたりの授業時間数。「習字」と「文法」は週1時間まで、「話方及作文」は週2時間まで単独で教授してもよいとされている。

学年では「発音・綴字」は他と分けて教授せよという意味であり、その他すべての分科は第二学年までは分けずに統一的に扱うようにという指示であることを示す。同様に、第三、及び、第四学年では「文法」は週一時間まで単独で教授してもよいという意味であり、第四、五学年では「話方」と「作文」は週二時間まで別に教授してもよいことを示している。

以上を踏まえて、「改正英語科要目」を旧英語科要目（第二章参照）と比較してみると、今回の改正で変化した点がいくつか見いだされる。第一に、分科名の「会話」が「話方」へ変更されている点であり、第二に、第一学年までとされていた「習字」の単独教授が第二学年まで延長して許可されている点である。さらに、第三に「読方及訳解」、及び、「話方及作文」といった具合に「及」という接続語が使用されている点も注意を要する。そして、第四に言語材料の程度を表示する従来の「平易」から「近易」への変更、及び、「普通」の英語が一年早まって第三学年から教授されることとなった点である。

以下では、「改正英語科要目」の教授内容の趣旨を説明した「外国語ノ各分科ニ於テ授クル事項」（以下、「事項」と略す）（二〇九ページ、付録1）、及び、全般的な教授の方法に関する

「注意」（二〇九ページ、付録2）を新たに考察の対象に加えて、上述の変更点に注意しながら、「改正英語科要目」の新しい特徴的性格を捉えていこう。

2 「改正英語科要目」の特質

「改正英語科要目」は、基本的には旧英語科要目の志向を継承している。すなわち、（一）「音声第一主義」を方法原理とする英語分科の統一的な教授、（二）教授全般にわたる「習熟」の徹底、（三）読解教材をコアとする学習内容、及び、（四）「事物教授」と「風物」のドイツ実践からの摂取、以上であった。これらに加えて、前項で抽出した四つの変更点は「近易」と「智徳」の価値実現に向けた「改正英語科要目」の新たな特質の付加、あるいは、強調点を示唆している。

その第一の特質は、「音声第一主義」による教授過程統一のさらなる徹底と追求である。先に言及した「及」の追加がこのことを主張している。「読方」と「訳解」、「話方」と「作文」の統一であり、これは音声と文字の統一的教授の志向である。「授業中教師ハ……（中略）成ルヘク外国語ヲ使用スヘシ」（「注意」五）とされたのは「音声第一主義」の浸透を具現化するための指示として読むことができる。

第二は、科学的発音教授の導入である。「舌・歯・唇等ノ位置ヲ説明シ又ハ発音図ヲ示スヘシ」（「注意」二）がそれであり、イギリス音声学の達成が日本の英語教授国家基準に取り入れられたのはこのときが初めてである。この指示は、音声英語の一層の強調と連動した処置であったと見ることができる。

第三は、読解材料の程度の高度化である。従来第三学年まで扱うとされていた「平易ナル文章」は第二学年までとされ、「改正英語科要目」では「普通ノ文章」が早くも第三学年から導入されている。他方、「改正英語科要目」の低学年においては「近易ナル文章」という表現に変更され、一層日常卑近で実用的な英語力が目指されていることがわかる。初年級での実用近易主義に対する高学年での高度な英文読解力の追求とは、低学年での「近易」と高学年での「智徳」の追求であると見ることができる。

第四は、「事物教授」による西洋「風物」の教授である。「事物教授」と西洋「風物」への注目は、旧英語科要目において初めて日本の英語教授政策に取り入れられたのだが、この新しい教授要目においても「読方及訳解ニ於テハ場合ニ依リ実物図画ヲ用ヒ又彼我風俗・習慣等ノ相違ヲ説キテ意義ノ了解ヲ助クヘシ」と継承されていた。西洋「風物」が教授の内容として明確になった。

第五の特質は、著しい英作文教授の強調である。従来より旧英語科要目に至るまで、「作文」に関する具体的な教授の方法が言及されたことは一切なかった。ところが、「改正英語科要目」では「……（中略）作文ニ於テハ左ノ諸例ニ準シ適宜之ヲ課ス」として、「和文英訳」の他、「訳解」で扱った教材に関する英作文、テーマや特定の語句を指定した英作文、さらには自由英作文といった具体的な指導活動が初めて提示された（「事項」）。「習字」が第二学年で一時間増加されたのは「作文」の基礎教授を強調した変更であるし、「話方及作文」が高学年において週二時間まで単独で教授できるとされたのも、作文教授の強化と連動した処置であろう。

第六節　結論——明治英語教授国家基準の性格——

図2は、これまでの中学校英語教授政策の分析に基づいて、明治期中学校英語教授理論の性格を捉えようとしたものである。以下、「改正英語科要目」における英語教授の目的・価値論、内容論、及び、方法論の順に、この図2と対応させながら整理してみよう。

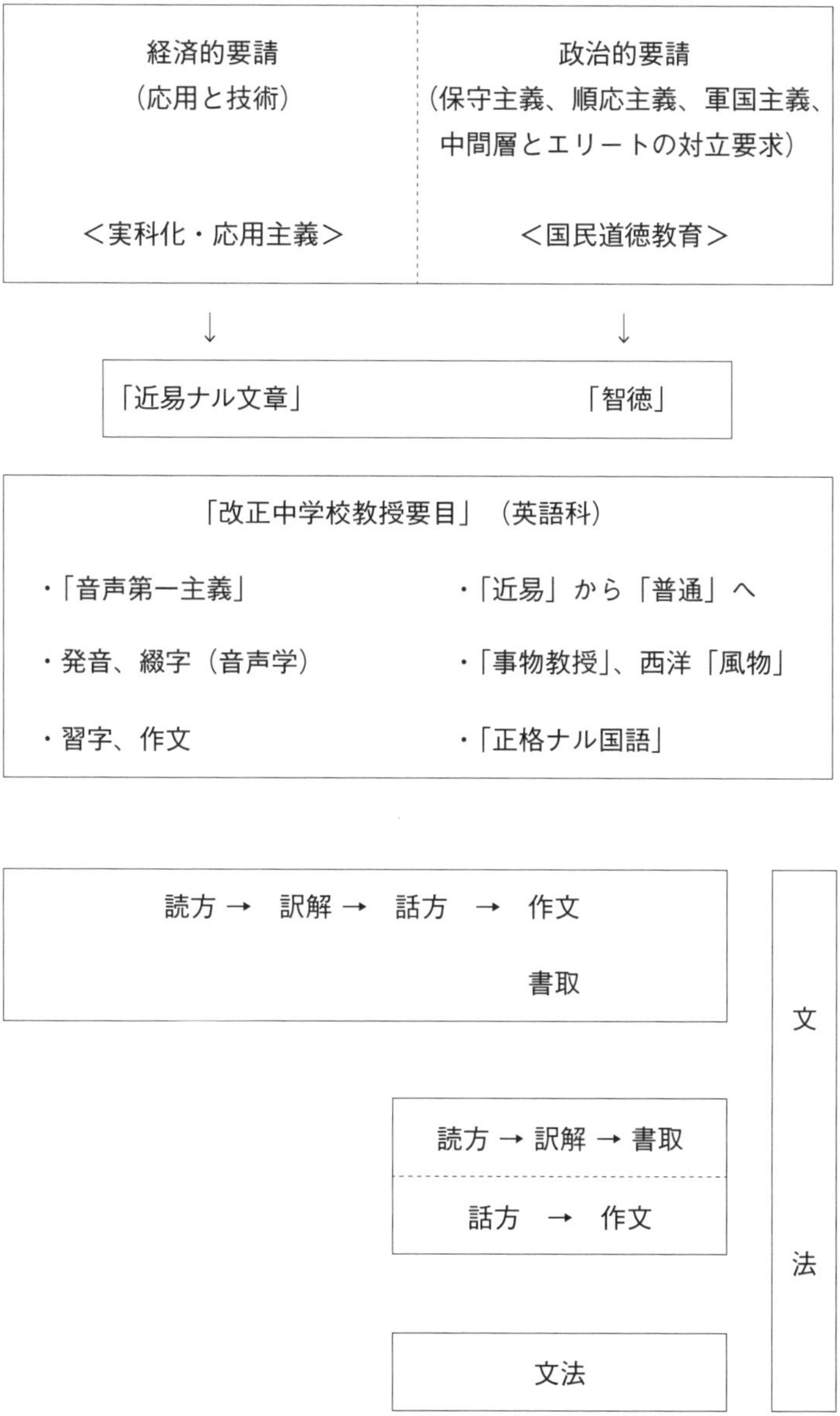

図２：「改正中学校教授要目」（英語科）における教授理論の性格

1　英語教授の目的・価値

明治期中学校英語教授政策は、中学校に対する教育要求の変化、多様化に対応するための制度改革を背景に展開した。その展開は、日露戦争以降の帝国主義的経済膨張策に対応した中学校機能の模索という文脈で進行している。その中で、明治国家によって中学校英語教授に要請された新たな目的・価値とは、実用主義、応用主義と愛国的国民教育であった。

実用主義、応用主義は、経済グローバリズムを担う一部の商工業層を中心とした新しい語学エリートの育成要求に即したものであり、愛国的ナショナリズムの教育は、戦後の国威発揚のための国家秩序への青年層の再編政策として自覚された。一方には、経済の国際化に奉仕するテクノクラート養成という課題であり、他方では語学エリートを愛国心に基礎づけるという課題である。その結果、英語教授の目的・価値――実用主義、応用主義と国民道徳教育――は、「近易ナル文章」、及び、「智徳」という表現として「改正英語科要目」に盛り込まれた。

2　英語教授の内容的特質

「近易ナル文章」と「智徳」を志向する「改正英語科要目」は、以下のような教授内容的特徴を示すものとなった。まず、英語教授の実用主義、応用主義改革については、第一に「音声第一主義」の方法原理による教授過程の再編の徹底であり、第二に音声学的知見の援用による音声英語教授の強化であり、第三に英作文教授の強化である。

他方、中学校英語教授における愛国主義的ナショナリズム教育は、低学年での「近易」な英語教授による応用主義の基礎の追求に対し、一転して第三学年以上では高度な読解力――「普通ノ文章」――の教授によって追求された。そこでは、「事物教授」の内容として西洋「風物」が自覚され、それとの接触を通じた「我国固有ノ国民道徳」の涵養を促す方法で、愛国に回帰する文化教授が構想されたのであった。加えて、「解釈」の際の邦語の使用は「正格ナル国語」でなければならないともされた。いずれも、英語教授による日本文化の規範意識の涵養である。

3　英語教授の方法的特質

最後に、応用主義と国民道徳陶冶の教育内容はいかなる教授の方法と内実的に統一されたのか。「改正英語科要目」における英語教授法改革は、「音声第一主義」による教授過程の統一化であると指摘してきた。この統一志向は特に第三学年までの低学年において強く、そこでは「読方及訳解」、「話方及作文」、及び、「書取」が専門分化することなく統一的に教授することと指示され、さらに「文法」の扱いにおいても他の分科と関連させながら帰納的に教授せよとされた（図2の右下方の縦長のボックス）。ところが、第四、五学年では「読方」・「訳解」・「書取」からなる「了解」の系と、「話方」・「作文」からなる「運用」の系、及び、「文法」の系へと英語教授が分化することが想定されていた。「了解」の系は、西洋「風物」の教授を媒介したナショナリズム教育の機会であり、「運用」の系は英作文における表現力の追求による応用主義教育の機会である。以上をまとめると、「改正英語科要目」における「方法」は三つの系――「了解」・「運用」・「文法」――に専門分化していくことが示唆された。すなわち：

（一）「了解」：「読方」→「訳解」→「書取」
（二）「運用」：「話方」→「作文」
（三）「文法」

最後に、「中等学校ニ於ケル英語教授法調査委員報告」（「報告」）と「東京高等師範学校附属中学校英語科教授細目」（「四十三年附中細目」）との関連において、「改正英語科要目」の性格を把握しておきたい。

「改正英語科要目」には、「報告」あるいは「四十三年附中細目」から継承しなかった特質として三点をあげることができると思われる。一つ目は、両者ともに主張していた旧来の分科名の機能言語への再編である。二つ目は、「報告」の主張であった「必修語彙」による課程進度の表示である。そして、三つ目は文法教授の重視である。「文法」は「報告」では第五学年にも、「四十三年附中細目」に至っては全学年に配当されていた。にもかかわらず、「改正英語科要目」は従前通り第三、四学年だけに配当した。

分科名の機能言語への再編と「必修語彙」による進度表示は、英語教授の実用語学化を象徴する初めての改変案であったが、「改正英語科要目」はこれらを拒否することとした。「改正英語科要目」はリベラルな改変よりも現実に沿った緩やかな改革を選択したと言えるであろう。それよりむしろ、意識的な文法教授を弱化させて注入主義的教授を抑えることの方が実用的英語力の達成に近づけると見たのかもしれない。

他方、「改正英語科要目」へと継承された特質が二つある。一つは読解力の高度化であり、もう一つが英作文教授の強化である。前者は附中細目の特質であり、後者は「報告」のそれであった。

明治期中学校英語教授の国家基準は、西洋近代語教授理論の達成を強く意識し、実際に摂取、受容しながら、グローバルな意思疎通能力と愛国的国民道徳教育の達成という明治後期的課題の解決を担って構築された、極めて日本特有の「ナチュラル・メソッド」の一形態であった。

付録 1：「改正英語科要目」における「外国語科ノ各分科ニ於テ授クル事項」

発音　綴字　単語ニ就キテ単音・連音・「あくせんと」及文字ノ組合セヲ授ク
読方及訳解　文章ノ聴方・読方及解釈ヲ授ク
話方及作文　話方ニ於テハ対話・説話ノ聴方・言方ヲ授ク作文ニ於テハ左ノ諸例ニ準シ適宜之ヲ課ス
　一　読方及訳解又ハ話方ニ於テ練習セル事項ヲ応用シテ記述セシムルモノ
　一　国語ヲ外国語ニ訳セシムルモノ
　一　記述スヘキ事項ノ梗概ヲ授ケ又ハ使用スヘキ語句ヲ示シテ之ヲ綴ラシムルモノ
　一　課題ヲ与エ自由ニ文ヲ綴ラシムルモノ
書取　文章ヲ臨写セシメ又ハ之ヲ朗読シテ筆記セシム
習字　書写文字ノ書方ヲ授ク
文法　品詞論及文章論ノ一班ヲ授ク

出典：教育史編纂会、1939 年、164－165 ページ。

付録 2：「改正英語科要目」における「注意」

一　発音ハ何レノ学年ニ於テモ之ヲ忽ニスヘカラスト雖モ初期ノ教授ニ於テ特ニ注意シテ之ヲ正スヘシ
二　発音ヲ授クルニ際シ必要アルトキハ舌・歯・唇等ノ位置ヲ説明シ又ハ発音図ヲ示スヘシ
三　読方及訳解ニ於テハ場合ニ依リ実物図画ヲ用ヒ又彼我風俗・習慣等ノ相違ヲ説キテ意義ノ了解ヲ助クヘシ
四　解釈ハ成ルヘク精密ニ原文ノ意義ニ適応セシメ国語ヲ以テスル場合ニハ其ノ正格ナルモノヲ使用セシムヘシ
五　教授中教師ハ生徒ノ了解シ得ル程度ニ於テ成ルヘク外国語ヲ使用スヘシ
六　生徒ノ学力ニ応シ正確明瞭ニ会得セル文章ニ就キ時々暗誦ヲ課スヘシ
七　適当ノ時期ニ於テ予習ヲ課シ又辞書ノ用法ヲ授ケ其ノ使用ニ慣レシムヘシ

出典：教育史編纂会、1939 年、166－167 ページ。

参考文献

(1) 小松原英太郎君伝記編纂委員会「教育の内容実質改善に関する諸施設」『小松原英太郎君事略』東京印刷、一九二四年、一三〇ページ。
(2) この構想は、結局中学部が削除された二ヵ年半制の「高等中学校令」となって一九一一(明治四十四)年七月に公布された。しかし、当時奥田文相の無期延期によって結局実施されなかった。ただし、その後も七年制高等学校設置の動きは継続しており、ついに一九一八(大正七)年にそれは実現した。小松原期の「高等中学校」構想に関する研究には、市川美佐子「一九一一(明治四十四)年高等中学校令の成立過程――「中学教育令」案を中心として――」『日本の教育史学』第二十集、講談社、一九七七年、四―十九ページ、若月剛史「高等中学校令成立過程の再検討――牧野・小松原文相の学制改革構想を中心に――」日本歴史学会『日本歴史』第六九四号、二〇〇六年、七十一―八十七ページを参照されたい。
(3) 谷口琢男『日本中等教育改革史研究序説――実学主義中等教育の摂取と展開――』第一法規出版、一九八八年、一三四ページ。
(4) この実現の前提として大学の増設が必要であったが、実際には東北大学と九州大学が設置されただけであったため、「高等中学校」の設置数と定員数は制限された。また、府県立の「高等中学校」設置案に対しても、その濫設を招いた場合「高等中学校」卒業者を大学に吸収することができなくなるため、そうなれば結局は大学浪人としての新たな「高等遊民」を輩出する等の反論に遭遇した。小松原英太郎君伝記編纂委員会、上掲書、一九二四年、一〇二―一〇三ページ。
(5) 小松原英太郎君伝記編纂委員会、同掲書、一九二四年、一〇六―一〇七ページ。
(6) 谷口琢男、上掲書、一九八八年、一三八―一四〇ページ。
(7) 山田忠『中学校関係法令の沿革(復刻版)』湘南堂書店、一九八五年、二一七ページ。
(8) 山田忠、上掲書、一九八五年、二一七ページ。
(9) 小松原英太郎君伝記編纂委員会、同掲書、一九二四年、一二四―一二五ページ。
(10) 山田忠、同掲書、一九八五年、二一八ページ。
(11) 教育史編纂会『明治以降教育制度発達史』第四巻、龍吟社、一九三八年、一八四ページ。

(12) 教育史編纂会、上掲書、一九三八年、二七一ページ。
(13) 教育史編纂会『明治以降教育制度発達史』第五巻、龍吟社、一九三九年、一五〇ページ。
(14) 小松原英太郎君伝記編纂委員会、同掲書、一九二四年、一一六―一一七ページ。
(15) 山田忠、同掲書、一九八五年、二一七ページ。
(16) 山田忠、同掲書、一九八五年、二一八ページ。
(17) 教育史編纂会、上掲書、一九三九年、一四六―一四八ページ。
(18) 教育史編纂会、同掲書、一九三九年、一五三―一五四ページ。
(19) 小松原文相は当初「実業」を必修科目として諮問していたが、高等教育会議において選択科目に修正されるという経緯があった。中学校の実業化に対する帝国大学等の抵抗が存在したようであり、中学校のアカデミズム体質は容易に変化しなかった。教育史編纂会、同掲書、一九三九年、一五〇―一五一ページ。

結章

第一節　明治期中学校英語教授制度の展開

第一章と第二章では「中学校教授要目」（英語科）の性格、第三章と第四章では帝国教育会英語教授法研究部における中学校英語教授法論議を通した日本人の西洋近代語教授理論摂取のあり方、第五章と第六章では牧野文相主導による日露戦争後の外国語教授政策、第七章では同じく戦後における東京高等師範学校附属中学校の英語教授改革の分析をそれぞれおこなった。以上を通じて、第八章において明治期中学校英語教授制度の総決算である「改正中学校教授要目」（英語科）の性格を検討した。これらの検討結果を時系列に関連づけて、明治期中学校英語教授の政策過程を総合すると次のようになる。

明治初期より西洋文明移入のための諸教科の教科書言語だった英語の教授は、明治二十年代にはもはや自明ではなくなっていた。英語は「英語科」という教科の中でのみ教授されるようになったのであり、このとき明治国家は英語教授の目的を初めて主体的に明示する必要に直面したのである。一九〇二（明治三十五）年の「中学校教授要目」（英語科）はその初めての試みであり、中学校英語教授の制度化はこの時から開始されたと言ってよい。

中学校英語教授制度のあり方を大きく左右した要件は、中学校機能の選択という問題であった。一八八六（明治十九）年の初代文相森有礼による「中学校令」は、実業に就く者と高等の学校に入学する者という両方の中学校機能に言及していたが、実際は実業科目を提供しておらず、したがって実質的には帝大に接続するアカデミックな教育機関となっていた。その後の中学校政策では、文相井上毅による実業的性格の強い完成教育機関への変更が試みられたが、地方ブルジョア層や上流農家層らのアカデミズム要求に阻まれた。この結果、明治中期以降の中学校は依然目的をあいまいにしたまま増設の一途をたどり、その結果として中学校教育の質の悪化、中学校生徒学力の低下という問題を顕在化させるようになっていった。

一八九九（明治三十二）年の「改正中学校令」は、こうして増え続けた中学校数を抑えて入学者数を制限し、教育の質を引き上げようとした改正であった。「改正中学校令」の成立は、「高等普通教育」――進学や就職といった外在的な動機によらない、人格形成としての純粋な学力――を主張した帝大出身の文相菊池大麓が、国家中堅層の育成を重視して、より実際的な中学校教育を志向した文部省普通学務局長の澤柳政太郎との論争を抑え込んだ結果であった。ここにおいて、菊池のアカデミズムを反映した中学校観が制度の上で確定した。この中学校とは、「高等普通教育」を教授する中等教育の「正系」として、地方入学者の学力的多様性に対して画一的基準を要求する硬直した運営体質を特徴とした。「中学校教授要目」（英語科）は、「改正中学校令」のこうした性格の上に成立していた。

しかし、「中学校教授要目」（英語科）は中学校英語教授法制度改革の完成というよりも、むしろその始まりにすぎなかったのである。それまで閉じた感があった明治政府による中学校英語教授制度に関する議論は、「中学校教授要目」（英語科）の公布以降オープンな議論に発展する。その際、主要な教育情報となったのが文部省官費留学生によって受容された西洋近代語教授理論であった。英語教授法専攻官費留学生の派遣は明治三十年代の初めから始まり、その後明治末期まで継続的におこなわれた。その間の派遣者は八名を数えたが、この数は他教科の教授法専攻生の数をはるかに凌いだ。

この、中学校英語教授法論議の重要な場は、当時唯一の全国組織の教師職能集団だった帝国教育会が一九〇二（明治三十五）年十一月に当代の英語研究者、英文学者、有識者を集めて立ち上げた英語教授法研究部であった（一九〇七年十二月に消滅）。そこでは、「ナチュラル・メソッド」――当時「新教授法」と呼ばれた――の摂取の是非、あるいは、摂取の形態について喧々諤々の議論が展開されている。

この論議の検討からは、日本人が「ナチュラル・メソッド」の方法原理を様々な内容に解釈していたことが判明した。ある者は「ナチュラル・メソッド」を積極的に摂取して日本の伝統的素読訳読教授法を改変すべきだと言い、またある者は取り入れやすい部分を選別して、これを素読訳読教授法に付加する折衷案を主張した。さらには、「ナチュラル・メソッド」は日本人の外国語教授法としては馴染まないとして、その一切の摂取を拒否する反動的論者も存在した。このように、日本人による「ナチュラル・メソッド」の摂取観は実に多様であり、その摂取の形態に関する合意が形成されたとはとても言い難かった。一九一一（明治四十四）年の「中学校教授要目」改正までの約十年間は、こうした保守反動派とリベラル派の英語教授法案をどのように調整していくのかについての模索期間だったと言えるのである。

英語教授法研究部の活動が終焉した後の明治四十年代における教育改革は、日露戦争以降弛緩してしまった国民の愛国的一体感の復活を目標とする文相牧野伸顕がこの政策過程を主導した。このうち、中学校教育改革に関しては一般農村における大量中途退学問題に表現される、「高等普通教育」の内容、詰め込み教育、及び、その画一的な運営体制の弊害が指摘されていた。牧野が文部省視学官大島義脩に対して、「完成的の教育」、「一層高等なる教育を受くべき準備」、「所在地方の事情に適応する教育」の三者を調整し、「国家が全中学校に対し、画一に要求すべきは何々なるかを決定すること」を指示したのにはそうした背景があったからである。こうして、一九〇八（明治四十一）年、中学生の高等学校入試問題の答案をもとに中学生学力の特質や弱点を調べた結果、大島は応用力や類推力といった抽象的な科学的思考様式を日露戦争後の中学生全体に必要な学力だと結論づけたのである。前文相菊池が執拗にこだわった「高等普通教育」機関としての中学校観が、ここにおいて再度確認されたと考えることができる。

こうして再定位された中学校機能のもとで、牧野は中学校英語教授法改革に意欲的に取り組む。神田乃武や岡倉由三郎を含む計七名の英語教育者による文部省英語教授法調査会（一九〇七年二月設置）がその舞台である。文部省内に設置されたこの調査会は約二年間の検討を経て、一九〇九（明治四十二）年一月二十日、西洋近代語教授理論の大胆な受容を試みた「中等学校ニ於ケル英語教授法調査委員報告」として『官報』に公開した。この報告には、学習進度の尺度を従来の読本ではなく必修語彙数として表すという斬新な案の他、「ナチュラル・メソッド」の方法原理「音声第一主義」による教授過程の統一や「書方」教授の大幅な刷新、帰納的な文法教授の徹底を通じて、戦後の帝国主義的経済膨張政策に対応した人材育成に邁進する牧野の激しい語学主義、応用主義英語教授観が余すことなく反映されていた。

ところが、翌一九一〇（明治四十三）年一月に、今度は中等教員養成の総本山東京高等師範学校附属中学校が教授細目を改定して全国の中等学校に配布した。このうち、英語科教授細目を作成したのは文部省英語教授法調査会の委員でもあった同校教授で英語科主任の岡倉だった。岡倉が主導したこの教授細目は、牧野らが公開した「報告」と同様、「音声第一主義」や帰納的思考法といった近代語教授理論を自覚的に取り入れていた点で共通していた。しかしながら、最終的には岡倉が英語教授の目標を読解力に収斂させていた点で、中学校英語教授の保守的な対案だったのである。

一九一一（明治四十四）年七月に改正された明治期中学校英語教授改革の到達点「中学校教授要目」（英語科）が公布される直前において、牧野のリベラル案と岡倉の保守案といった中学校英語教授法の対照的な二つの試案が公開された事実は大変興味深いと言わざるを得ない。これら二種類の国家基準の試案に基づいて、「改正中学校教授要目」（英語科）が作られていくこととなるからである。そして、完成したその内容とは、中学校英語教授の目的、方法、及び、内容上の特質を両者から折衷した、特異な日本的中学校英語教授の国家基準――「ナチュラル・メソッド」の日本的異種――であったのである。

第二節　明治期中学校英語教授制度の特質

本節では、「序章」で掲げていた二つの研究課題への回答を試みて、明治期中学校英語教授制度の特質を抽出したい。

第一の課題は、日本人の西洋近代語教授理論の理解の仕方や摂取のあり方にはどのような特質があったのかという問いである。日本人による西洋近代語教授理論の摂取は明治初年の外国人英語教師の雇用を通じた直接的摂取を皮切りに、原著の翻訳や日本人自身による外国語教授法改良を説いた著書を通じて、次いで欧州への文部省官費留学生派遣を通じた間接的摂取によって、継続的におこなわれた。そのうち、中学校英語教授の制度化との強い連関をもった教育情報が、明治三十年代の中学校制度の見直しの時期と並行して開始された官費留学生経由で摂取されたものであった。その摂取のあり方をめぐる日本人の態度は、留学帰国者の講演を主たるものとしておこなわれた英語教授法研究部の論議の中に明瞭に見出すことができる。すなわち、近代語教授理論に対する日本人の解釈の多義性――しばしば、その不正確さを含んだ――と、その多義性に起因して、摂取に対する多様な判断――拒否論、慎重論、あるいは、積極論――が見られたのである。

この事実は、先行研究が明治中後期の日本の英語教授改革のありようを西洋理論の摂取による「進歩」や「覚醒期」といった具合に、一様に積極的な意義を付与していたこととはかなり印象を異にするのである。まず、近代語教授理論の方法原理「音声第一主義」の解釈における多義性の問題である。文部省官費留学生のうち、岡倉由三郎や神田乃武、熊本謙二郎らは近代語教授理論を原理として、統一的な体系として捉えていた。しかし、英文学者の戸川秋骨らに見られたような、「ナチュラル・メソッド」を「簡より繁に進む」や「卑近な事から深遠な事に入る」のような教授の定型と見る解釈があった点は重要である。近代語教授理論における「音声第一主義」、「事物教授」、帰納的思考――コメニウスやペスタロッチーにおける具体から抽象へ――とは、教授の手続きではなく、学習者の認識過程、教授＝学習の形成的過程として把握された原理であった。

西洋近代語教授理論の把握におけるこうした歪みや退化の結果、その摂取のあり方において次のような摂取形態が議論の俎上に載せられた。岡倉の帰納的、開発的過程、神田と熊本の模倣による習慣形成という積極的摂取論、素読訳読法を温存したまま、「ナチュラル・メソッド」の諸要素から「発音」と「習字」を抽出してこれを低学年に「付加」するという折衷案、さらには、日本の外国語教授法の揺るぎない伝統は素読訳読法であると主張する復古派による「ナチュラル・メソッド」の一切の拒否、以上である。

第二の課題は、一九〇二年「中学校教授要目」（英語科）、及び、一九一一年の「改正中学校教授要目」（英語科）が担った教育政策的意図についてである。国家政策が、明治期中学校英語教授を具体的にどのように方向づけたのかについての研究はこれまでおこなわれていなかった。

まず、一九〇二（明治三十五）年二月六日公布の文部省訓令「中学校教授要目」（英語科）の国家政策的意義について整理しよう。「改正中学校令」下の中学校政策は、学校の増設――中学校生徒数の増加と教師不足――が引き起こした中学校教育の質の低下を、中学生数を抑制することで挽回したい帝大派の文部官僚らによる中学校アカデミズム化路線と、多くの中学生に教育の機会を開いて国家中間層を育成したい澤柳政太郎らの中学校実科化路線という対立軸をめぐってその攻防が繰り広げられた。結局は、澤柳らの中学校実科化の志向はこのとき設置された「実業学校」が担うこととされ、中学校は進学や就職という在外的な学習動機を目的としない、学問による人間陶冶の場というアカデミックなアイデンティティを明確にした。この志向は、とりわけ菊池の専門分野である「数学」を筆頭に、自然科学系の科目において著しく強化された。

その反面で、人文社会科学系の諸科目においては澤柳の実際的教育観、実用簡易路線の教育観がややみとめられており、例えば澤柳が執拗に主張していた「法制及経済」という科目が新たに導入されるとともに、「国語及漢文」や「外国語」といった言語系の科目においては教育内容の総合化と実用簡易化がおこなわれた。具体的には、「国語及漢文」では「習字」をこれに統合し、「近古ノ国文」を「現時ノ国文」の講読と「実用簡易ナル文ヲ作ラシ」むことに変更した。実用簡易の志向は、「外国語」においても顕著であった。「簡易ナル文章」という表現がここで初めて使用され、従来の「普通ノ文章」の前階梯として位置づけられた。加えて、「発音」と「綴字」の教授が第一学年固有の教授内容として制度上の位置を獲得した。アカデミックな教育機関として再定位された「改正中学校令」下の中学校において、英語教授については実用簡易、実際的な教育方針の方にゆるやかにではあるが転換されつつあった。

この約十年後に公布された「改正中学校教授要目」(英語科)は、日露戦争後の国家秩序の再建という、新たな、そして一層リアルな国家目標の実現を求めて作成されたものであった。すなわち、この時期の中学校教育政策を方向づけた要件は、帝国主義的経済発展策に貢献するグローバル人材の育成という国家的課題であり、そのために一方では実用知の教育、他方では国民道徳教育、以上の二つの軸の強化を中心に遂行された。

この政策課題を牧野から引き継いだ文相小松原英太郎の中学校改革は、まさにこの二軸の実現と徹底を目指したものであった。彼の「高等中学校」構想は実施には至らなかった。しかし、これは「高等中学校」を従来の中学校に期されていた「高等普通教育」機関とすることによって、中学校教育の実科的性格と国民道徳教育の強化を追求したものであり、この構想の中に小松原の中学校改革の基本方針を読み取ることができる。小松原は、まず従来専門学者によって決定されていた中学校教育の内容や程度を文部省視学官に調査させ、また実業教育費国庫補助金を増額して実業学校を増設する等を通じて、中学校教育の実用化、実際化実現の土台構築に着手した。

この上で、中学校教育課程上ではまず「実業」を選択科目として高学年に開講できるとした他、自然科学系と言語系科目における実用知の追求、実用簡易化を強化しようとした。具体的には、前者では「数学」における応用、「博物」や「物理及化学」における実験の重視であり、後者については「法制及経済」を「日常ノ生活ニ適切ナル」事項を授ける科目とし、「国語及漢文」では「簡易ニシテ実用ニ適スル国文」を教授するよう変更された。この方針において、「外国語」もまた従来の「簡易ナル文章」がさらに「近易ナル文章」へと書き替えられ、一層日常卑近な外国語の教授が強調されたのである。

他方、国民道徳教育の刷新については、「修身」の教育内容を西洋倫理学の教授から「我国固有の国民道徳」、すなわち、教育勅語に限定し、国民が奉仕すべき「責務」の序列と対象が「国家」、次いで「社会」と「家族」へと限定され、従前からあった「自己」への奉仕が削除されてしまった。また、寄宿舎の設置を推し進めて集団指導体制を通じたナショナリズム教育が図られるとともに、体育教育を「撃剣」と「柔術」によって「心身ノ鍛錬」を図る主要な教科とされた。さらに、先述した新設科目の「実業」には、「勤労ヲ重ンスルノ美習」を涵養する徳育機能も期待された。澤柳が最もこだわった「現行法規ノ大要」の教授を内容とした「法制及経済」は、「帝国憲法ノ大意」へと限定されたのである。こうした国民道徳教育内容の愛国的ナショナリズムへの偏向は、

「外国語」の目的を外国文化――西洋「風物」――の教授を通じた日本文化――「日本精神」――の涵養として明白なものにした。「智徳ノ増進」という表現がそれである。また、第二学年までの「近易ナル文章」から一転して、第三学年以上での「普通ノ文章」へと教授程度の早期引き上げが盛り込まれた。西洋「風物」の摂取を通じた「日本精神」の涵養というナショナリズムの教育が、読解力教授の早期高度化を通して展望されたのである。

以上、一方には中学校英語教授の実用化・近易化、他方には読解力の高度化による西洋「風物」の摂取を通じた「日本精神」の涵養といった英語教授の目的・価値の間の拮抗は、日露戦争後の新たなグローバル経済志向からの教育要求とエリート官僚養成という保守的教育要求との間における国家政策上の利害調整を背景として展開された中学校英語教授政策であったと見ることができる。

第三の課題は、明治期中学校英語教授の国家基準「中学校教授要目」（英語科）、及び、その改正要目が、西洋近代語教授理論の摂取内容とどのように関連していたのかについて明らかにすることであった。本研究では、「中学校教授要目」（英語科）に内在する西洋近代語教授理論の教授原理として、「音声第一主義」による分科の体系的・統一的教授、演繹的な文法の扱いから帰納的教授への志向、「平易ナル文章」から「普通ノ文章」へという教授内容の程度の自覚的把握、「事物教授」という方法、及び、「風物」という教育内容の導入、以上を抽出した。「音声第一主義」、帰納的思考、教授内容の程度、「事物教授」、「風物」、以上のすべては、「事実から原理へ」、「具体から抽象へ」を人間の認識過程とした近代の思考方法であり、「中学校教授要目」における英語教授は、原理の上では、西洋近代の達成によって追求されたものだったということになる。

一九一一（明治四十四）年の「改正中学校教授要目」（英語科）における教授原理上の発展は、音声学という言語科学の達成がさらに盛り込まれていた点である。イギリスのヘンリー・スウィート（Henry Sweet）による科学的言語研究の成果であった。この近代音声学の成果は、初期段階における発音の教授に応用するとされていた。「舌・歯・唇等ノ位置」の説明を「発音図」を使っておこなうという方法であった。

近代日本の中学校英語教授制度の展開と西洋近代語教授理論との関わりに関する先行研究では、この音声学の摂取による英語教授の近代化の指摘しかなかった。したがって、本研究では特に「事物教授」、及び、「風物」という西洋近代語教授理論摂取の意義を強調しておかねばならない。本書の第二章第六節で言及したように、「事物教授」と「風物」は、近代教授学における方法原理、及び、その教育内容原理であり、近代市民倫理の教育理念の中核的概念として自覚され、成立した近代語教授学の基本原理であった。近代科学としての音声学の知見とともに、明治期中学校英語教授の制度化はこれらの近代外国語教授理論における二大達成に依拠しながら追求されたものであった。

第一の研究課題——日本人の近代語教授理論摂取のあり方——の解明で検討した英語教授法研究部における、いわゆる「新教授法」摂取の形態の類型化では、五つの摂取形態、すなわち、五種類の日本的「ナチュラル・メソッド」の構造を導いたが、「音声第一主義」、帰納的思考、教授内容の程度、「事物教授」、「風物」といった近代語教授理論の方法原理を取り込んだ中学校英語教授の国家基準、とりわけ「改正中学校教授要目」(英語科)は、これらのうち最もラディカルな摂取形態を採用していた。第二の研究課題で明らかにしたように、外国語政策過程へのこれらの摂取を通じて、明治政府は「近易」と「日本精神」、実用知の追求と国民道徳教育の再建を目指そうとした。日本的目的を西洋的方法によって達成しようとしたのである。

第三節　総括

明治期中学校英語教授政策の制度化過程の特質は、明治三十年代の中学校教育のアカデミズム志向の中にあっては西洋近代語教授理論を外国語教授の実用簡易化の方途として利用し、明治四十年代における日露戦争後の国家政策再編期においては、なお一層の中学校教育の実用化・実際化に加えて、愛国的ナショナリズム教育による「国体」の強調——日常卑近性と国民道徳——を追求する方途として利用した点にある。一般庶民の知的、文化的、経済的自立の願いのもとに自覚されてきた西洋近代語教授理論が、国内事情に基づく国家政策の遂行の目的に沿って取捨選択されたのである。その結果、近代教授学の基本理念であった近代市民倫理の教育思想が民族共同体倫理に取って替わられることによって、近代の「方法」は解体するのである。

国家政策遂行のために国民にいかなる教育を与えるのかという権力者側の課題意識は、およそ教育という次世代への意図的な働きかけの意識が芽生えた歴史的時期以来、今日まで存在し続けている。明治国家という絶対主義国家は、あまたあった過去の経験の一例にしかすぎない。そして、そのような外国語教授制度の作り方、そこにおける諸外国の教授理論の援用のあり方、その結果として、本来の学理を矮小化するという内側の論理のみに立脚した異文化摂取に対する未熟な態度は、二十世紀以降の日本の外国語教育の制度化においても依然として継続していることを自覚しておかなければならないであろう。異文化理解におけるこのような自己本位な態度は、言語的、文化的多様性の尊重、人権と民主主義の擁護をその理念とするＣＥＦＲ（ヨーロッパ言語共通参照枠）を学習者の言語能力の評価尺度へと歪曲して、企業が求める英語力の段階として援用するといった最近の事例にも見られるところである。本来、ＣＥＦＲとは多言語社会の欧州において、多様な教育機関の資格証明書類を比較するための共通の用語やツールを提供し、最低限の透明性と一貫性を保障するために作成された「参照枠」であって、外国語能力を測定するための「尺度」ではない(1)。

日本という「内」を知るために異文化という「外」を利用するというように、「内」を「外」より上に置き、対立関係を前提とする近代日本の英語教授政策過程の性格が、今後はその両者の客観的な理解を促進し、互いから学び取り高め合うような関係に基づく建設的な挑戦へと成長することを願って止まない。

参考文献

（1）古石篤子「もっと豊かな言語教育を」『危機に立つ日本の英語教育』慶應義塾大学出版会、二〇〇九年、一八三―一八四ページ。

初出一覧

本書のもとになった論考は、二〇一三年四月にThe University of New England（オーストラリア）より博士の学位を授与された論文 *A Historical Study of Educational Policy, Methods, and Practice in English Teaching during the Meiji Period (1868-1912) in Japan* を日本語で書き直した上で、これに改訂増補を加えて発表した論文を主としている。本書に収録するに当たって、さらに加筆修正をおこなったものもある。

序章
＊博士論文 *A Historical Study of Educational Policy, Methods, and Practice in English Teaching during the Meiji Period (1868-1912) in Japan* の第一章の一部を利用。

第一章　一九〇二年「中学校教授要目」（英語科）の制定過程
＊原題「明治三十五年「中学校教授要目」（英語科）の制定過程――「尋常中学校英語科ノ要領」及び「尋常中学校英語科教授細目」の作成とその意味――」『富山高等専門学校紀要』第三号、二〇一六年

第二章　一九〇二年「中学校教授要目」（英語科）の性格

＊原題「明治三十五年「中学校教授要目」（英語科）の性格」『富山高等専門学校紀要』第四号、二〇一七年

第三章　帝国教育会英語教授法研究部の成立

＊原題「帝国教育会英語教授法研究部の成立」『富山高等専門学校紀要』第一号、二〇一〇年

第四章「新教授法」の摂取と変容

＊原題「「新教授法」の摂取と変容：帝国教育会英語教授法研究部における教授法論議」『日本英語教育史研究』第三十号、二〇一五年

第五章「中等学校ニ於ケル英語教授法調査委員報告」の性格

＊原題「「中等学校ニ於ケル英語教授法調査委員報告」の分析」『富山高等専門学校紀要』第一号、二〇一〇年

第六章　牧野伸顕文相期の外国語教育政策

＊原題「「中等学校ニ於ケル英語教授法調査委員報告」をめぐる教育政策――牧野伸顕文相期の外国語教育政策を中心に――」『日本英語教育史研究』第二十六号、二〇一一年

第七章　東京高等師範学校附属中学校における英語教授改革

＊原題「明治四十年代の東京高等師範学校附属中学校英語教授改革」『富山高等専門学校紀要』第五号、二〇一八年

第八章　明治英語教授国家基準の性格
＊原題「明治英語教授国家基準の性格——明治四十四年「改正中学校教授要目」（英語科）の分析——」『富山高等専門学校紀要』第四号、二〇一七年

結章
＊書き下ろし

あとがき

本書は、二〇一三年四月に The University of New England（オーストラリア）より博士の学位を授与された論文 *A Historical Study of Educational Policy, Methods, and Practice in English Teaching during the Meiji Period (1868-1912) in Japan* のうち、明治期中学校英語教授の制度化に関連する第四章から第七章の論考を日本語に改めたものである。改めるにあたっては、さらなる調査を加え、詳細さを増して論述したところもあり、この結果、本書は全八章構成となった。ちなみに、原著論文の第一章から第三章は、西洋近代語教授理論の成立過程、及び、欧州、特にドイツとイギリスにおける近代語教授改革の状況を論述した箇所であり、また第八章と第九章は「中学校教授要目」（英語科）の趣旨が新任教員養成や現職教員研修制度、さらには教育ジャーナリズムを通じて地方の中学校英語教員へと伝達される過程、及び、その結果としての英語教授実践の実態にアプローチした箇所である。これらについても今後書きまとめていきたいと思う。

原著論文は、以上のような広範囲な研究対象についての解明を試みたものである。博士課程に在籍できるわずかな時間とその間に入手しえた限られた資料、そしてなによりも筆者自身の非力を思うとき、本研究の成果は極めて限定的と言わなければならない。あえて、一つの踏み石として提出したい。広く批判と教示をいただくことを願っている。

筆者には、学部時代に経験した附属中学校での五週間の教育実習のことが今でも鮮明に思い出される。当時は、「オーラル・イントロダクション」という教授法が実験的に試行されていたようであったが、不勉強だった筆者はその理論的背景をよく理解していなかった。実習では、毎日、毎晩、深夜までかかって、この方法をおこなうための指導案作成と教材研究、及び、教材作成を繰り返した。翌日、実習授業をおこなうのだが、その日の教育内容を英語で「オーラル・イントロダクション」するのは、当時の筆者には並大抵のことではなかった。題材の内容自体は複雑ではない。しかし、整然と座って筆者を直視する四十人前後の子どもたちに向かって、緊張した身体であたかも口から自然に湧き出るがごとく（笑顔で）「オーラル・イントロダクション」を始めることは極めて困難な課題だった。その一因には筆者自身の英語運用力の限界があったのは言うまでもない。

何度の実習授業をさせていただいたであろうか。たしかに、繰り返すごとに慣れてはいった。その結果、わずかずつでも「オーラル・イントロダクション」ができるようになってはいった。しかし、同時に膨らんでいった疑問があった。それは「なぜ「オーラル・イントロダクション」なのか」という問いである。筆者自身、中学と高校時代を通じて一度たりとも体験したことのなかった、したがってこれほどまでに「不自然な」教え方を、なぜやらなくてはならないのか…。そう思いながら、筆者は実習に向き合い続けた。この問いは、今ならこう言う。「なぜ、英語の音声から入っていくのか」。教育実習の後、英語学習者としての体験と大学で与えられた学知との間で、筆者は余計に英語教育がわからなくなった。体験と理論が筆者の中で水と油のように反発し続けていたのである。「附属中学校」流ではない仕方で英語を学んできたこれまでの自分をどう理解すればいいのかと。その数ヵ月後、筆者は混乱した頭のままで中学校の英語教師として勤めだすことになるのだが、一年後にはその職を去り、まもなく筆者は目的もなくアメリカへ渡った。

結局、アメリカでは英語教育を学び直すことに決めた。そこでＴＥＳＯＬ（Teaching English to Speakers of Other Languages）と出会う。しかし、ＴＥＳＯＬは実際的であった。その実践性ゆえに、筆者の関心は次第に別の方へ向き出した。「教授法」それ自体の研究よりもその根幹に潜む人間観や教育思想を知ることを渇望するようになっていた。「自立した学習者」（self-motivated learners）というような言葉が次第に筆者を捉えていった。各々の教授法に内在する教育の目的との同意が――方法論としての英語教育研究の次元ではなく――未来の英語教師としての筆者の学びの内実を構成するようになっていた。アメリカでの修士課程では、特にAllan Kent Dart先生の英文法の授業と彼のテキストや、John S. Mayher教授の言語教育理論の授業と彼の著作が筆者の学びの中核となった。いずれも、学習主体としての個を作る言語教育、外国語教育の主張であり、留学の初期におぼろげながらも自己の教育観として探し当てた「自立した学習者」という言葉が、二人の言語教師との出会いによって、よりリアルに、より具体的に、教育実践者としての筆者のアイデンティティに輪郭を与えた。日本に帰ってやるべきことは、「学習主体としての個」を育てるための英語教育を実践することなのだという目標を掴みとった瞬間だった。

帰国後、アメリカで思惟し、構想した「学習主体としての個」を育てるための英語教育実践の姿と日本の教室文化との隔たりに悪戦苦闘する数年間を過ごす。"Let's Get Writing Started! – Creating a Climate for Learning How to Learn –"『九州英語教育学会紀要』(一九九四年)は、高等学校におけるその最初の英語教育実践報告であった。その後も、高等学校や専門学校、そして高等専門学校の各教室で、「自己教育力」の育成を目指す英語教育実践を模索した。しかし、いつの頃からか、それによる充実感よりもむしろ疲弊した自分を強く感じるようになっていた。気づくと、筆者の挑戦的な精神はすでに枯渇し、現実に抗い、立ち向かうことに懐疑的になっていた。それからの数年間、「教師の手引き」に沿った授業を続けた。「なぜそうするのか」といった主体的な問いを知らぬ間に封じていた。

そして、ふと頭によぎった想念が、「自分は日本人のことも日本の英語教育の歴史のことも何も知らないではないか」という事実だった。教える対象である日本の子どもたちのことを知らずして、日本人が公教育の中でどのようにしてこれまで英語を教えてきたのか、彼らは何に悩み格闘してきたのかについて何も知らずに、アメリカという異文化の地で見つけてきた英語教育を一方的に彼らに当てはめていただけではないのかと思い当たったのである。日本の公教育における英語教授実践の生成構造を知らねばならないと結論したのは、以上のような、挑戦と挫折の長い時間のあとのことであった。同時代における欧米の外国語教育研究の成果の摂取という横糸と、日本という文化的土壌における英語教育史という縦糸の交差地点として、現在の自らの英語教育実践の構造を捉えることが必要なのではないか。

英語教育研究の歴史的アプローチという本研究の主題に、筆者が「あえて」挑戦せざるを得なかったのは、今まで述べてきたような極めて個人的な体験が横たわっていたからである。教師生活の最出発点で深く胸に突き刺さってしまった「なぜオーラル・イントロダクションなのか」という、筆者の思索を意識下で駆動し続けてきた疑問は、それがあまりにも個人的で強烈であったが故に、本書の内容を読者の方々と共有しづらいものにしているのではないかと想像している。

本書がまとまるまでに多くの諸氏にお世話になった。元福岡教育大学の高梨芳郎先生は学部時代からの恩師であり、教育実習で悩んでいた筆者に寄り添っていただいた先生である。そのとき以来、英語教師として働くようになって今に至るまで一貫して、教育実践者として研鑽するよう励まし続けていただいている。New York University の修士課程でご教授いただいた先生方は誰もが魅力的だった。とりわけ、先述の故 Allan Kent Dart 先生と John S. Mayher 教授の授業は、それ自体がご自身の言語教育理論の実践のあり方として提示された theoretical practice そのものであり、筆者が英語教育実践を構想する上での具体的なロール・モデルとなった。今でも、あの時の授業の日本的形態の可能性を模索しているのである。その後、四十歳半ばになって始めた明治期の英語教授理論史の研究で博士課程の学生として受け入れ、六年間にわたってご指導くださった The University of New England の Brian Denman 先生と Helen Ware 先生に感謝の意を表したい。特に、最後の六年目は国立高等専門学校機構の在外研究員として大学での研究と論文の執筆の機会を得、近くから温かい励ましと適切なご助言をいただくことができたことは、日本で一人研究するよりもはるかに大きな力となった。さらに、日本英語教育史学会の前会長で元香川大学教授の竹中龍範先生、同学会の現会長で和歌山大学教授の江利川春雄先生にも感謝しなければならない。竹中先生は筆者の博士論文の査読者になっていただくというご縁があって、それ以降、学会ではことにつけご指導をいただくこととなった。江利川先生は学会での筆者の活動を一層励ましていただいてきた。本当に有難いことと思っている。加えて、本研究に関する資料の調査収集に際して、富山高等専門学校射水図書館の塩苅富士美氏（当時）、及び、高橋美香氏に多大なる協力を賜った。心から御礼を申し上げたい。

最後に、本書の刊行を、二〇一八年一月三十日に逝去した、父、西原圭祐に捧げる。父は筆者ら兄妹の勉強に関してその目的などもいちいち限定せずに、素直に励ましてくれた。父は、福岡県の片田舎で生まれ育ったが、三歳の時に父を亡くし長男として早く自立することを母親から求められ、進路をめぐって対立した経験を若い頃の筆者に語ってくれたことがある。そうした自己体験が、自分の子どもの学問の追究に対する寛容な理解につながったにちがいなかった。生前に父と交わした言葉を、社会に埋まるのではなく、社会の創造者たれというメッセージだと受け取っている。

筆者が中学三年生の時、おそらく初めて父が筆者の将来について尋ねてきた。恥ずかしい面持ちの中で、「教師もいいのではないか」と答えたことをおぼろげに記憶している。父は、数学専攻の小学校教師として働いた。のちに筆者は彼が通った大学に学ぶこととなるのである。父は、筆者が中学校教師を早々に辞めて一人アメリカへ旅立ったとき、何を想ったであろう。アメリカで修士課程を終え帰国した後も、日本の教壇で悪戦苦闘する日々のことをしばしば報告した。筆者が五十歳になってようやく博士論文を仕上げたことを知らせたとき、父は大変喜んでいたと彼の教え子様が教えてくださった。父が生きているうちに本書を刊行できればと密かに願っていたがそれは叶わなかった。けれども、今まちがいなく喜んでくれているはずである。

本書の刊行にあたっては、溪水社の木村逸司社長と編集部の皆様にたいへんお世話になった。感謝の意を表したい。

二〇一九年

西原　雅博

事項索引

キ行

ク行

ケ行

コ行

サ行

シ行

ス行

セ行

ソ行

タ行

チ行

テ行

ト行

ナ行

ニ行

ハ行

ヒ行

人名索引

ナ行

ハ行

マ行

ヤ行

ラ行

ワ行

英字

著者略歴

西原雅博（にしはら　まさひろ）

1962 年　福岡県生まれ。
1986 年　福岡教育大学教育学部中学校教員養成課程英語科卒業。
1990 年　New York University（アメリカ）で TESOL 修了。M.A.。
2013 年　The University of New England（オーストラリア）で Ph.D. 取得。
現在，富山高等専門学校国際ビジネス学科教授。

＜主な論文＞

「明治期における中学校英語教授実践の性格：国家基準をめぐる校内伝達組織の制度化とその受容」（『日本英語教育史研究』第 33 号，2018 年）
「西洋近代語教授理論の摂取—外国人英語教師を通じた摂取内容—」（『富山高等専門学校紀要』第 5 号，2018 年）
「明治期中学校英語教授国家基準の伝達：「文検」による伝達ルートに焦点をあてて」（『日本英語教育史研究』第 31 号，2016 年）
「明治期英語教授指導者の教育思想—岡倉由三郎と神田乃武—」（『富山高等専門学校紀要』第 2 号，2015 年）
「高等専門学校における異文化理解教育の授業—その目的，方法，内容づくりの試み—」（『論文集高専教育』第 37 号，2014 年），ほか。

明治英語教授理論史研究
——中学校英語教授の制度化——

平成 31 年 3 月 31 日　発行

著　者　西原　雅博
発行所　株式会社　溪水社
広島市中区小町 1-4（〒 730-0041）
電話 082-246-7909　FAX082-246-7876
e-mail: info@keisui.co.jp

ISBN978-4-86327-477-8 C3082